平凡社新書
899

ガンディー

秘教思想が生んだ聖人

杉本良男
SUGIMOTO YOSHIO

HEIBONSHA

ガンディー●目次

はじめに

二〇一七年三月二二日、ロンドンの国会議事堂近くでテロ事件が起こり、警官を含む四名の犠牲者が出た。このとき、救援に下りたヘリコプターの写真に、後ろ姿ではあるがマハートマ・ガンディーとベンジャミン・ディズレーリの像が並んで写っていた。さらに別角度からの画像にはウィンストン・チャーチル像も入っていた。

議会前広場のガンディー像は、事件の二年前の二〇一五年三月一四日に除幕式が執り行われたものである。このとき、イギリスのキャメロン首相（当時）、インドのジャイトリー財務相と稀代の映画スター、アミターブ・バッチャン、それにガンディーの孫のゴーパールクリシュナー・ガンディーなどが式典に臨んだ。この年はガンディーが南アフリカからインドに戻った一九一五年から数えてちょうど一〇〇年めにあたり、それを記念してにぎにぎしく像が披露されたのである。ガンディー像は広場の西側のチャーチル像から少しはなれたところにおかれた。キャメロン首相は、ガンディーを「世界政治の頂点に立つ人物」で、「我が国に永遠の本拠」を得た、と称えた。

一方、少しあとの二〇一五年四月には、南アフリカで学生デモがガンディー像を穢す騒ぎが起こり、ネット上ではガンディーを批判するハッシュタグ'#Gandhimustfall' や '#GandhiForComeDown' などの運動のよびかけが流れた。これは、南アフリカ時代(一八九三—一九一四)のガンディーが、アフリカ系の人びとに差別的な発言をしていたことをうけての少々過激な反応であった。実際、二〇一〇年代に入って、南アフリカ時代のガンディーの人種差別的ともとれる発言をふくむ新資料が公表され、大きな話題になった。二〇一六年一〇月にはガーナ政府が研究者、学生などの反対に押され、六月にインドから贈られてガーナ大学のキャンパスに据えられたばかりのガンディー像を、別の場所に移すと発表した。N・マンデラ(南アフリカ)やJ・ニエレレ(タンザニア)、K・ンクルマ(ガーナ)などアフリカの偉大な指導者からこぞって称賛されていたガンディーのイメージが、とくにアフリカでいまひどく傷ついている。

これらの出来事は、没後七〇年を経て、世界におけるガンディーの「神聖化」が良くも悪くも一つの頂点を迎えていることを意味している。

＊

世界的に、ガンディーの神聖視はすでに何年も前から起こっていた。たとえば、アメリカの『タイム』誌の二〇世紀最終号での世紀の最も偉大な人物の選定で、ガンディーはアインシュ

2015年３月14日、英国会議事堂前にある広場「パーラメント・スクエア」で行われたガンディー像の除幕式の様子（写真提供：AFP＝時事）

タインに次ぎ、ローズヴェルトとともに二位にあげられた。また、BBCが二〇〇〇年のミレニアムを記念して行った歴史上最も偉大な男性への投票でガンディーは、ダ・ヴィンチ、ジーザス・クライスト（!）、マンデラなどを抑えて一位であった。オンラインでの投票で、最も偉大な女性がインディラー・ガンディー、最も偉大な俳優がアミターブ・バッチャンだったのを見ると、この結果は多少割り引く必要はある。それにしても、インド系を中心に多くの人がガンディーを最高の偉人に推したことは間違いない。

新しいガンディー像の製作者は、スコットランドのP・ジャクソンで、エリザベス女王の銅像の彫刻家でもある。

製作の主体はガンディー像記念財団で、一五〇万ポンド（約二億円）以上を費やしたという。財団によれば、最大の寄付を行ったのは、インドの巨大IT企業インフォシス（二五万ポンド）で、ほかにバジャージ・オート（二〇万ポンド）、鉄鋼王ミッタール一族（一〇万ポンド）、ホテル経営などのV・チャダー（当時二六歳、一〇万ポンド）などが高額寄付者としてあげられている。いずれもグローバル企業の富裕層で、最近のインド経済の勢いを象徴している。

ただ、この背景にはまことにキナくさい事情があったようだ。二〇一四年七月に当時のヘイグ外相とオズボーン財務相がインドを訪問したときに、インド空軍が二億五〇〇〇万ポンドでミサイルを購入する交渉が成立しており、像建立の話はその直後に発表された。この像については、インド首相ナレーンドラ・モーディーは当然歓迎したが、ガンディーのひ孫のトゥシャル・ガンディーは、祖父の名声を悪用する「誤った崇拝」だと批判した。また、ケンブリッジ大学のプリヤンワダ・ゴーパルは、『ガーディアン』紙への寄稿で、「ヘイグ氏はガンディーの非暴力を称える一方で、殺人兵器を売り込んでいる」、と皮肉ったうえで、次のように締めくくっている。

ガンディーはいまも非常に曖昧な存在である。熱烈なヒンドゥー教徒でありながら宗教間の調和をとなえた。カースト制を信奉しながら不可触民制を強く非難した。反植民地主義者でありながら大英帝国と和解しようとした。これはガンディーをさまざまな関心から、時には進歩的に、時に逆行的に操作することを可能にする。しかし、われわれは歴史的健忘症をもたらしたり、腐敗し暴力的な現在を軽視させたりするための議会広場の銅像を許してはならない。（*The Guardian*, 11-07-2014）

今や世界的な聖人と持ち上げられるガンディーだが、その一方で、トゥシャル・ガンディーが看破したように、非暴力とイギリス製品ボイコットを訴えた当のガンディーを武器輸出の隠れ蓑として利用しながら、インドとイギリスの貿易関係が強化されようとしている。これは、持たざる者の立場に立ったガンディーに対して、持てる者の利害をさらに拡大するものだと批判されるのはやむをえまい。このように、最近のイギリスあるいは世界の情勢は、ガンディーの理念とはおよそかけ離れた、むしろ正反対の方向へと動いている。その意味で、さまざまな思惑が飛び交う中でお披露目された銅像は、ガンディーがいまだに世界を批判する力を秘めていることを、皮肉なかたちで見せてくれている。

キャメロンは件のガンディー像について、一九三一年に渡英したガンディーが首相官邸のあるダウニング・ストリートに足を踏み入れたときの姿を再現したものだ、と紹介している。ガンディーはその後国王ジョージ五世にも面会したが、そのときもドーティー（腰巻き）姿で杖をついていた。なぜそのような略式の衣装なのかと聞かれてガンディーが、王はわれわれ二人分の衣装を着ているから、と答えたというエピソードも、挨拶のなかで触れられている。すでに落日をむかえつつあった大英帝国とはいえ、国王の前にドーティー姿で現れた植民地インドの指導者ガンディーは、まことに不遜きわまりない不倶戴天の敵であったに違いない。

実際、インド人を徹底的に蔑み、国民会議派とりわけガンディーを蛇蝎のごとく嫌悪したチャーチルは、このときのガンディーを、「かつては英国弁護士協会の一員であり、現在は煽動者行者（ファキール）であるこの男が、イギリス皇帝の代理人と対等で談合するために、副王宮殿の階段を半裸の姿で登って行く、なんという嘔吐すべき侮辱的な光景！」（森本 1972）と慨嘆した。そのときのガンディーの姿が銅像になって議事堂前広場に置かれるのは、まさに歴史の皮肉だと言わなければならない。同じ広場の一角に据えられたガンディー像を見て、チャーチルはいま何を思うのであろうか。

*

チャーチルが言うように、ガンディーはかつて英国弁護士協会の一員であった。半裸のガンディーがロンドンの街を闊歩した一九三一年からさらに遡ること四〇年以上前の一八八八年、若きガンディーは法律の勉強のためにロンドン留学を果たし、英国紳士たることを目指して日々勉学にあけくれていた。三年後（一八九一年）、弁護士資格を取得していったんインドにもどり、さらに一八九三年からの南アフリカでの弁護士活動を経て、一九一五年再びインドに帰還し、故国を独立に導いて、ついに世界の偉人、聖人と称えられるようになった。

このガンディーを、「最も偉大なインドの神人（Godman）」と称してすぐれた評伝を著したイギリスの歴史家、心理学者K・ティドリックは次のように指摘している。インド独立運動の指導者として世界的に知られるガンディーが政治の世界に入ったのは、ほかのインドの指導者や西欧の市民が理解し魅了されたような、母国の解放のためではなく、地上の神の王国を実現するためであった。しかし、ガンディーを崇敬する民衆は、ガンディーの複雑な宗教理念をそれほど共有してはいなかった。そして、「（ガンディーの）宗教理念は、ヒンドゥーの用語をまとっているが、ヒンドゥー起源のものではない。それは、ガンディーが若い頃、一八八〇年代のロンドンを席捲していた秘教的（esoteric）、隠秘的（occult）な宗教の、実験的な雰囲気にのめり込んだことでかたちづくられたものである」という（Tidrick 2006: xi-xii）。また、M・チャタジーは、ガンディーの神の王国はキリスト教的な「神の都」ではなく、ヒンドゥー化、民衆化された「神の村」だと実にうまいことを言っている（Chatterjee 1983）。

ティドリックは、ガンディーの思想、運動を巷間行われているような政治的なものとしてのみ理解するのではなく、むしろ地上に神の王国を実現するための思想、運動であり、その萌芽はロンドン時代から南アフリカ時代の初期のおおむね一八八八年から一八九五年の間にかたちづくられたと指摘する。このような評価は、ガンディーを政治的指導者としてではなく、「宗教的行としての政治実践」によってインドの民衆を行動に導いた宗教政治的指導者と位置づけた森本達雄の立場にも通じている。

森本も言うように、ガンディーの宗教は超合理的、超越的存在への信仰ではなく、「真理」（サティヤー）への絶対的帰依である。ガンディーが到達した「真理」への信仰は、ロンドン時代に接した既存の宗教、協会を批判して起こっていた普遍主義的宗教運動とくに秘教思想を換骨奪胎したものであり、根底にはガンディーが少年期を過ごしたグジャラートの多元的な宗教風土がある。これまでガンディーの生涯の中でロンドン時代（一八八八―九一）から南アフリカ時代（一八九三―一九一四）までは、後のインド時代（一九一五―四八）への準備期間としてしか評価されてこなかった。とくにロンドン時代は期間も短いことからさらに等閑視されているし、ましてその秘教的な雰囲気はほとんど顧みられていない。

＊

ガンディーのロンドン時代には、既成の教会がダーウィンの『種の起源』（一八五九）以降の科学主義全盛の風潮の中で、宗教の復興を目指すいわゆる「宗教的リベラリズム」や、無神論的な自由思想などが起こっていた。ガンディーは菜食主義との遭遇により、こうしたヴィクトリア期の思想の波に呑み込まれていった。それは、思想的、宗教的に比較的自由な雰囲気の中に育ったガンディーの側に、その素地があったからだといえる。菜食主義に関わったのは、肉食を禁じた母との堅い約束の、予期せざる結果であったが、それがその後の思想、運動の素地をつくったとすれば、ガンディーの不思議な運命を見て取ることができる。

このガンディーが、一八八九年一一月、隠秘主義団体神智協会の創設者マダム・ブラヴァツキーに出会ったことも、一般の評伝や研究においてほとんど評価されていない。ガンディーがマダムから学んだのは、四海同胞（普遍的人類愛）の理念と、それが、失われたインドの古代の叡智にあったはずだ、という信念である。ガンディーをほかの民族主義者と分けているのは、宗教であれ民族であれ文明であれ、それぞれの個別性を超えた普遍主義への傾倒である。福沢諭吉（一八三五―一九〇一）は『文明論之概略』（一八七五）で、「一視同仁四海兄弟の大義と報国尽忠建国独立の大義とは、互に相戻て相容れざるを覚えるなり」として、「結局の目的を自国の独立に定め」、独立のためには「文明の方便」も用いるべしと「権謀術数」を肯定している。こうした方便、権謀術数はマルクス主義などにも共通するところである。ガンディーは、対照的に一視同仁四海兄弟（universal brotherhood）に殉じようとしたことで特筆される。

西洋と東洋さらにはアフリカ世界にも深く沈潜して生きたガンディーは、ロンドンに留学したときには強い西欧志向があった。しかし、南アフリカ時代に宗旨替えをして、むしろ東洋に西欧を取り込みつつこれを総合化しようと試みるようになった。それも、観想的にではなく、つねに身体的現実を基盤にしながら、高い境地での心身一如の実現を目指した。身体を嫌悪し、これを精神的に制御しようとしたガンディーであるが、あくまでも身体性を捨てることなく、実践的な思想を実現しようとした。こうした、高次の折衷性、総合性こそがガンディーの真骨頂であり、その思想が歴史性、身体性に根ざしていたからこそ、逆に普遍的な価値を持つようになったのである。

それだけでなく、ガンディーはこうした東西を融合した高次の普遍主義理念にヒンドゥー教の外貌をまとわせることで、インド民衆に広く受け入れられるよう戦略的に振る舞った。ガンディー思想は、敵の論理で自らのナショナリズムを彫琢するという植民地エリートの限界をはらみながら、ヒンドゥー思想を前面に出すことで大衆動員に成功し、他に類を見ない独立運動を推し進めることができた。しかし、ガンディー流の大衆動員が、反面ムスリム（イスラム教徒）の離反とヒンドゥー・ムスリムの対立という結果を招いたこともまた見逃すべきではない。

ガンディーは、一九世紀末の科学主義全盛の風潮の中でさまざまな思想にふれ、その影響を受けながら独自の思想をつくりあげた。ガンディーも時代の子であり、その思想や行動には植民地エリートに共通する限界があるだけでなく、それがこの地域の歴史に大きな刻印を残した。ただ、ガンディーは、独自の思想を作り上げただけでなく、それを身体を賭して鍛え、農民を中心に幅広い人びとに訴えかける力を与えた。その点で他のエリート指導者との際だった相違がある。

さらに、本書で注目するのは、普遍思想、普遍宗教を旗印にした神智主義や秘教的キリスト教などの秘教思想との対話である。もちろん、ガンディー思想のすべてが秘教思想に負うているわけではないが、これまで考えられてきた以上にその影響は大きかった。たとえば、秘教思想における不殺生主義や、物質主義批判は、ガンディーの代名詞と言うべき非暴力や清貧などの思想に直接つながっている。

それにもまして、ガンディーの、多様性への徹底したこだわりと、旺盛な批判精神とは、とくに画一化、無気力化が著しい現代日本社会に対しての、すぐれた異議申し立てとなっている。本書では、秘教思想を切り口にして、ガンディーという歴史上稀有な存在の現代的意義について、あらためて考え直したいと考えている。

註記　インド関係についての全体の表記は、本来ならば『南アジアを知る事典』（平凡社）に準拠すべきであるが、全体に一昨年惜しくも亡くなられた森本達雄畢生の訳業であるB・R・ナンダ著『ガンディー』の方針に準ずることにした。したがって、名前の読みもガーンディーではなく原則ガンディーとした。先生も指摘しておられるように、現地発音では音引きは長音を意味するのではないからである。またマハートマも、ハにアクセントがあり、むしろマハトマに近い。さらに、「マダム・ブラヴァツキー」については、ロシア語的な常識ではブラヴァツカヤになるべきであるが、その生い立ちにかんがみて、若干皮肉の意味もこめてときに「マダム」あるいは人口に膾炙しているブラヴァツキーとした。記してお断りしておきたい。

序　科学と宗教

——スピリチュアルなナショナリズム（一八四八—一九一八）

一八四七年、西インドの小さな藩王国ポールバンダルの藩王ウィクマット（ジー＝名前のあとにつける尊称）は、以前にディーワン（宰相）職を務めていたウッタムチャンド・ガンディーにかえて、息カラムチャンド・ガンディーをディーワンに任命した。ディーワンというのは基本的に一族で継承され、藩王の右腕となる行政職でありまた政治家でもある。しかしじっさいは調整・雑用役で名称ほど名誉な職ともいえなかった。カラムチャンドは生涯に四人の妻をもったが、一八六九年に四人目の妻プトリバーイとの間に男の子をもうける。モーハンダースと名付けられたこの最後の子こそが、のちのマハートマ・ガンディーその人である。

翌一八四八年は、ヨーロッパ各地で革命的出来事が相次いで起こり、いわゆる「諸国民の春」として社会思想史的に注目されてきた年である。それは、カール・マルクス（一八一八―八三）が『共産党宣言』の冒頭に「（共産主義という）亡霊がヨーロッパに取り憑いている」（マルクス『共産党宣言』、デリダ『マルクスの亡霊たち』の増田和夫氏の訳）と述べた年である。これはまた、近代心霊主義（スピリチュアリズム）が起こった年でもある。一八四八年三月三一日、アメリカ、ニューヨーク州ロチェスター市近郊で起きたエディ姉妹による心霊現象（ラップ現象、叩音現象）、いわゆるハイズヴィル・ラッピング（ロチェスター・ノッキング）事件は、その後欧米を巻き込む心霊主義ブームへと発展した（オッペンハイム 1992）。

心霊主義は、科学主義全盛の時代に、非科学的な迷信であるとの汚名をきせられたキリスト教会の生き残りをかけた、いわゆる「宗教的リベラリズム」のひとつのかたちであった。一八七五年にニューヨークで創設された神智協会は、心霊主義に根を持ちながら、当時の秘教思想を代表する存在となり、その影響力は一時期世界を圧する勢いであった。創設者マダム・ブラヴァツキーは、没後一二〇年を経た今も評伝が刊行されつづける近代心霊主義の「祖」にして「ゴッドマザー」である。マダムはもう一人の創設者オールコット大佐とともにインドへの関心が高く、一八七九年に本拠をインドのボンベイ（ムンバイ）に移した。その後協会は、西欧世界だけでなく、植民地エリートなどにも決定的な影響を与えた。

こうして、ガンディーと秘教思想との運命の歯車は静かに回り始める。本章では、こうした時代背景のもとで、ガンディーと深く関わる限りでの、神智協会出現の意義について述べる。

1　心霊主義と隠秘主義

科学の時代

一九世紀後半、ダーウィンの進化論に代表される合理的、科学的な世界観、人間観によって存亡の危機を迎えた既存の宗教や教会を批判しながら、革新運動としての宗教的リベラリズムがさまざまなかたちで出現した。その一つとして欧米世界を席捲した「心霊主義」（スピリチュアリズム）は、基本的に現実世界では見えない隠された原理を見いだそうとする意味で、広く「秘教思想」（エゾテリシズム）あるいは「神秘主義」（ミスティシズム）に含まれる。心霊主義は、肉体が滅びても霊魂は存続するとして、死者の霊魂との交流をうたい、霊媒を立てた交霊会（降霊会）を盛んに行って人びとの関心を引いた。しかし科学的思考からは当然詐欺、ペテンのそしりを受けつづけてきた。

一九世紀後半の心霊主義ブームは、科学主義万能の時代における有力な宗教再生の試みであり、その救いをグノーシス主義、ヘルメス主義などの非正統キリスト教や、東洋的伝統にもとめる傾向があった。J・オッペンハイムは、科学と宗教との関係を意識したこの時代の宗教運動を、科学的基盤を強調した「代用宗教」と、物理的世界から心霊的世界までを含みこむようにして科学の再定義をはかる「疑似科学」との、大きく二つに分けて詳細に検討している。イギリスの心霊研究協会（SPR）や科学、宗教、哲学を総合した究極の「智慧」、「真理」の探求を目指す神智協会は前者の、また心と物質との関係についての新しい理論としての骨相学（頭蓋の骨相によって人の精神的特性をはかる方法）やメスメリズム（動物磁気による治療法）などは後者の代表例である。

ヴィクトリア末期とエドワード時代にオカルトへの関心が復活した。それが西洋文明の科学支配に対する不満の現われであるのなら、その不満を抱く人々の眼に東洋が真なる知識の宝庫と見えたのは驚くにあたらない。……エキゾチックでミステリアスな東洋は、狭量で現象志向の西洋文明からの避難場所であり代用品だった。……この時代の英国の〝カウンターカルチャー〟の人々は、自覚的かどうかはさておき、社会に対する不満を東洋という像に投影していた。（オッペンハイム 1992: 213-14）

神智協会は隠秘主義（オカルティズム）を自称している。これは心霊主義としばしば混同されるが、両者には死者の霊との交流について根本的な相違がある。心霊主義は死者の霊を実体的なものとして積極的に利用するが、隠秘主義はそれを否定する。そうはいっても、隠秘主義はとかく心霊主義的手法を用いることがあり、両者の壁はそれほど高くはない。ともに、既成の宗教、教会の限界を超えた、目には見えない古代の叡智（智慧）の希求であり、時を超越した宗教的真理の解明への情熱や、唯物主義や既存のキリスト教会への批判的態度においても共通性は多い。隠秘主義、心霊主義、そして神智主義もふくめて、いずれも近代科学主義という共通の敵を持ちながら、その方向性は微妙にずれていた。

心霊主義はアメリカから起こったが、その後の流行の背景には南北戦争（一八六一―六五）の後の、農業社会から都市社会、産業社会へと大きく変貌するアメリカの社会情況がある。既存の教会は、都市的な環境と進化主義、科学主義からの批判に対応できなかった。宗教からの対応は既成の教会の外から起こり、意外にも厳格なピューリタニズムやカルヴァン主義はむしろ批判の対象になった。そこでは、神中心から人間中心へ、エリート主義から民衆主義への転換が起こったのである。

アメリカでは一八四〇年代から秘教的なスウェーデンボリ思想やメスメリズムが流行していたが、心霊主義の復興もこうした流れの中にある。それは宗教的リベラリズムの変種、あるいはアメリカの宗教的リベラリズムとヨーロッパの隠秘主義が習合した民衆的個人宗教であり、脱・宗教であった。その意味では既存のプロテスタンティズムのラディカルな発展形であり、実際プロテスタントからの参入も顕著であった。モルモン教、再臨派、自由宗教協会や新思想運動、クリスチャン・サイエンスなどはその流れにある。また、霊媒として活躍したのは、おもにアマチュアのそれも女性が多かったという特徴がある。さらに女性参政権運動、菜食主義、奴隷解放運動、動物保護活動など、当時の社会におけるラディカルな社会改革運動のほとんど全てと習合しているという面もある。

神智協会

神智協会（神智学協会）は、教祖役のマダム・ブラヴァツキー（一八三一―九一）と番頭役のオールコット「大佐」（一八三二―一九〇七）との運命的な出会いの末、一八七五年一一月一七日にアメリカで創始された。二人が出会ったのは、アメリカ北東部ヴァーモント州チテンデンであった。このころセーレムの魔女裁判（一六九二）のときに生き残った人の系譜を引くとされるジュリア・マコームの二人の息子ウィリアムとホラシオが、チテンデンで旅館緑亭（Green Tavern）を営むとともにそこで交霊術（セアンス）を行っていた。一八七四年七月、『ニューヨーク・サン』などの記者をつとめていたオールコットが関心を持って緑亭を訪れた。一〇月一四日に再訪したとき、イタリアの革命家にちなんだ赤いガリバルディ・シャツを着た女性霊媒マダム・ブラヴァツキーとの運命的な出会いをはたす。愛煙家のマダムに火を貸したことから始まった二人の関係は、その後世界に広がる大きな永遠の炎となって燃え上がっていった。

協会は当初、二〇名足らずのエジプト好きの同好の士の集会であった。しかし、次第にその規模が拡大し、二〇世紀に入ると世界的に注目される団体となった。マダムとオールコットは「神智主義の双生児」とよばれるほどの親密さで、ときにはほかの会員との齟齬も生まれた。

ロンドンのマダム・ブラヴァツキー1889年（出典：Sylvia Cranston, 1993 *H. P. B.*）

協会は基本的に一九世紀的な意味での隠秘主義、あるいは協会自身の表現を借りれば「隠秘科学」（オカルト・サイエンス）の団体である。したがって、心霊主義と深い関わりを持ちながら、しかし死者との交流は認めていなかった。マダムはもともと当時の心霊主義の流れに乗って出発したが、協会が発足すると掌を返したように心霊主義に対する批判を続けた。その矛盾はのちに外からも内からも批判された。

協会の名称に使われた神智（主義）つまりTheosophy, Theosophicalは、もともとエジプト研究グループから出発したこの集まりが、ユダヤ的な伝統も含めた非正統キリスト教的な、カバラー、グノーシス主義、ネオプラトニズム、ヘルメス主義などに関心を持っていたことを示している。ここでの「神智」概念は、キリスト教世界にすでにあった〝theo（神）＋sophia（叡智）〟つまり「隠された神性の内的直観による認識」を意味している。協会には、同じようにカバラー、ヘルメス主義などの伝統に棹さした薔薇十字会やフリーメーソンリーなどの秘密結社の方法論が、イニシエーションやロッジ（支部）などの組織論も含めて直接間接に流れ込んでいる。協会の当初の目的は、「偉大な魂」（マハートマ）による古代の叡智（智慧）の開示を通じて、諸宗教間の対立を超えた「根源的な神的叡智」への回帰をめざそうとするものであった。マダムの著書『神智学の鍵』（一八八九）では「神智学は宗教ではありません。神聖な智識又は神聖な科学です」（「名称の意味」）と規定されている。現在も協会のスローガンは「真理にまさる宗教はない」（There is no religion higher than Truth）である。

ただ、神智協会の独自性は、創設者のマダムとオールコットの関心が、エジプトから離れてチベットを含むインド世界に移っていったことにある。二人は一八七八年末にアメリカから離れて、一八七九年に協会本部をインドのボンベイに移し、残ったメンバーと実質的に分裂することになった。その後の一八八二年には現在の本部があるマドラス（チェンナイ）のアダヤー

神智協会本部のバニヤン樹（インド、チェンナイ市、著者撮影）

ルに本部を構えた。インドの協会を支えたのは、インド人エリートであり、これに反英、反近代主義の色彩を持つ欧米の人びとが加わった。

神智協会の一九世紀末の躍進ぶりについては、高名な東洋学者であるF・マックス・ミュラー（一八二三—一九〇〇）や、その師であるフランスのウジェーヌ・ビュルノフ（一八〇一—五二）なども大いなる脅威ととらえていた。協会は、一九世紀末から一九二〇年代までのほぼ半世紀の間は、洋の東西を問わず「世界をおおうバニヤン樹」と称えられるような大きな影響力を持った。その後、一九二八年をさかいにして凋落の道をたどり、ガンディーとも何かと因縁のあるアニー・ベサント（一八四七—一九三三）が亡くなったのち、すなわち一九三〇年代には急速に影響力を失っていった。神智協会は、それ以前のエジプト、ユダヤ、インドなどのオカルト的神秘主義の流れを一つに集めて近代的に改変し、その後の新しい宗教運動を生み出す扇の要の位置にあった。そして、東では、インド、スリランカ、インドネシアなどのナショナリズムやアジアの仏教復興などに大きな役割を果たし、西では、アジア宗教思想を紹介するとともに、非伝統的でオカルト的な運動の一つの中心となった。

協会はその後いくつかに分裂したうえに、多くはその実勢を明らかにしていないので実態はつかみにくい。K・ヘッセリンクが入手した内部資料によると、インドに本部のある神智協会には二〇〇七年当時約七〇ヶ国に支部があり、会員数は二万九〇一四名、そのうち一万二四四四名（四三％）をインド支部が占め、次いでアメリカが四〇七二名（一四％）、さらにイタリア、オーストラリアなどが続いていた（Hessellink 2008）。また、B・F・キャンベルによる一九八〇年当時の数字では、会員数三万五〇〇〇、そのうちインドに九〇〇〇、アメリカに五五〇〇の会員があった（Campbell 1980）。協会は、安易な拡大を図ってはおらず、入会に厳しい審査もあって、会員数にそれほど大きな変動はみられない。

マダム・ブラヴァツキー

マダム・ブラヴァツキー（一八三一―九一）については、没後一〇〇年にあたる一九九一年前後に評伝が数多く出版され、その後も絶えることがない。マダムは意図的に自ら多くを語らず、また説明も合理性、一貫性に欠けていたために、多くの謎が未解決のまま残されている。マダムの最大の貢献は、西欧世界においてもともと隠秘主義をとりこんでいたロマン主義文学者や、アジア（インド）の宗教、哲学に関心を寄せていたショーペンハウエルらのドイツ観念論哲学者に対し、西欧で教会の衰退を招いた宗教と科学との関係について、東洋宗教の教義を根本的な解決方法として示したことである。反面、マダム批判のボルテージも高く、浴びせかけられる罵詈雑言は、いわく「史上最大の詐欺師」、「ごまかし、うそをつく大道芸人」、「過去三〇〇年でもっとも成功した宗教屋」などと容赦がない。オッペンハイムもまた、「東洋の叡智を取り巻くわざとらしい魅力を作り出すことにかけて、……ブラヴァツキーに並ぶ者はいなかった」と手きびしい。反面、マックス・ミュラーやW・グラッドストン（一八〇九―一九八、首相も務めた自由党の政治家）などが協会に関心を示さざるを得ないほど、「神智学は明らかに無視し得ないものだった」とも言っている（オッペンハイム 1992: 216）。

ロシア生まれのマダムは基本的にロシア正教の伝統の中で育った。しかし、幼い頃から大叔母などの影響で神秘主義に関心を持ち、長じてはむしろロシア正教あるいはキリスト教そのものに批判的となった。また西欧近代的な唯物主義、拝金主義にも否定的であった。神秘主義、隠秘主義への傾倒はその意味で、非キリスト教的な精神世界の探求であった。マダムは表層の現実から失われていた古代の叡智、智慧をチベットに求め、それに通じた大師（マハートマ）のメッセージを、神智協会の活動を通じて人びとに伝えようとした。神智協会はまた、インド・ナショナリズムに対しては、国民会議創設にあたって重要な役割を果たしたが、マダムの後ろ盾となっていた大師（マハートマ）は、めぐりめぐって「マハートマ」・ガンディーの生涯にも深く関わることになる。

2 インド国民会議

ガンディーはその晩年に、信頼する伝記作家L・フィッシャーに対し、「初期の指導的な国民会議メンバーは、神智主義者であった」と回想していた（Fischer 1997: 542）。インド独立運動をリードしたインド国民会議の結成に当たり、一時協会員だったイギリス人のA・O・ヒュームのほか、インド側の主要メンバーを神智協会関係者が占めていたのは事実である。ガンディー自身、『ヒンド・スワラージ』（一九〇九）のなかでも、「ヒューム氏が国民会議の目的を果たすために書いたこと、われわれを行動に駆り立てたやり方、われわれを覚醒させるための尽力などを忘れることはできない」と述べている。一方、神智協会側も、国民会議開催時にすでに、その創設に協会が深く関わっていると主張し始めていた。協会創設者のオールコットは、「神智協会が会議派の生みの親である」とガンディーの発言を裏付けるように語っている。インド国民会議における神智協会の意義を過大評価はできないが、無視できるものでは決してない。少なくとも晩年のガンディーはそのように認識していた。

政治への関与

協会創設者のマダムとオールコットは、皮肉なことに政治との関わりをきびしく戒めていた。機関誌『神智主義者』の創刊号（一八七九年一〇月）には、「政治への不関与」が明確にうたわれており、さらに、「社会主義、共産主義を批判し、身体・肉体より精神・霊魂を重視し、物質界には関わらず、現象の深層にある真実を追求すること」が、協会の目的だとされている。協会の徹底した反政治的スタンスに関しては、スパイ疑惑をかけられた創設者二人と植民地政府との間での密約説がささやかれることさえある。

マダムとオールコットは一八七九年初めにロンドンを訪れ、その前年に発足した英国神智協会のメンバーに会った。その後二月にはインドを訪れて主に在留イギリス人からの支持を得た。そして、アラハバードの『パイオニア』紙の編集者A・P・シネットや、ベンガル高等文官A・O・ヒュームなどが相次いで協会に参加した。シネットもヒュームも、一八八〇年からマダムの後ろ盾とされたチベットの大師（マハートマ）モリヤとクート・フーミからの手紙を受け取るようになる。手紙はすべてマダムを通じて間接的にやりとりされていた。この手紙については、マダムの自作説が根強かったが、一九八四年の調査報告で明確に否定された。ただ、代筆説は根強く残り、手紙が現れた時期と活動の時期がぴったり重なるマダム側近の協会員ダモダール・マワランカルが何らかのかたちで関与していたことは疑う余地がない。

A・P・シネット（一八四〇―一九二一）は、ロンドンで育ち、一八七九年にインドに渡って英語新聞『パイオニア』の編集者となった。インドに移ってきたマダムとオールコットが、一八八〇年二月にシムラーのシネットの住居を訪ね、その後チベットの大師からの指示がシネットのもとにとどくようになった。シネットは大師の叡智をうけて著作『秘教的仏教』（一八八三）をものしたとされている。しかし、マハートマからの手紙の信憑性に疑問を持ってマダムと距離をおくようになり一八八三年にはロンドンに戻った。さらに一八八七年、マダムがロンドンに移ってくると、シネットのロンドン・ロッジとマダムのブラヴァツキー・ロッジが並び立つ結果となった。

A・O・ヒューム（一八二九―一九一二）は、一八四九年にインドに渡り、翌一八五〇年にベンガル高等文官（ICS）となった。さらに国内を転々とした後、一八八二年に文官を退職した。一八八三年にはすでにカルカッタ大学の卒業生に向けて独立運動への参加を求める手紙を送っていた。一方、鳥のコレクションでも有名で、その便宜のため避暑地シムラーに住んだようである。さらに、神智協会に関心を示して、一八八〇年に家族をあげて協会に加入し、シムラーの支部長も務めた。しかし、その後マハートマの手紙などをめぐってマダムとソリが合わなくなり、一八八三年に脱会した後はインド独立運動に積極的に関与し、国民会議派結成の中心になっていった。

協会の方針に対して、インド側の神智主義者は、協会をむしろ政治目的で利用しようとした。そもそも神智協会がインドのとくにナショナリストに広く支持されたのは、マダムとオールコットが東洋思想・哲学に深い関心を寄せていたからである。オールコットは古代聖典のヴェーダをすべての宗教の原点だととらえたが、それはヴェーダおよびその註釈であるヴェーダーンタをインド文明の原点とみる「ネオ・ヒンドゥイズム」の近代主義的な改革的ヒンドゥー理念と共通していた。協会のインド宗教への関心は、医療、食事などにも広がり、ガンディーとの接点にもなった菜食主義も含めて、インド側のエリート層に大いにアピールした。

宗教ナショナリズム

当時のインド・ナショナリズムは、伝統宗教の革新を通じて独立へと導こうとする「ネオ・ヒンドゥイズム」、あるいはヴェーダやヴェーダーンタ哲学への回帰をうたう「ヴェーダーンタ・ヒンドゥー教」などとよばれる宗教ナショナリズムのかたちをとっていた。いずれも、物質的には当時の西欧が圧倒的に優位に立っていたのに対して、精神的には古代の東洋が勝っていたという、それ自体オリエンタリスト的な東西文明観を共有していた。インドの過去の黄金時代への誇りを取り戻すためには、この宗教の再建と改革が急務とされたのである。

「ネオ・ヒンドゥイズム」は、多分に西欧からの影響を受けながら再編されたヒンドゥー教であった。その核心にはアドヴァイタ（不二一元論）・ヴェーダーンタ哲学があり、ブラフマン

（宇宙原理）のみが実在し、アートマン（個我）はブラフマンと同一で、世界は虚妄だという立場に立つ。こうした原理主義的、包括主義的なヒンドゥー思想は、フランス革命に危機感を覚えた大英帝国の知識人が、インドでの革新的な動きを封ずるために、世界否定的で禁欲的なアドヴァイタ哲学をヒンドゥー哲学の根本であるととらえようとしたことに由来する。こうした認識は、西欧オリエンタリストとインドのエリート・ナショナリストによって受け入れられ、定着することになった。

インドの宗教ナショナリズムは、イギリス支配の拠点であったベンガル地方の、それも西欧流の教育を身につけたエリートによって始められた。ラーム・モーハン・ローイ（一七七二―一八三三）が創設した宗教・社会改革団体の「ブラフモ・サマージ」（一八二八年創設時はブラフモ・サバー）が最も早い例で、その後も、ベンガルのデベンドラナート・タゴール（一八一七―一九〇五）とケーシャブ・チャンドラ・セン（一八三八―八四、以上ブラフモ・サマージ）、スワーミ・ヴィヴェーカーナンダ（一八六三―一九〇二、ラーマクリシュナ・ミッション）、ボンベイのダヤーナンダ・サラスワティ（一八二四―八三、アーリヤ・サマージ）、それに少し後れるが、ベンガルのオーロビンド・ゴーシュ（一八七二―一九五〇、オーロビンド・ソサエティ）などが当時の代表的な改革家であった。のちのガンディーの『ヒンド・スワラージ』（一九〇九）にもこうしたナショナリスト的な信条が流れ込んでいる。

しかし、インド宗教ナショナリズムの中心であったアーリヤ・サマージ（一八七五創設）はパンジャーブ地方の、ブラフモ・サマージ、ラーマクリシュナ・ミッション（一八九七）などはベンガル地方のヒンドゥー、それもエリートに支持層が限られていた。そのため、植民地支配に対抗するために、地域的、階層的な分断を超えた全インド組織の結成が急務であった。一方、神智協会はもともと多様性を内包しており、ヒンドゥーだけでなく、パールシー（インドのゾロアスター）教徒、クリスチャン、シク教徒、それに少数ながらムスリムを含み、英語教育を受けたエリート・ブラーマン（最上層のカースト）や、リベラルなイギリスの知識人（シネット、ヒューム）なども擁し、さらには強硬なナショナリストで資金力もあったカシミール、インドール、バナーラス（ワラナシー）などの藩王国の藩王（いわゆるマハラジャ）の後援も受けていた。

一八七六年、スレンドラナート・バネルジー（一八四八―一九二五）らが、それまでベンガル地方でナショナリスト運動を担ってきた地主層が主導するベンガル英領インド人会から分かれて、インド国民協会を立ち上げた。そのメンバーで神智主義者でもあったヌレンドラナート・センはさらに、地域の壁を超えた全インド的なナショナリスト組織の必要性を強く主張するようになった。神智協会は一八八一年から年次大会を開催していたが、インド側の会員はその場を借りて全インド組織の立ち上げを模索した。一八八四年一二月、マドラスで年次大会が開催されたが、マドラスのB・R・ラグーナート・ラーオ（一八三一―一九一二）は、この大会で正式に政治問題について論ずべきであると主張した。協会の方針によってこの提案は受け入れられなかったが、S・スブラマニヤ・アイヤル、A・チャルルーなどのマドラス側のメンバーを中心に、カルカッタ（コルカタ）、ボンベイ、プネー、バナーラスなどインド全土から都合一七名の同志を募り、大会終了後ラグーナート宅で政治問題についての討議を行った。

一八八五年に入ると、ボンベイでB・M・マラバリ、K・テラング、B・R・ラグーナート・ラーオなどの神智協会員が、ダーダーバーイ・ナオロジー（一八二五―一九一七）、フェローズシャー・メーヘター（一八四五―一九一五）などとともにボンベイ管区協会を結成した。ヒュームは一八八五年初頭から協会の結成を後押しし、これを核にしてインド国民連合のような全国組織へと発展させるべきだと考えていた。ヒュームは精力的にボンベイ、プネー、マドラス、カルカッタなどの、主に神智協会員のナショナリストと会談し、ついにナオロジー、マラバリ、テラング、ラグーナート、ヌレンドラナートなどを中心にしたインド国民会議の実現にこぎつけた。ベサントの『印度は如何に解放を齎《もたら》した乎』（一九一五）の冒頭には、マドラスでの会合に参加した一七名がそのまま国民会議の中心にいたことが述べられている。また、国民会議が一二月後半に開かれたのも、神智協会の年次大会の開催がモデルだったとみるむきもある。

協会側の資料などには、国民会議創設者のD・ナオロジーやD・E・ワチャなども協会員だったとされるが、これにはやや誇張がある。また、歴史学者S・R・メフロートラは、協会が主張するマドラスでの集会と国民会議の結成とは筋が違っていて、実際会議には協会員はあまり参加していなかったと、その関与には否定的である。たしかに、国民会議発足時に、ヒューム《ヒユーム》は協会を辞したあとであるが、それでも、かなりの割合で協会員が関わっていた。繰り返しになるが、何よりもガンディーが協会の関与を認めていたことが重要である。

国民会議の開催

第一回の「インド国民会議」は、紆余曲折の末一八八五年一二月二八日にボンベイで開催された。ヒュームはナオロジーとともに会議の中心となり、それ以前の会議招集への労力も含めて「インド国民会議の父」と呼ばれる。議長はカルカッタの弁護士W・C・バネルジーがつとめ、全インドから集まった七二名の参加者があった。同じカルカッタのスレンドラナートもこの会議に参加し、翌一八八六年には自らの組織であるインド国民協会を会議に合流させた。このときはあくまでも会議であったが、その後事実上の政党として活動し、独立後はインド国民会議派としてれっきとした政党になった。

国民会議の創設にはイギリス側の周到な戦略があり、ヒュームはリポン総督（一八八〇―八四在任）やダファリン総督（一八八四―八八在任）などと緊密な連絡をとっていて、一説には昂揚する独立運動を抑えるための「安全弁」だったとされる。実際、第一回会議の議長を務めたW・C・バネルジーは、「ヨーロッパに見られる政府という考え方に従って統治されたいとの［インド人の］願望は、イギリス政府への安全な忠誠心とけっして矛盾するものではない」と、インドを大英帝国の統治下におくことが目標だと宣言した。

長崎暢子も指摘するように、初期の国民会議を担ったのは、新興の知的エリートであった。「国民会議の第一世代の指導者たちの中心は、実は、弁護士や高等文官職をめざしてロンドンで勉強していたカルカッタやボンベイの出身者たちだった」（長崎 1996: 84-86）。一八一七年にカルカッタのヒンドゥー・カレッジが創設され、英語を媒介とした西欧流の教育が始まり、その後ボンベイ、マドラスなどに広がっていった。そこで育った新興エリートは、弁護士、インド政庁の高等文官職（ICS）などの新しいエリート的職業に就いていった。とくに弁護士の活躍は目覚ましく、ガンディーも、ジャワハルラール・ネルーもM・A・ジンナーも、有力な指導者はいずれもイギリスで弁護士資格を得た人々である。その意味で、国民会議は弁護士政治（ワキール・ラージ）などと言われることもある。

そのためか、初期の国民会議の要求は、高等文官試験をインドでも実施することを始め、立法参事会の改革、選挙制の導入、民間人を参事会に参加させることなど、漸進的な制度改革の穏健なものだった。さらに、経済に関して、インドの貧困と飢饉の原因は（イギリスへの）富の流出にある、という「富の流出」論が、より重要な問題として提起された。これはナオロジーが主張し、一八八六年の第二回国民会議で正式表明された。さらに、イギリスの工業化がインドの手工業を破壊し、農業国になってしまったことが貧困の原因で、抜け出すには機械による工業化が必要だという「脱工業化 - 工業化」論も初期の重要なテーマであった。

第二回カルカッタ会議（一八八六）の議長を務めたのはナオロジーであった。ナオロジーはパールシー教徒で、ロンドン留学後ロンドン大学でグジャラート語を教えた。一八六七年、人種優越論をとなえていたロンドン民族学協会に反撥して東インド協会を立ち上げ、進歩的なイギリス人からも支持を得た。ロンドン民族学協会は、現在の文化人類学の源流のひとつであるが、当時は基本的にそれ以前からのヨーロッパ中心主義が濃厚であった。ナオロジーははじめスレンドラナートのインド国民協会に加わり、さらに八六年に国民会議に合流した後、第二回会議の議長に就任した。その後ロンドンに戻って英国議会に出馬し、一八九二年労働党からイギリスで初のインド人議員に当選した。

このころの国民会議は、ときに「政治的乞食根性」と揶揄されるように、たしかに帝国の意向を受けた安全弁の役割を果たしていた。実際第四回アラハバード大会（一八八八）、第五回ボンベイ大会（一八八九）、第一〇回マドラス大会（一八九四）の議長は、スコットランド、アイルランド出身の高等文官ＯＢなどが務めた。また、一八九二年の大会はロンドンで開催される予定であったが、事情によりアラハバードに変更された。ただ、組織というものはできあがってみると有機体的な命を持ち、思わぬ方向に成長して行くものである。国民会議も帝国から次第に警戒されるようになり、イギリス行政官の態度は、好意的な保護者から露骨な敵意へと急速に変わっていった。

初期の会議派のもう一つの問題点は、基本的にヒンドゥーのエリート・ブラーマン主導で、ムスリムや非ブラーマンを含んでいなかったところにある。一八五八年にムガル帝国が名実ともに崩壊すると、インドのムスリムは苦境に陥り、大英帝国にも軽視された。サイイド・カーンは、ムスリムの危機感を背景に、親英の立場を貫くために会議派への参加を禁じた。また、一八七五年にアリーガル・ムスリム大学、一八八六年にムハマダン教育会議を創設した。さらに、一九〇六年の教育会議で、それまでタブーとされていた政治活動に足を踏み入れ、ムスリム連盟を発足させた。一方、ヒンドゥー内部でも、一八七三年に真理探求協会を創設したJ・フレーのように、ブラーマン主導の会議派ナショナリズムに批判的な人物も現れる。フレーはとくに不可触民解放の教育の拡充のためにつくしたが、のちの一八八八年ごろ、ガンディーに先んじてマハートマの称号でよばれていた。

ヒュームは、シネットやベサント夫人などと同様に、ヴィクトリア期の信仰の危機を乗り越えるために神智協会を利用した。一方、ガンディーは、初期のマラバリやラグーナートなどと同様に、古代インド文化への誇りを取り戻すために利用した。このように、神智協会に関しては、西からの思惑と、東からのそれとの間に方向性のズレがいくつもあり、要するに同床異夢であった。こうした東西の思惑のすれ違いは、インド固有のナショナリズム史を生み出す源泉でもあった。ただ、ガンディーが国民会議に積極的にコミットするのはまだまだずっと先のことである。

3　アニーとアンナ

アイルランド出身で、アイルランド自治運動やイギリス社会主義運動などに深く関与していたベサント夫人は、マダムと出会ったのち、一八八九年に突然神智主義者に「改宗」する。マルクスの盟友F・エンゲルス（一八二〇―九五）は、当時社会主義者として名をはせていたベサントの変節に大きな驚きを感じていた。ただ、ベサントは活動を通じてマルクスの末娘エレノアとその夫のエイヴリングをめぐるスキャンダルめいた縁でも結ばれていた。一方、一八八三年から一時期神智協会に身をおいたアンナ・キングスフォードは、ベサントと同時代に生きた女性として、「信仰の危機」をめぐる共通した悩みを持っていた。そして二人ともにガンディーと浅からぬ因縁で結ばれていた。

ヴィクトリア期の女性

アニー・ウッズのちのベサント夫人は、一八四七年ロンドンのアイルランド系中流家庭に生まれた。両親は教会に懐疑的ではあったが、アニー自身は厳しい福音主義の宗教教育を受けた。反面カトリックに興味を持って高教会派の国教会に傾くなど、信仰面では混乱があった。その後一八六七年に福音派聖職者のフランク・ベサントと結婚し、二人の子どもをもうけたが、幸

アニー・ベサント（出典：Sylvia Cranston, 1993 *H. P. B.*）

せな結婚生活とはいえなかった。ベサント夫人は信仰に対する根本的疑問をもち、とくに聖書の記述が真理なのか否かにこだわっていた。そして、真理を求めて既存の教会を認めず、一見無神論者とも見なされた。ただそれは信仰そのものを否定するものではなく、信仰と自然科学との折り合いをつけようとするものであった。こうしたヴィクトリア期の「信仰の危機」は、ベサントに限らず、当時の若い世代が共通して抱えていた問題であった。ベサントは、教会から離れてかえって、ヴィクトリア期の聖書至上の福音派的な真理・義務概念の実現のため生涯を捧げることができた。

アニーは、ヴィクトリア期の教養あふれる家庭に育ったものの、女子であるということがその向学心の妨げになり、また保守的な考え方にもなじめなかった。既存の教会への懐疑はついに夫婦関係の破局を招き、一八七三年に夫の元を去った。この時代の女性は離婚すると生活がむずかしかったが、ベサント夫人はボヘミアン生活も辞さず、宗教・社会運動に加わっていった。このころベサントは、改革主義的な宗教的リベラリズム、ユニテリアニズム、有神論、倫理協会運動などの世界に入っていった。さらにオーギュスト・コントが提唱した人類教（愛を基調にした倫理的新宗教）に惹かれ、無神論者でもないのにC・ブラッドローが創設した国民世俗協会（NSS）に加わった。

一八八五年、ベサントは社会主義団体フェビアン協会に加わった。ブラッドローなどNSSのメンバーは基本的に個人主義で、ベサントが個人の自由を脅かす社会主義に走ったのは裏切りにみえた。一方、ベサントにとって社会主義と世俗主義には共通性があった。それは初期社会主義の人道主義が世俗主義者の現実的倫理観に通じていたこと、また、ベサントのラディカリズムがもともと共和主義や土地改革運動などの左翼運動に近かったからである。さらに、ベサントにとって進化論的社会主義は科学主義を取り込んだもので、社会主義は「あらたな真理」だと理解された。それは個人主義的アナーキーから協同的な秩序へ、無制限の競争から法に従った競争への進化である。そして、社会主義は搾取を終わらせる意味での否定の哲学なのではなく、道徳的理想主義、倫理的実証哲学だと位置づけられた。

マグダラのマリア

アンナ・キングスフォード（一八四六―八八）はロンドン郊外の富裕な商人の家庭に生まれた。一八六七年にいとこの国教会司祭と結婚したが、一八七二年夫には告げずにカトリックに改宗した。その後夫とは疎遠になり、一八七四年に家を離れてパリで医学を学んだ。このときE・メイトランドがパリ滞在に同行している。当時のパリは医学の最先端で、動物（とくに犬）の解剖が盛んに行われていた。これに対してヴィクトリア期のイギリスから激しい反対があり、両者の対立が深まっていた。これは、科学の名の下に動物を解剖することが赦されるかどうかの議論に集約される。両者の対立は激しく、推進派のC・ベルナール（一八一三—七八）は反対する妻・娘と離別する羽目になった。このような雰囲気の中に現れた反対論者のアンナはいわば招かれざる客であった。

アンナはベサントと同様に、国教会の聖職者を夫に持ちながらともにこれを強く拒み、因習への反抗をつよく前面に出していた。それは、ヴィクトリア期のインテリ女性に共通した悩みの表現でもあった。アンナもアニーも、ともに同時代のイギリスに生き、唯物主義、科学主義万能の世界に危機感を覚え、また既存の教会などがこれに対応できていなかったことにもひどく失望していた。一方エドワード・メイトランド（一八二四—九七）は妻を亡くした失意のうちにロンドンにやってきて、アンナに一目惚れをしたようである。ここで容姿のことは言いにくいが、アンナとベサントはその点でも共通点がある。

アンナは一八八〇年に医学の学位を取り、イギリスにおいても女性医師のはしりの一人であった。ロンドンで医院を開業したが、E・カーペンターらと同様に、一貫して生体解剖には強く反対していたので、動物解剖の経験のない医学部卒業生であった。アンナはさらに、女性のための高等教育・参政権、食事改革などにも関わった。また科学万能主義、唯物主義には批判的で、仏教とグノーシス主義に傾倒していた。アンナはときに憑依のような「イルミネーション」状態になったが、覚醒しているときの「声」をまとめて記したのがメイトランドである。その際、使者ヘルメス、天使ガブリエル、それにスウェーデンボリの霊などが解釈を手助けしたという。

アンナは、一八八二年にメイトランドとともに主著『完全な道』を出版した。この書は、科学との関係で混迷しているキリスト教会を、グノーシス、ヘルメス、カバラーなどの失われた古代の叡智をもって復興させようとするものであった。そこでは、キリスト教の教義や信条はほかの古い信仰と一致し、真の宗教は人の心の中にあって、客観的で物質的なものではなく主観的で精神的なものであるとされる。したがって、そのように理解されたキリスト教の教義は人間の精神的遍歴の科学的説明である、と主張している。またこの書は、キリスト教、とりわけローマン・カトリックに潜在する神秘的、秘教的な真理や知識を強調して、正統的ではない独自のキリスト教解釈に満ちていた。

アンナ・キングスフォード（出典：Sylvia Cranston, 1993 *H. P. B.*）

こうした考えは、基本的に神智主義と共通しており、一八八三年に二人は誘いを受けて協会に加入した。それだけでなく、メイトランドが神智協会ロンドン・ロッジの副会長に、アンナが会長の座についた。しかし二人はシネットに疎まれたことや、キリスト教への思いが強く、提唱した「キリスト教神智主義」を否定されたことなどで協会に見切りをつけ、翌八四年には二人で「ヘルメス協会」を立ち上げた。しかし、一八八六年にアンナは肺炎を患って転地療養につとめたが効なく、一八八八年四一歳の若さでこの世を去った。ふたりはしばしばマグダラのマリアと福音史家ヨハネに喩えられ、じっさいアンナはマグダラのマリアという洗礼名を持っていた。

アンナは一時神智協会に加わったものの、マダム・ブラヴァツキーの隠秘主義には批判的で、すぐに袂を分かった。しかしアンナもマダムもともに、実際には隠秘主義に深く関与しており、その神学もまた多くの点で似通っていた。シネットも、『完全な道』のアンナが、『ヴェールを脱いだイシス』などでのマダムの知識に頼っていて、そこにはアジア的秘教主義、ヘブライ的カバラー、カルデア式占星術などの知識が見られると評している。

アンナとマダムとの根本的な違いはキリスト教を肯定するか否定するかにかかっていた。アンナはキリスト教改革者を自認しており、最終的な目的は秘教的なキリスト教会をつくることにあった。周囲から非正統的な解釈と言われても、当人たちにとっては理想像を示したものであった。アンナとメイトランドは、聖書を偉大なる「オカルトと秘教の説話で満ちた書物」ととらえ、「もともとは秘教的で、現実味を持っていた教義を解き明かす必要がある」と考えた。

つまり、キリスト教は古代の隠された真実、新約聖書の教えよりもずっと基本的な秘教の知識にまで遡る信仰だというのである。逆に、マダムにとっては、隠された真実を明らかにすることで、キリスト教は無意味なものであることを露呈させることが目的であった。

アンナの没後もメイトランドはアンナからのイルミネーションを受け取り、その思想の整理に余生を費やした。一八九一年に「秘教的キリスト教ユニオン」をつくったが、興味深いことにこのユニオンのモットーは、神智協会のそれとよく似た「愛にまさる宗教はない」（There is no other Religion so high as love）であった。メイトランドは、ロンドンで流行していた菜食主義運動や生体解剖反対運動にも深くかかわっていった。さらに、一八九三年にはソルト、カーペンターなどとともに人道主義連盟を結成した。ガンディーもこの連盟に加わっていたので、互いに見知っていた可能性はある。なにより『完全な道』は、のちのガンディー思想に大きな影響を残したが、感銘を受けたのはキリスト教的な部分ではなく、むしろ秘教的で普遍主義的な宗教観であった。それだけに神智主義と秘教的キリスト教とをほとんど同じだとみていたのもうなずける（第二章第二節参照）。ただし、ロンドン時代のガンディーが読んだのは、菜食主義関連の『食事の完全な道』（一八八一）であって、『完全な道』は南アフリカ時代に初めて読んでいる。

改宗宣言

アニー・ベサントは一八八八年五月、突然神智協会への「改宗」を宣言した。それは一八八六年頃から無神論的唯物論では説明できないような心霊現象に関心を持ったからだといわれる。ベサントは改宗の前にマダムとともに休日を過ごしたが、ある夜、大師モリヤがベッドのそばに「輝くばかりのアストラル体」で現れるという出来事があり、それで改宗への決心が固まったという。ベサントはそこで夢のような意識の周縁や、メスメリズムのような超常的現象に関心を持ち始め、心霊主義に向かった。それはある意味、倫理的な社会主義の延長であり、心霊現象問題を汎神論が解決すると考えたのである。ベサントは、マダムの『秘奥教義』を読んで、求め続けていた「真理」が見つかったと自覚した。そしてマダムの、隠秘主義(オカルティズム)の伝統は東洋では保持されているが西洋では失われた、という考えを受けつごうとしたのである。

ベサントにとって、世俗主義、社会主義と神智主義とは遠いものではなく、子どもの頃からもちつづけてきた信仰の危機への疑問を晴らしてくれるものであった。つまり、社会主義から神智主義への転身は、表面的には対極に振れたように見えるが、ともにキリスト教への対抗性という意味では共通していた。ただ、ベサントのキリスト教批判は、既存の教会の正統性への批判であって、むしろ秘教的なキリスト教を目指し、その根源にあるべき「真理」を神智主義に見いだした。

ガウリ・ヴィスワナーダンはその「改宗」をめぐるラディカルな著書で、改宗の変革力に注目しており、巷間強調されるベサントの多面性よりも、その一貫性をむしろ評価している。M・ビーヴァーも同じように、ベサントの神智主義がヴィクトリア期の個人主義に対抗する、連帯による社会道徳をうたい上げたものだとする（Viswanathan 1998; Bevir 1999）。ベサントはまた、神智主義のいう進化論的思想は特有の自然秩序に則っているのであって、巷間考えられているように自然秩序の外にあると考えてはいなかった。そこでマダムの後ろ盾であった「大師（マハートマ）」は超自然的存在なのではなく、自然秩序の一部だととらえられた。神智主義が科学主義を内包しているととらえることで、ベサントの改宗は裏切りではなく、それまでの世俗主義的社会主義の遍歴の延長上にあると位置づけられた。そこでカルマ（業、因果応報の法則）の理論は、自然原理に道徳性を与える理念となり、四海同胞意識は個人が自己を犠牲にして全体に奉仕すべき理念となる。

マダムもベサントも、真理、四海同胞に殉ずるとしながら、選民思想に基づく進化主義的な人種理論を基盤としており、それはまたイギリスの帝国主義、植民地主義の思想に通じていた。マダムを始めとする神智主義者には、第一から第五までの根人種（root race）へと進化する人種概念があり、のちには第六、第七までも構想された。そして、人種の分類と、特定人種による支配の歴史の認識を前提に、領土的拡大による高次の統合が有効だと考えた。

ベサントは社会を有機体ととらえ、全ての部分が統合されることで十全に機能すると考えていた。そこで領域の拡大によって起こる人種の混合は、高次の同胞意識を生み出すためにむしろ称賛されたのである。同胞意識といっても平面的、平等的なものではなく、賢者と愚者をともに含む階層性の存在が認められる。当然ながら、それは大英帝国が同胞意識を生み出す原動力なのだと考えて次のように述べている。「帝国の特質は支配された国民が帝国一家の一員となり、そのときからともに同胞になったのだと感じさせるところにある」（Besant 1921）。こうしたベサントのエリート主義的な選民思想は、のちにガンディーとの決定的な違いとなって現れることになる。

4　ベサントのインド

アニー・ベサントは一八九三年末に、南アフリカに旅立ったガンディーと入れ替わるようにインドを訪れた。そのときはいかなる政治的意図も否定していたが、すぐに武闘派ナショナリストとなり、会議派で初めて西欧女性として議長に就任する。英国でのベサントの神智主義は、キリスト教への世俗主義的批判と東方宗教の擁護とをつきまぜた、代替的な宗教であった。しかしインドでのそれは、伝統文化の正統性、優位性を主張する宗教的・社会的ディスコースとしてはたらいた。さらには、多くのナショナリストがベサントの大英帝国への反撥から学ぶことで、ひとつのインド観を共有することもできた。

インドへむかう

ベサントは、インド入りする前の一八九三年一一月九日に、オールコットらが先乗りしていたセイロンを訪れて仏教神智協会のメンバーらと交流した。一一月一六日には南インド、タミルナードゥ州トゥティコリン（トゥーットゥクディ）から州内を講演旅行でまわったあと、一二月二〇日に年次大会が開かれていたアダヤールの協会本部に到着した。さらにインド各地をまわった後、翌九四年四月初めにロンドンに戻った。ベサントは、自身の使命はインドを覚醒させることだと信じていた。そして、英国風の教育を受けたインドのエリートが、かえって劣等意識を持って精神的に病んでいるのをみて、インド人みずから覚醒して治療にあたるべきだと考えた。ベサントはそこで、マダム・ブラヴァツキー以来の神智協会によるヒンドゥー教の再評価によって、インドが一つになって独立をめざす可能性を開こうとしたのである。

神智協会では、一八九一年にマダムが没したあとオールコットが会長の座を引きついだが、実質的な主導権をめぐってアメリカのW・Q・ジャッジ（一八五一―九六）とベサントとの間で違引きが行われた。最終的に、マダムの意向と称してベサントが実質的な後継者になり、ジャッジ主導のアメリカ神智協会は一八九五年六月に分離独立を宣言した。ジャッジは翌九六年三月に亡くなり、跡を襲ったC・ティングリーは、一八九八年正式に「アメリカ神智協会」を発足させた。現在はパサデナの神智協会として知られているが、一九〇九年にはそこからさらに「神智主義者統一ロッジ」（ULT）が分裂した。

一八九四年一二月、ベサントは、マドラスでのインド国民会議で、「国民生活における政治の位置」と「禁酒」についての講演を依頼された。このころのベサントは宗教的な活動に集中し、伝統的ヒンドゥー理念に基づいた宗教道徳的ルネサンスを推進しようとしていた。宗教を通じてインドの伝統的な遺産を復興させようとする活動は、その頃のインドのナショナリストにも共通するところがあった。ベサントは講演旅行などで神智主義を積極的に広宣し、また一八九八年には新たな指導者を養成するためのバナーラス中央ヒンドゥー・カレッジを創設し、女子学校も併設した。その資金のほとんどが藩王の拠出によるものであった。一九一一年にはこのカレッジを、現在も存続するバナーラス・ヒンドゥー大学へと発展させた。当初はカリキュラムに神智主義関係の課目が含まれていたが、大学では外された。そこには仏教に傾倒したオールコットへの批判が含まれており、ベサントはあくまでもヒンドゥーの伝統の復興を目指していた。

このころのベサントは、協会のC・W・レッドビーター（一八五四―一九三四）と緊密な協力関係にあった。レッドビーターはもと国教会聖職者であったが、シネットの『オカルト世界』に刺激されて一八八三年に協会に加わった。翌年ロンドンで菜食主義者になり、大師クート・フーミへの弟子入りを希望してインドにやってきた。八五年にオールコットとセイロンを行脚し、イギリス仏教アカデミーを創設して校長になった。この学校はのちにアーナンダ・カレッジとなり、今日に至るまでスリランカの多くのエリートを輩出してきた。一八八九年にイギリスに戻り、ともにのちの協会会長になるG・アランデールとC・ジナラジャダーサの家庭教師を務め、最終的に二人をケンブリッジに送り込んだ。レッドビーターは、一九〇六年に少年への性的スキャンダルにみまわれ、いったん協会を脱退した。しかし一九〇七年のオールコット没後、会長となったベサントの計らいで復帰した。そして、少年だったジッドゥ・クリシュナムールティを見いだし、一九一〇年に「イニシエーション」を行って、将来の「世界教師」として育成しようとした。一九一一年にはクリシュナムールティを長とする協会内の宗教組織「東方の星教団」を設立した。しかしクリシュナムールティは、信仰は組織で行うものではないとして、一九二九年に教団を解散して協会からも離れた。その後は独立した霊的指導者として、個人的に自らの教えを説いていった。日本も含めてその崇拝者はいまも多く、またその名を冠した学校は、ユニークな教育理念・実践でよく知られている。

政治にコミット

ベサントは、みずからの構想が遅々として進まず、ヒンドゥー教の復興が道半ばとみると、政治の影響力を期待するようになる。そして、それまでの宗教的社会的活動を公然と政治活動に結びつけようとした。ベサントは一九一三年の神智協会の会議で、奉仕同胞団を発足させ、宗教、教育、社会、政治の四部門での改革を提案した。会議派の有力メンバーであったフェローズシャー・メーヘターやナオロジーに手紙を書いて、インド国民会議がこれを主導しないかと提案した。しかし、メーヘターもナオロジーも、国民会議はあくまでも政治組織であり政治改革のみに集中すべきだと丁重に断ってきた。これを受けてベサントは、自ら政治に向かうことになる。

一八八五年に創設されたインド国民会議は、初期の頃は比較的穏健な親英派が中心になっていて、ナショナリズム運動としてはそれほど大きな影響力を持たなかった。むしろ「ネオ・ヒンドゥイズム」を推進したヴィヴェーカーナンダらの宗教社会改革者たちの方の影響力が大きかった。ただ、「安全弁」として発足した会議派も、次第に内実を伴うようになり、とくに一九〇五年ごろから、内部分裂も起こるようになる。そのようなときに、日露戦争(一九〇四—〇五)で日本がロシアに勝利し、植民地支配下のナショナリストを驚喜させた。その影響を恐れたのか、一九〇五年、植民地政府は悪名高きベンガル分割令を出す。イギリスのインド支配の拠点であったベンガル地方は、イギリス流の教育になじんだエリート層を輩出し、ナショナリズム運動の中心となっていた。これを煙たがったカーゾン総督時代の政府側がその力を削ぐために、ヒンドゥーとムスリムそれぞれの多住地域を分割して統治を図った。これに対して反対運動が高まり、外国製品を閉め出す国産品愛用(スワデーシ)運動が盛り上がった。運動はラージャスターンを根拠として海外にも雄飛する富裕なマルワーリ商人などの反対で頓挫したが、ナショナリズムは一気に尖鋭化した。

会議派はそれまで、G・K・ゴーカレ（一八六六―一九一五）に代表される穏健な改革、権利拡大をもとめる親英的な人びとが主流であったが、そこにB・G・ティラク（一八五六―一九二〇）などの急進的なナショナリストが現れた。結局、国民会議は、権利拡大を目指す穏健派と、ヒンドゥーの伝統に根ざした自治を目指すティラクらの急進派が対立する図式になった。ゴーカレもティラクもともに、現マハーラーシュトラ州のチトパーワン・ブラーマンの出である。この地はかつてムガル帝国時代（一五二六―一八五七）に、ヒンドゥー王権の性格を前面に出して対立していたマラータ一王国（一六七四―一八一八）があったところで、今でもヒンドゥー・ナショナリズムが強い地域である。

ティラクは、教師としてイギリス流の学校制度を批判し、民族教育を主眼とした、しかしイエズス会モデルの学校をつくり、のちにそれはファーガソン・カレッジになった。一八八一年にマラーティー語雑誌『ケサーリー』を創刊し、一八九〇年には会議派に参加した。叙事詩『マハーバーラタ』の一部でヒンドゥー教を代表する聖典とされている『バガヴァッド・ギーター』に刺激を受けるとともに、一八九三年から象頭の神を祀るガナパティ（ガネーシャ）祭を国民的宗教行事にしようと試み、これがナショナリズムと結びついて普及した。一八九六年からは自身の出身地マハーラーシュトラの英雄シヴァージー（一六二七―八〇）を毎年祀るようになり、大衆動員による武闘派ナショナリストの先頭を走った。

一九〇五年のベンガル分割令をきっかけに、このティラクとL・L・ラーイ、B・P・パールの三人が歩調をそろえ、スワデーシ（国産品愛用）運動を主導した。三人は名前の一部をとってラール・バール・パールと呼ばれる。それぞれ出自はバラバラで、ラーイはパンジャーブの出身で、初めブラフモ・サマージに加わり、その後アーリヤ・サマージに入ってダヤーナンダ没後は中心的な役割をはたした。パールはベンガルの富裕な家庭に生まれ、ブラフモ・サマージをへて、オックスフォードでユニテリアン研究を修めた。その後アメリカに渡ったが、ベンガル分割令をきっかけに政治化していった。ベサントらの自治運動に加わったが、一九二〇年のガンディーの非協力運動（第三章第三節参照）には反対し、それ以降政治の一線からは退いた。ティラクもまた一九〇八年から一四年まで投獄されて影響力を失い、さらに急進的な政治活動を行っていたオーロビンドも一九一〇年には政治から一切手を引いて、ポンディチェリの修行道場（オーロビンド・アーシュラム）に籠った。

ベサントが国民会議派の一線に飛び出すのは、こうした一種のエアポケット状態のときであった。ベサントは創設者の意図とは反対に神智協会の政治化をむしろ推進し、さらに会議派の主導権を握っていた穏健派に対してむしろ強硬路線を主張した。とくに、ベサントと同じアイルランド出身で、アイルランド文芸復興運動でもアイルランド自治運動でも中心的存在であったJ・カズンズ（一八七三―一九五六）が、ベサントの要請で一九一五年に来印してからその傾向はいっそう助長された。そして、一九一六年九月には復活した急進派のティラクや、イギリスの神智協会員G・アランデールなどとともに、全インド自治連盟を組織した。この自治連盟は、明らかに一八七〇年代からのアイルランド自治運動のインド版にほかならない。アイルランド自治運動は大英帝国内でアイルランドの自治を認めさせようとする運動で、組織としては一八七〇年創設の自治統治協会、その後継として一八七三年に創設された自治連盟が主体であった。ただ、一八八六年にグラッドストン内閣で自治法が提出されたが否決され、アイルランド自治は一時停滞していた。一方、インドの自治連盟の中枢には神智協会員が深く関与していた。

自治連盟の結成には一九一四年に始まった第一次大戦が大きな意味を持った。ドイツ、オーストリア、トルコなどと交戦状態に入ったイギリスのため、会議派の多くは協力を申し出たが、急進派は自治への要求を強め、インド・ナショナリズムは分断された。ベサントは「イギリスの危急の時こそインドのチャンス」だと鼓舞したが、これもまたアイルランド自治運動のスローガンを受けたものであった。そして一九一六年に、ベサントが神智協会のアランデールなどとともにマドラスで、ティラクがスワラージ（自治）を求めてマハーラーシュトラで、それぞれ自治連盟をスタートさせた。これには、ジンナーなども賛成し、中心をデリーにおきながら、活動はボンベイ、カルカッタなどへと広がった。

ベサントらの運動は人びとの熱狂を生んだ。とくに、一九一六年にヒンドゥー・ムスリムの融和をうたって、ティラクとジンナーが合意した「ラクナウ協定」を結んで共闘をめざしていた国民会議派とムスリム連盟を引きつけた。しかし、運動は学生、エリートなどの支持は得たものの、民衆と植民地政府の関心は引くことができず、いまひとつ盛り上がりには欠けていた。そうした中で、ベサントはアランデールらとともに一九一七年六月に逮捕された。前神智協会副会長のS・スブラマニヤ・アイヤルは爵位を返上して抗議し、国民会議とムスリム連盟が要請したこともあって、ベサントは九月には釈放された。そして一九一七年一二月のインド国民会議で、議長に選出されたのである。しかし、運動そのものは、ベサントが漸進的な改革を提案したいわゆるモンタギュー・チェルムスファド改革案(一九一九年インド統治法)を呑んだことで周囲の期待を裏切り、加えてティラクが一九一九年に訴訟問題にまきこまれてイギリスに渡ったこともあって急速にしぼんでいった。

改宗の意味

ガウリ・ウィスワナーダンは、ベサントが大英帝国の優位をうたいながらもインドに向かった理由を、神智主義の東洋と西洋、宗教、哲学と現実的知識などとの融合が、東西の諸国民を共生関係に持ち込む前提となると考えたからだという。西洋は物質的な豊かさをもたらしたが、東洋なかんずくインドには古代の叡智・智慧が潜在している。それは適切に扱われなかったので生気を失っているが、その精神的エネルギーを現実的知識と結びつける役割を西洋が果たすべきだと考えた。そのためにも、帝国の拡大による東西の統合が不可欠だというのである。その意味で、ベサントの反植民地主義は、〈人種〉間の不一致を調整するための方便にすぎなかった。「ベサントの神智主義への改宗と、新たな宗教を求めてインドを本拠として選んだのは、霊的運動によってイギリスがはるか昔に失った復興の力を取り戻すためだった」（Viswanathan 1998: 203）。

ウィスワナーダンが指摘するように、ベサントがインドを選んだのにはさらに、みずからの故地であるアイルランドとインドとを反英の一点で結びつけた、敵の敵は味方の論理がある。ベサントのインドはあくまでもブラーマンが理想とした古代アーリヤ的なヒンドゥイズムが支配する世界であった。これは、失われたアーリヴァルタ（アーリヤの郷）の回復をめざすエリート・ブラーマン指導者の夢、ヒンドゥー復興主義と共通していた。ベサントの反植民地主義と人種理論の結合は、アイルランド文芸復興運動にも共通するが、周知のように中心にあったW・B・イェイツやG・W・ラッセルは神智主義者であった。とくにJ・カズンズは夫人のマーガレットともどもインドとも日本とも深い関係にあった。

ベサントは、マダム・ブラヴァツキーともマハートマ・ガンディーとも直接深い関係にある。一八八九年に二人が対面したときに同席したが、比較的短かったとはいえそれ以前のマダムとの関係、そしてそれ以後のガンディーとの関係はとりわけ濃密である。ベサントの改宗は、神智協会の方向を大転換させ、それは若きガンディーへも影響を及ぼすことになる。ベサントが自治運動を構想していた一九一四年、ガンディーはインドへの帰還を決意し、ロンドンを経由して翌一九一五年にボンベイに到着した。その後のインド独立運動の中で、ガンディーとベサントはともに相手を高く評価していたが、政治的思想的な見解のすれ違いがあり、関係は屈折した微妙なものになっていった。

こうしてわれわれはようやく、ガンディーの登場を待つことになるが、その前に時間を戻してガンディーの生い立ちから説明することにしよう。

第一章　肉食と菜食

――ガンディーの大英帝国（一八八八―九一）

ガンディーはイギリス流ジェントルマンの生活になじむため、シルクハットをかぶり、ダンスのレッスンを受け、フランス語とラテン語を学び、エッフェル塔に登り、さらにはヴァイオリンの演奏まで学ぼうとした。これらはすべて、可能な限りヨーロッパ文明に同化しようとする考えを表しているものだ。(「ジョージ・オーウェルの追悼文」Orwell 1949)

ガンディーは、大英帝国の近代文明に強いあこがれをいだき、留学して法律を学ぶとともに、知的な好奇心を発揮しつつ、ジェントルマンを目指して日々を過ごした。そのロンドン生活における最大の難問は、禁欲的な母との肉食をしないという約束を守ることだった。当時のイギリスでは、宗教的リベラリズムの一環として起こった「菜食主義」がエリート層を中心に広まっていた。ガンディーは偶然見つけた菜食レストランを通じて、神智協会員を初めとする内外の改革的な人びとに出会った。わずか三年間ではあったが、その間に出会ったさまざまな人びととの交流が、後の思想形成に大きく影響したのである。ロンドン時代の若きガンディーが深い関心を寄せたのは、菜食主義を入口に、神智主義や秘教的キリスト教であり、さらに、トルストイ、ラスキンなどの思想がそれらの下地の上に取り込まれていった。

ガンディーはまぎれもなくヴィクトリア時代の子であり、一九世紀後半の近代化、合理化の波を受けて、それを巧みに利用していった。自らはのちに、それとは対極的な無所有、清貧などを宗旨とするのだが、実際は船、電報、鉄道、印刷などの西欧近代文明の利器を十分に活用しながら、返す刀で文明批判を繰り返していた。若きガンディーは向こう見ずともいえる野心に突き動かされてロンドンにやって来たが、そこはヴィクトリア時代末期の人類史上類を見ない大変動期にあった。そして、ガンディーもまた、未熟な野心を吹き飛ばされるような歴史のうねりに巻き込まれていった。そして、そのきっかけを与えたのは神智協会との出会いであった。それは偶然と誤解、すれ違いの産物であり、その影響はガンディーだけでなく、インド、大英帝国、さらには世界をも巻き込んで行った。

本章では、ガンディーの幼少期からロンドン留学期までを取り上げ、とくにロンドンでの神智協会との出会いについて述べる。なお、ガンディーがロンドンを離れていったんインドに戻った一八九一年には、神智協会の創設者マダム・ブラヴァツキーが没している。また、一八八五年には神智協会がその結成に深く関わったインド国民会議が発足した（序章）。しかし、この時期の若きガンディーは国民会議とはいまだ一線を画していた。

1　グジャラート商人の名家の出

ガンディー家はバニヤー（バニヤ）・カーストに属し、以前は食料雑貨店だったようです。しかし、私の祖父から三代にわたって、カーティヤーワール地方のいくつかの藩王国の宰相をつとめていました。（ガンディー 2000: 28、一部改変）

バニヤー・カースト

マハートマ・ガンディーことモーハンダース・ガンディー（一八六九―一九四八）は、一八六九年一〇月二日にインド西部カーティヤーワール半島（現グジャラート州、別名サウラーシュトラ地方）のポールバンダル藩王国で生まれた。生家はバニヤー・カーストのモード・サブカーストに属していたが、父カラムチャンド・ガンディーも祖父ウッタムチャンドも藩王国の宰相（ディーワン）を務めていた。

バニヤーは伝統的にヴァルナの三番目ヴァイシャに分類されていて、まごうことなく中位、中流のカーストである。「ガンディー」という姓そのものが食料雑貨店の意味を持つというが、ガンディー自身もこのバニヤーの出身であることにこだわっていたようである（長崎 1996）。

また、森本達雄が指摘するように、ガンディー家は、「人が『宰相』と言う語から連想するような、華麗で贅沢な暮らしとはおおよそ遠いもので」、「一家は経済的には、伝記作者の筆を鈍らせるような平々凡々の中流家庭であった」という（森本 1988: 36-37）。ただ、バニヤーの人びとは商人カースト特有の進取の気風に富み、閉鎖的な空気を破って、アラビア海を越えて東アフリカ、アラビア半島、それにジャワ、中国などと、インド洋をまたにかけた交易を行っていた。一七世紀のヨーロッパの文献にも、いわゆるグジャラート商人としてその存在が知られていた。また、社会経済的な変動を受けて伝統的なカースト秩序が揺らぐ中、小国とはいえ歴代藩王のもとで宰相を務めてきたわけであるから、実質的にはブラーマンに次ぐクシャトリヤ支配層にもあたっている。

モーハンダース（モーハン）の祖父ウッタムチャンドは有能な宰相であったが、先王が亡くなったあと摂政となった女王とソリがあわずに罷免され、息のカラムチャンドがその座を襲った。しかし、モーハン七歳の一八七六年に、カラムチャンドは弟にその座をゆずり、自らはラージコート藩王に転じて一家をあげてラージコートに移った。当時ラージコートの町は、英軍の駐屯地と英国民間人居住地と、より貧しいカーティヤーワール藩王国の都とに機能が二分されていた。当時インド社会の九割は農村であり、残りが地方の町と都市であったが、モーハンは都市的な雰囲気の中で育ち、周囲の農村地域と直接の交流はなかった。ただ、周辺の綿業地帯の貧しさは知っていて、のちのガンディーが農民に肩入れする素地はあった。ガンディー家は社会的にはこの地域での指導的な立場にあり、三階建ての大きな家に住む、よい家柄の裕福な家庭であった。

イギリス植民地支配のもと、インド全土には大小六〇〇余りの藩王国があり、インド全体の四割ほどを占めていた。藩王国は独立的ではあったが、イギリス支配体制に組み入れられていて、間接的な支配はうけていた。一八五七年のインド大叛乱の教訓から大英帝国は藩王国をむりやり併合するのではなく、体制を温存しつつ取り込む方向に転換していた。藩王はいわゆるマハラジャにあたる。マハラジャはもともと偉大な王の称号であり、大きな藩王国の藩王の尊称に限られていたが、植民地時代までにインフレになって、中小の藩王までその名で呼ばれるようになっていた。ガンディーの生まれたポールバンダルは典型的な小藩王国の一つで、一八七二年センサスによると、町の人口は一万四七二三、王国の範域六〇八平方マイル（一五七五平方キロ）に総人口七万二〇七七であった。カーティヤーワール地方は、二〇〇以上の小藩王国が乱立する閉鎖的な後進地域であった。この地域での間接支配の方法は、親族や有力者のネットワークを利用して、力のあるイギリス人の駐在者や代表者と緊密に結びつけられていた。

モーハンが八歳の一八七七年、ヴィクトリア女王が自ら英領インド帝国の女王を兼ねることになり、それを祝賀する行事、デリー・ダーバーが行われた。モーハンの小学校時代には、大英帝国は南下するロシア帝国の脅威に対抗するため北辺を固め、高校時代にはアフリカ大陸で大英帝国の帝国主義的支配が拡大していた。モーハンは、スーダンでの反英的マフディ叛乱のニュースを知って、みずからも参加したいと思っていた。さらに、モーハンの周辺にも植民地支配の波が、教育を通じて押し寄せてきていた。一八三五年の英語教育法では、現地の文化も教育も劣っているので、それまで現地語を重視していた方針を正反対に変えて、英語での高等教育を実施するよう求めた。それによって血と色はインド人で、嗜好、見解、道徳、知性はイギリス人という優秀な人材を作る必要があると提唱した。モーハンはまさに四年生から英語教育の洗礼を受けた。そして、インド人の先生を監督する視学官が、ガンディーの幼少の記憶にとどめられた最初のヨーロッパ人であった。

少年時代のガンディー　7歳（出典：Emma Tarlo, 1996 *Clothing Matters*）

英国植民地支配の構造は、モーハンのような若者にとっては矛盾や混乱をもたらすものであった。インド人は英国の偉大さをすり込まれて自ら治める能力も用意もないと考える一方で、知性あるガンディーのような人間は、インド人は「紳士（ジェントルマン）」になれるし、帝国の体制に入ることも認められる、と考えていた。しかし、ラージコートのような地方都市では、大英帝国の偉大さは、新聞、教科書、小冊子などを通じてつくられた想像の世界でしかなかった。ガンディーはこうした小冊子を熱心に熟読玩味していたようで、それは上の世代の人びとには考えられないことでもあった。こうした小冊子は最初イギリス人が出版していたが、しだいにインド人が参入するようになり、新聞も発行されるようになって、さまざまな社会問題が取り扱われることになった。ガンディーの幼少時代は、ほぼカーティヤーワール地方のなかで培われており、ロンドンとデリーとの対比に象徴される世界の中心的大都市とその周辺との二元的関係とは別次元にあった。そして、少年期の地理認識には、英国との関係だけでなく、ほかの地域との関係も視野に入っていた。バニヤー商人がベンガル湾やアラビア海を渡っていたことがあって、のちにガンディーもやすやすと南アフリカに渡っていったが、それはこのような「帝国の地理」への理解から生まれたものだと考えられる。

この時代のガンディーについては『自伝』がほぼ唯一の情報源である。そこにインドの聖人・偉人伝に特有の、ごく平凡な少年の立身出世譚としての脚色を読むむきもある。これを補完するのは、ながらく秘書をつとめたピャレーラールの伝記などであるが、それにしても実際に幼年期の生活を見ているわけではないので限界はある。そのため、このころの記述については、つねに不確定性をぬぐうことはできない。

要するに、ガンディーの生涯を歴史学的に再構成することは実質的に不可能なのであるが、本書はどれが歴史的事実であるかの正当性を問うものではなく、むしろそれがどのように語られ、さらにそれが歴史的にどのような影響を与え、どのような帰結をもたらしたのかを跡づけようとするものであることを、ここで改めてお断りしておきたい。

多元的社会

ガンディーは、インドの中の、宗教的多元性が認められているグジャラートで育った。父親が家を開放していたのでよそ者をめぐる問題は何も起こらなかった。ロンドンでは法律の勉強のほかに、福音主義者、神智主義者、菜食主義者、思想家など幅広い人びとと交流した。そして、ほどなく宗教上の友人からさまざまな文献を紹介された……。ガンディーのヒンドゥー教の勉強は南アフリカでの講演などを可能にし、のちのライチャンドバーイとの交流で、自らの伝統を以前よりさらによく知るようになった。幼少期のしつけと、勉強と、出会った人びとと、自分の自己意識を深めたいという決意により、ガンディーのヒンドゥー教徒としての素性は、豊かで一風変わったものになった。多くの面で豊かであり、他の伝統から集められた思想の幅広い恩恵を受けた点で変わり種であった。（Chatterjee, M. 2005: 22）

M・チャタジーはガンディーの育った宗教的環境の多様性についてこのように述べている。ガンディーの家はヴィシュヌ派（ヴァイシュナヴァ）ヒンドゥー教徒であったが、グジャラートという地は、イスラーム、ジャイナ教などが混在していた地域でもあった。この地域には、ヒンドゥー教の最高神の一つヴィシュヌ神の化身クリシュナの王国があったとされ、ヴィシュヌ派が卓越していた。それとともに、神への讃歌をうたうことで神との合一をはかる「バクティ」（信愛）運動の盛んな地でもあった。またジャイナ教が根強く定着した地でもあり、ヴィシュヌ派との「習合」も見られる。モーハンダースもまた、こうした多宗教状況の影響を受けてか、生涯を通じて諸教融和を目指す方向性をもっていた。その一方で、少年時代に街角で出会ったキリスト教ミッションとは相性が悪く、また同じヒンドゥーではあっても、ヒンドゥー・イデオロギーを支配するブラーマン的な伝統とは一定の距離をおいていた。これは、のちのガンディーが、ブラーマン的なヒンドゥー哲学の伝統とははなれた実践中心の解釈を貫いた姿勢にもつながる。

ガンディー自身の言によれば、父カラムチャンド・ガンディー（カバー・ガンディー）は、その父親譲りの一徹な信義の人であった。「父は、家族思いで、正直で、勇敢で、怒りっぽい人でした。いくぶん性欲も強かったことでしょう」（ガンディー 2000: 29）。自伝で紹介されているのは、不正を憎み、イギリス人の横紙破りに一歩も引かない父のすがたである。ただ、森本は、最後の子であったガンディーについて、次のように述べて歴史の皮肉を語っている。モーハンダースは、「おそらくは、なければよかったものの結果としての存在」だったということになろうが、「インドにとって、また人類にとって、カバー・ガンディーの性の慎みのなさが稀有の師を生んだというのは、いかにも運命の神がやりそうな悪戯である」（森本 1988: 34）。

こうした父に対して、ガンディーの記憶に残る母のいちばん鮮やかな印象は、穢れなき清らかさであった。そして、ガンディーの宗教観に関しては、母プタリーバーイの影響が大きいとされる。「母は賢い女性であったという印象が残っています。とても敬虔でした」（ガンディー2000：30）。母は父の四人目の妻であり、ガンディーはその末子であった。母は敬虔なヒンドゥー教徒であり、毎日の寺詣り、食事前の祈りを欠かさず、雨季には一日一食、ときに断食も行ったという。モーハンダースも母につれられて寺院などを頻繁に訪れていたが、のちには信仰に寺院は不要とまではいわないが、自分はあえて行くことはないと明言している。母はまた、六人の兄弟の家族が住む大家族の家長の妻として、大勢の家族を仕切る役割も果たしていた。大家族の中で育ったガンディーは、生活を円滑に送るためには互いの感情への思いやりや配慮が必要なことを学んだ。母はまた厳しい菜食主義者であり、肉、魚はもちろん、地中に育つタマネギ、ニンニクなども禁じられていた。

家族はヴィシュヌ派系ヴァッラヴァ派の伝統を引いていたが、母はメフラージ・タークル（一六一八―九四、のちのプラーナナート）が創設した「プラナミ」派にも属していた。この宗派はイスラームの影響を受けていて、ガンディーも自伝で、プラナミ派はクルアーンとギーターの一番よいところを引いて、一つの到達点、神を目指している、と述べている。この融合型のプラナミ派の存在もまた、ガンディーの宗教観にとって重要な役割を果たしたと考えられる。

また、母の生家は一五世紀の宗教詩人ナルシン・メーヘターが住んでいた村に近く、ガンディーは生涯にわたってその詩を好んでいた。ナルシンはブラーマンであったが不可触民の友人を持ち、ともにヴィシュヌ神へのバジャン（讃歌）をうたったという。ただ、ガンディー自身は哲学的、理論的な宗教よりもむしろ、神の名やマントラ（真言、祭詞）、シュローカ（詩頌）などを繰り返しとなえるいわゆる「ラームナーム」や「ジャパ」などの大衆的な宗教実践に通じていた。また、一六世紀ごろの聖者トゥルシーダースによる翻案の『ラーマーヤナ』を繰り返し聴いたが、これがのちに『ラーマーヤナ』を「信仰書の中でもっとも偉大な書である」と高く評価する一因になった。また、ガンディーは、トゥルシーダースの「宗教の根源は哀れみである」という言葉を引いて、インドでもこの哀れみの宗教を再考しなければならないと述べた（Chatterjee, M. 2005: 15-16）。これもまたのちのガンディーの宗教理解の下地となったことがうかがわれる。

一方、ジャイナ思想も、ガンディーの思想形成に決定的な影響を与えた。グジャラートはジャイナ教の影響が大きな地域で、ガンディーはすでに幼少期からこれに親しむ環境にあった。のちにティラクはガンディーを評して、ヒンドゥーであるよりジャイン（ジャイナ教徒）だとさえ言っていた。ジャイナ教は、仏教とほぼ同時期に起こった宗教で、始祖はマハーヴィーラ（大雄）。二〇一一年センサスによると、西インド、ラージャスターン州、グジャラート州、ムンバイなどに四四五万人ほどの人口があり、独特の形をしたジャイナ寺院もこれらの地域に比較的よく見られる。禁欲主義では仏教とも共通するが、さらに徹底した不殺生主義（アヒンサー）をまもっている。アヒンサーの遵守は、動物、植物だけでなく微生物などにも及び、命あるものを脅かすことはご法度である。その禁欲の程度により、比較的穏健な白衣派と非常に厳格な裸形派（空衣派）に分かれる。信者の多くは商人であり、実質的にカースト的な集団を形成している。

ガンディーは、ジャイナ教から禁欲主義とともに、諸宗教の多元的共生の可能性を学んだ。それは、すべての宗教的知識はどうしても部分的で不完全なものにすぎないので、異なった宗教伝統はたがいに排斥し合うのではなく、補い合ってたがいを高めあうべきなのだという信念である。ガンディーは、こうした世界教会的（エキュメニカル）な普遍宗教理念をもって宗教間対立を批判し続けたが、M・チャタジーはその根っこがジャイナ教とのふれあいにあったというのである（Chatterjee, M. 2005: x）。さらに、ガンディーと同年代のジャイナ教詩人で宝石商でもあったライチャンドバーイが、南アフリカ時代のガンディーの精神的師匠の役割を果たしたことも見逃せない。

ガンディーが育ったのは、宗教面で多元的な社会であったが、一方、インド社会では階層化が進み、ほとんど変化のない固定化した社会へ向かう「伝統化」が進行した時代でもあった。それは鉄道の到来による換金作物の急速な拡大が地方の権力構造を変え、富裕な商人が、雌牛保護、社会改革、寺院祭礼などを後援することで進行した、伝統回帰的なヒンドゥー改革も伴っていた。奇しくもガンディーと同じカーティヤーワール地方出身のダヤーナンダ・サラスワティが一八七五年に創設したアーリヤ・サマージは、キリスト教の影響のもとに、いわばプロテスタント的なヒンドゥー改革をめざしていた。ガンディーは、これとは一線を画し、自らのヒンドゥー化にはより多元的な方向性を目指したのである。

英国びいきのヒンドゥー

ガンディーの幼少期は、『自伝』を読む限りはごく普通の少年で、後の偉人となる素質の片鱗をうかがうことはできない。学校はポールバンダルの小・中学校からラージコートの高校に進んだ。小学校から高校まで、成績は中くらいで、英語はそれほど得意ではなかったという。少年時代の反抗期には、無二の親友だったメータブとともに、たばこを喫ったり、売春宿に行ったり、身体を大きくして英国人に対抗しようと肉食の禁忌を破ったりしたこともあったと記されている。しかし、当人は菜食主義の母に背いたことをのちのちまで後悔したと述懐している。

モーハンは、当時のインド社会の伝統にしたがって、一八八二年（一八八一年?）満一二（一一）歳で同い年のカストゥルバーイと結婚した。結婚年については、ガンディー自身ゆれていて、一三歳説から一一歳説まで幅がある。このころは、子どもたちは親同士が決めた相手と幼いうちから婚約し、早くに結婚するのがむしろ普通であった。モーハンもその例にもれないが、結婚したのちは強い嫉妬心にむしろ悩まされたようである。妻のカストゥルバーイも、気の強い女性であったらしく、のちのちまでも二人の対立はしばしば起こっていた。モーハンは、無学の妻に教育を与えて、理想の妻に育てようと試みるが、うまくいかなかった。これに対してカストゥルバーイはつねに夫の健康を気遣う、伝統的な妻のかがみのような存在であった。

モーハンはまた自分の情欲の強さに悩むことになる。とくに父が病床に伏してからは、その世話をするのが日課になっていたが、その間も妻のことが思い出されていた。そして、一八八五年（一六歳）、病床の父の看病をつづけていながら、叔父の許しを受けていったんその場を離れ、妻とコトに及んでいた間に父が亡くなってしまったことを、のちのちまで強く後悔した。さらに同じころ、まだ学業半ばの身で妻を妊娠させたことも後悔の種になった。残念ながらその子は早世するが、それもまた罪の意識をかりたてた。そのためか性関係に対してつねに罪悪感をもち、それがために、のちの一九〇六年、三七歳のときについに妻との交渉を絶つブラフマーチャーリヤ（心身の浄化）に入ったとされる。

モーハンは、ラージコートのカーティヤーワール高校を卒業し、一八八七年にはボンベイ大学の検定試験に合格してサマルダース・カレッジに入った。高校は英国スタイルの教育を行っており、カレッジもオックスフォード大学出身の学長が率いていて、モーハンは英国びいきのヒンドゥーとなっていった。カレッジはまだ創設四年目でラージコートから一五〇キロ以上離れたところにあった。モーハンはこのとき、ゆくゆくはボンベイ大学で法律を学ぶという普通の道をとらず、イギリスに留学したいという夢を強くもつようになった。そのわりに、英語で行われるカレッジの授業についていけず、一学期が終わったところでラージコートにもどってしまった。家族からはいずれ父のあとを継いで宰相の座につくのだから、若いうちに留学して弁護士の資格を取るのが得策だと言われ、友人からも金が稼げるからと留学を勧められた。自身は、イギリスに行けば、弁護士になれるだけではなく、哲学者と詩人の国、文明のまさに中心地を見ることができる、と考えていた。のちに、イギリスの友人にその動機を尋ねられたときはひとこと、「野心です」と応えたという。

しかし、イギリスでの生活は肉食、葉巻煙草、肌露出などの反宗教的行為を冒すことだと、厳格な親族からは猛反対をうけた。さらに困難だったのは、もっとも厳しかった母をいかに説得するかであった。それでも、本人の留学への想いはやみがたく、「肉、酒、女」に近づかないという母との三つの誓いを守ることを条件に、長兄からの資金援助で留学が実現した。しかし、カースト会議で長老は、「われわれの宗教で、海を渡るのは禁じられている」うえに「イギリスでは宗教は守れない」という理由で海外渡航を認めず、それに従わないモーハンは、出発直前にカーストからの放逐を通告された。モーハンは支援してくれる兄に累がおよぶのを恐れたが、その兄が渡航を許してくれたので、ともかく、妻子を残して単身イギリスに向かうことになった。

2 母との約束

ガンディー最初の旅

　ガンディーは一八八八年九月四日にS・S・クライド号でボンベイを出航した。それは弱冠一九歳を前にしての渡航であった。ガンディーは周囲のはからいで同郷の弁護士T・マジュムダールと同室になったが、船旅自体がすでにして冒険であった。まずは食事の作法、イギリス人乗客との会話から水浴びまでが問題で、そのためほかの乗客との交流もせず、ほとんどの時間を船室にこもって過ごしていた。九月二九日、船はついにロンドンから三〇キロほどテムズ川下流のティルバリーにいったん着岸し、さらに南西部の港湾都市プリマスに上陸した。そのときプリマスはイギリスの雰囲気を象徴するように、霧に包まれ、あたりは暗かった。ガンディーとマジュムダールは汽車でロンドンに行ってトラファルガー広場近くの高級ホテル、ヴィクトリアに最初の宿を取った。部屋は素晴らしかったが、自分ひとりが季節外れの服装であったこと、食べ物が高いうえに口に合わなかったこと、えらく狭い部屋だと思ったらエレベーターだったことなど、さっそくきびしいカルチュア・ショックに見舞われた。

　ただ、ガンディーは孤立していたわけではなく、なにかと世話を焼いてくれる同郷の友がいた。ロンドン在住で同郷の医学生プランジーヴァン・メーヘターや、弁護士をめざしていたダルパトラム・シュクラの助言をうけながら、なにはともあれ異国での生活がはじまった。とくにプランジーヴァンはその後もときに応じて助けてくれる生涯の友として、重要な存在になっ

ガンディーが寄宿していた西ケンジントンの家　1888年（出典：James Hunt, 2012［1993］*Gandhi in London*）

ていった。とりあえず郊外のリッチモンドにあるプランジーヴァンの友人の家を紹介されて一月ほど滞在し、そこでその友人やシュクラにナイフとフォークの使い方からロンドン生活の基本を教わった。さらに、今度はシュクラの紹介で、西ケンジントンのアングロ・インディアンの未亡人の家に下宿することになった。この女性は、インドに住んだことのあるイギリス人であり、そこには八―九ヶ月間滞在した。ガンディーがこの間に書きためた日記は、のちに若いインド人の便宜のための『ロンドン日記』として出版された。そこにはロンドンでの生活の知恵が詳しく述べられている。実際当時はインド人留学生が激増していたころで、一八八七年に四七人であったのが、三年後の一八九〇年には二二七人のインドの「紳士」がロンドンに留学していた。

ガンディーは初めともかく英国流の生活に同化し、英国紳士になることを目指して、ダンス、弁論術、ヴァイオリンなどの習いごとをするとともに、衣装にも金を費やしていた。しかし、

ロンドンの法学生ガンディー　1888年（出典：Kathryn Tidrick, 2006 *Gandhi*）

三ヶ月ほどすると、こうした時間と金の無駄遣いを反省し、法学の勉強に励むとともに、なるべく質素な生活を送るようになった。ただ、外見を気にして衣装に凝ることだけはその後も長く続けていた。当時の弁護士は黒の上着、白のシャツ、シルクハットなどの出で立ちを望まれていて、ガンディーも自分の役割に見合う衣装にはこだわったのである。インド人留学生は、いずれも周りからの締めつけの厳しい社会に育ってきたが、ロンドンでは一人で、かつ全ての生活を自分でコントロールしなければならなかった。そのため、思わぬ浪費をしてしまう危険があったが、ガンディーはそこから危うく逃れたのである。それまでのスイートルームからシングルルームに移り、九〇年夏からは食事も自炊するようになって劇的なコストカットに成功した。ただ、そのような倹約生活の中でも、八九年から九〇年にかけて、パリ万博が開かれている間に一週間のパリ旅行をして、エッフェル塔やノートルダム寺院を訪れている。さらに南部海岸のブライトンやヴェントナーなどのリゾート地も訪れていたが、そのほかはロンドンにとどまっていたようである。マーティン・グリーンは、「ガンディーにとってロンドンは（ガリヴァー旅行記の巨人国）ブロブディンナグのようで、人の足もとと、巨人のようにそびえてはるか上から怒鳴り声が聞こえてくるような学校との間を行き来していた」と述べている（Green 1986: 64）。

ガンディーは独力でヨーロッパの知的な世界に熱心に触れるようになる。新聞を毎日読み、とくに、リベラルな『デイリー・ニュース』や保守的な『デイリー・テレグラフ』、それに知識人に大きな影響を与えていた夕刊紙『ポール・モール・ガゼット』を熱心に読んでいた。新聞が大学の役割を果たし、そのなかでマルクス主義やフェビアン主義（穏健な社会主義）を知った。また、一八八九年のバーナード・ショウ編の有名な『フェビアン社会主義論集』を読み、そのなかで唯一アニー・ベサントの論文「社会主義下の産業」のみを評価していたという。さらに、一八八九年八月のロンドン・ドックの歴史的なストライキにも関心を持っていたはずであるが、いずれも『自伝』にはかんたんな言及があるだけである。

ガンディーがロンドンに旅立つ三年前の一八八五年にインド国民会議が発足したが、その中心にあったナオロジーが、一八八九年にロンドンで国民会議ロンドン委員会を創設し、翌一八九〇年には『インド』誌を創刊した。ナオロジーはすでにイギリスでも有名で、一八九二年には自由党から下院議会選挙に出馬し、当選して初のアジア人国会議員となっていた。ガンディーは紹介状を持ってナオロジーに会いに行ったが、生来の内気が災いして会談はうまくいかなかった。ただ、ガンディーはナオロジーを高く評価していて、講演があると欠かさず出席していた。また、ナオロジーが一八六五年に始めたロンドン・インド人会やムスリム団体の会合にもよく参加していた。ガンディーはナオロジーをインドにとってのグラッドストンのような存在だと考えていたようである。

ガンディーはまた、宗教にも強い関心を持った。当時のロンドンでは、教会やミッション・ホールなどに熱心に通う人びとが全体の四分の一ほどあり、J・J・ドークの伝記にも、キリスト教が自分を取り巻く空気のような存在に見えたと語っている（Hunt 1986: 1-4）。そして、友人の一人に聖書を読むように勧められたが、出エジプトについて、神の名のもとに全ての新生児が殺されたというところで本を閉じてしまった。ただ、教会で開かれる高名な説教師による講演にはしばしば参加していた。とくに当時有名であった会衆派のJ・パーカー師（一八三〇―一九〇二）の説教には足繁く通っていたと語っている。そして、ロンドン生活が終わるころには、プロテスタントの礼拝のスタイルになじんでいた。

シャイなガンディーは、友人とつきあうことも少なく、大学での授業もそれほどなかったので、ひたすら部屋にこもって勉学に励む生活を送った。そのため、それほど得意とは言えなかった英語の成績も徐々によくなった。それもまた当時のインド人留学生の平均的な姿であった。法律の勉強には時間の余裕があり、その時間をどのように有効に使うかがむしろ問題であった。ガンディーは友人の勧めで、特別予備授業のあるロンドン大学の入学試験をうけることにした。一八八九年八月頃からラテン語、フランス語、英語、歴史、地理、数学、機械修理、化学、光と熱などの科目を学んで受験したが、一八九〇年一月の試験は失敗で、つぎの六月に合格した。ガンディーは高い教育レベルに達したが、それは将来の専門職にとっては善し悪しの面があった。大学教育とはいえないような非常に狭い範囲の知識に限定されてしまい、新たな知的、政治的な動向に触れる機会を得られなかったからである。

本来の目的である法律の勉強においては、ロンドン到着後一月あまりの八八年一一月六日から、四つの伝統ある法曹院のひとつインナー・テンプルに所属した。ここにはのちにジャワハルラール・ネルーも加わったが、ほかの法曹院と比べると格が高かったようである。ここで資格を得るには、二一歳に達し、二回の試験に合格することのほかに、年四学期三年で一二学期を終えることと、各学期六回、計七二回のディナーに参加することが条件になっていた。これは菜食のガンディーにとっては苦痛の種であったが、なんとかクリアした。ガンディーに言わせると法律の勉強は容易で、試験も寛大であった。ラテン語には苦労したようだが、ともかく一八九〇年三月にはローマ法の試験に通り、一二月にはもうひとつのコモン・ローの試験にも合格した。この年はロンドン大学の入学試験と法律の試験の準備のほかに、次節で紹介するように、秋にはロンドン菜食主義者協会の執行委員にも選ばれて、じつに多忙な日々を送っていたのである。

私の名はガンディー

ガンディーは、母との約束で菜食以外は摂らないと決めていたが、初めからつづく最大の悩みの種であった。船に同乗していたイギリス人は、ロンドンでは健康のためにも肉なしではいられないと言って、母や周囲との約束を無視するよう諭した。しかしガンディーはこれに応じず、持参した果物と菓子を食べていた。同郷のシュクラもまた、無筆の母親との約束など無視すべきだと言ったが聞き入れなかった。一八八八年一〇月からアングロ・インディアンの未亡人の家に寄宿するようになってからは、この女性の助言で菜食レストラン探しを始めた。毎日一五キロ、二〇キロを歩き回り、安レストランでパンとジャム、ゆでキャベツなどを食べていたが、おなかを満たすには十分ではないし、すぐに飽きがきた。そうこうしているうちについに「ポリッジ・ボウル」、さらにセント・ポール大聖堂近くのファリントン街にある「セントラル」を見つけた。いずれもガンディーが学んでいだインナー・テンプルからそれほど遠くなかった。それはロンドンに到着してほぼ一月後の一八八八年一〇月二二日月曜日のことと推測されている。しかし、ガンディー自身は何ヶ月も食事に困ったとも述べていて、真相のほどは分からない。

「セントラル」の窓にはヘンリー・ソルトの『菜食主義への訴え』が飾られていた。この本の冒頭には、人類が仲間の動物を食べる習慣は徐々に消えていくだろうという趣旨のヘンリー・D・ソロー（一八一七―六二、ソルトが伝記を出版している）の言葉が引用されていた。ガンディーはこの本を購入して熟読玩味し、ほかにも食事に関する本をたくさん読んだという。その中には、のちにガンディーに大きな影響を与えたアンナ・キングスフォードの『食事の完全な道――人類の自然な古代の食物への回帰の専門的提言』（一八八一）もふくまれていた。この書はパリ大学に提出された医学学位論文の英訳で、食事をめぐるあらゆる側面についての研究であり、そこでは肉食の危険も科学的に分析されている。こうした書物を通じてガンディーは、みずから進んでイギリス流の菜食主義者となろうとした。それまでは母との約束であるというだけで秘かな肉食へのあこがれは消せなかったが、ここから菜食主義は義務感から使命感へとかわったのである。これ以後ガンディーは生涯を通じて、食事をめぐる文字通り身体をはった実験を繰り返すことになる。

このときガンディーは、はからずもイギリスの菜食主義運動の渦中に飛び込んでいた。「セントラル」の隣はロンドン菜食主義者協会（London Vegetarian Society: LVS）の事務所だった。LVSは先行する菜食主義者協会や、ロンドン食物改善協会（一八七七創設）などが離合集散した末に一八八八年に創設され、機関誌『ヴェジテリアン』も創刊された。会長は富裕な実業家A・F・ヒルズで、財政的にも協会を支えていた。協会に加わったガンディーは、ソルト、H・ウィリアムス、キングスフォード、T・アリソンなどの本を読んだ。協会の機関誌『ヴェジテリアン』誌にはロンドンの一〇以上にのぼる菜食レストランもあげられていた。またガンディーの『ロンドン・ガイド』（一八九三―九四）には、当時のロンドン生活のコスト、特に「セントラル」の食事のメニューなどもこと細かに記録されている。ソルトはのちに、「セントラル」でやけに服装に凝ったインド人の青年に会ったことを覚えていた。「私の名はガンディー、もちろんあなたはお聞きになったことはないでしょうが」（Hunt 1986: 20）。

協会には、ソルトのほか劇作家・批評家のバーナード・ショウ、陸上選手のJ・バークリー、救世軍のB・ブース、それにキングスフォード、ベサント、ロシアの文豪トルストイなどが名を連ねていた。また、ガンディーの不服従運動に大きな影響を与えたソローや社会主義者カーペンターなども運動に加わっていた。さらに質素な生活という協会の理念にはアーツ・アンド・クラフツ運動を牽引したW・モリスや、のちのガンディーの無所有の実践に直接影響を及ぼしたJ・ラスキンも共鳴していた。つまり、ガンディーを取り巻く菜食主義運動には、都市化、産業化に反対する一線の改革主義者が集結していた。まさにガンディーの思想形成にとっての役者がそろっていたのである。

ロンドン菜食主義者協会のメンバーと（右下がガンディー）

『ヴェジテリアン』誌にはほかにも、断食の「マニア」と称されたアメリカの医者による四五日間の断食の経験に基づいた「断食のやり方」についての記事もあり、さらに目立っていたのは、さまざまな論者による「真理」をもとめる記事であった。そこには、のちにガンディーが語った、神が真理なのではなく真理が神である、に共通する考えも散見される。また一八九一年一二月二一日号には、トルストイの「非暴力」と「不服従」に言及した記事もあった。

ただ、イギリスでの菜食主義の程度にはバラッキがあった。なかには魚を食べる者があり、とくに卵、ミルクあたりは見解がわかれた。これはインドでも同様で、ミルク、卵については見解がわかれる。ガンディーは野菜‐卵‐ミルクのみをとるいわゆるV‐E‐Mを実験してみたが、卵が厳格なヒンドゥー的菜食に背くのでほどなくやめた。一方、協会会長ヒルズの勧めにしたがって、太陽の贈り物、つまり陽光を浴びた生の野菜、果物、木の実だけの食事（ヴァイタル・フード）も後に実験してみた。しかしこのときはからだをこわしてしまったので、これもやめた。

内気なガンディーは、いつも口角泡を飛ばして議論している人びとが、病的に食物にとりつかれているのについていけず、しばらくは様子を見ていた。それまで少ないながらガンディーと直接交流があったのは、革命家か労働階級の人びとで、社会主義者もいた。これらの人びとは、経済的搾取に代わる「同胞愛」（brotherhood）や自然界との生き生きとしたつながりを求め、身体と精神を涵養し機械万能の世界を変えようとしていた。つまり、一九世紀初めの非国教会系の福音主義的キリスト教徒の系譜に属する人びとであった。

ガンディーは、機関誌の編集にあたっていた若きジョシュア・オールドフィールドのすすめで、ようやく一八九〇年の夏に協会に加入した。オールドフィールドとはとくに気が合って、一八九一年春には彼の家に移って同居を始めたほどであった。ただ、のちにオールドフィールドが病気になったときに、医者から肉食を勧められてガンディーも誘われたが、「それが神のご意思なら死を選ぶが、約束だけは破ることはできない」、と言って断ったという（Hunt 1986: 24-25)。オールドフィールドはほかの病的な人びととは対極にあって、勤勉でユーモアがあり、自制心に富み、オックスフォード出身の弁護士で改革家、そしてジェントルマンであった。ともに同居し、ともに食卓を囲み、つねに議論を行っていたオールドフィールドの考えは若きガンディーに深く影響した。たとえば、のちにガンディー思想の中核となる「サティヤーグラハ」（非暴力的抵抗）も、自分自身と対立する相手にもともに最上と思われる高潔さを保持する、という意味を含んでいることや、『ヒンド・スワラージ』における近代文明の過ちを強調した点でもその影響がうかがわれる。

身体の実験

ガンディーは、インドの母との約束を守るため、結果的にイギリスの菜食主義者と親しく交流を持つようになった。そこで出会った人びとは、いずれも西欧近代主義を批判するため意図的に菜食主義をよりどころにしていた。このことがガンディーのその後の人生を決定づけたのである。ただそもそも西欧とインドの菜食主義には、とくに宗教との関係において大きな違いがあった。つまり、西欧では菜食主義はキリスト教にとっての「異端」とされたのに対して、インドでは宗教的信仰・経験として常識的に受け入れられていたからである。

一九世紀西欧キリスト教世界における菜食主義は、科学主義全盛で宗教全般が不振にあえいでいる時代に、科学と宗教との折り合いを図る宗教リベラリズムのひとつとして登場した。菜食主義は当時盛り上がっていた禁酒運動の一環として行われ、ともに心と体の関係をコントロールする運動として起こっていた。オッペンハイムは心霊主義と菜食主義との関係について、「アルコールの害や肉食の習慣を非難し生きている動物を実験材料とすることや、人の命を奪うことに憤慨しながらも、心霊主義者たちは根本的な原理を共有していた。彼らはみな生命の神聖さを信じ、不滅の魂を包む肉体の価値と尊厳を信じていたのである」と述べている（オッペンハイム 1992: 69）。

基本的に性的抑制をともなう肉食の忌避は、肉体を霊的身体（生気体）化し、神との霊的合一の手段を与えるものとされる。それはつまり、初期キリスト教時代のグノーシス派やマニ教から中世のカタリ派、ボゴミル派のような異端のキリスト教における中心概念であった。したがって、西欧の菜食主義には既存のキリスト教会批判の意味が強い。それはキリストによる贖罪のための動物の犠牲さえも否定することになり、人と神とを媒介する教会の権威を脅かす「異端」として非難されていた。つまり、肉を断つ菜食主義はときに霊的な破壊行為と見なされたのである。だから、一三世紀の異端審問での、「私には妻があり愛している、子どもも持ち、肉を食べ、嘘をつき、誓いを立てる、私は良いキリスト教徒なのだ」、という告白が逆にキリスト教の本質を示していることになる。

ただ、ガンディーがロンドンで出会った菜食主義は、もともとはインドからインスピレーションを得ていた。ギリシア時代以来、インドにやって来たヨーロッパ人は、ヒンドゥー教徒の肉を摂らない食事の習慣に魅了されてきたようだ。鳥の病院を作ったりする動物愛護や、米と豆の食事は、ヨーロッパの「インド好み」には、ショックであった。そして、一七、八世紀のイギリス、フランスではインドの菜食主義の利点をうたう小冊子が公刊された。ブームはすぐに立ち消えとなったが、宗教を取り巻く状況の変化に伴い、ふたたび新たな装いで復活した。その中心にいたソルトもまたインドに縁がある。ソルトの父は士官としてインドで勤務していたことがあった。ソルト自身はインドで生まれたが、赤子のうちにイギリスに戻された。その後、イートン校からケンブリッジへとエリート・コースをたどったが、生活に満足できず、ソローの影響を受けて田舎生活に移っている。

一方インドの菜食主義は、もともとは動物供犠の否定、動物の贖いの血の忌避であって、生命の神聖さを信じて肉食を忌避するのではない。菜食主義は紀元前五、六世紀に、当時農村基盤のブラーマン的権威に対して、都市型の改革宗教として起こってきた仏教、ジャイナ教などの不殺生主義に伴って出現した。農村では豊穣性を祈願するために動物の血の供犠は不可欠であるが、都市の王侯貴族や商人にはその必要はない。そのため、動物供犠を含むブラーマン宗教を批判するためにも、仏教、ジャイナ教とともに不殺生主義や菜食主義を奉ずることになった。

しかしその後ブラーマンは菜食主義に転じ、さらに、近代ではカースト上昇運動の中で、それが上位カーストの規範にもなった。地位上昇をはかるカーストでは、まずは菜食主義の採用が第一義的に行われてきたのである。古代には動物供犠を仕切っていたブラーマンは、現在では農村で行われる供犠を伴う祭礼の時には、意図的にその場を離れることになっている。

また、インドにおいて肉食は植民地支配の悪しき象徴であり、近代西欧キリスト教世界が持ち込んだ悪習の最たるものとして飲酒とともにきびしい反撥を食らっていた。その意味で、反キリスト教の一点で東西の菜食主義は手を握ることができたのであるが、その内実には微妙なズレがあった。ガンディーの身体についての禁欲的思想も、こうしたつながりから生まれたが、それは一九世紀後半のイギリスとインドの歴史状況が演出した奇蹟のドラマである。

ガンディーにとって肉食か菜食かの選択は、ロンドン時代に始まった文字通り生命を賭した「食事の実験」なのであるが、その根源には少年時代の植民地支配への反撥がある。高校時代に両親を裏切って肉食を試みた経験は、自伝の中でも二章を割いて「悲劇」と題して述べられている。それによると、ガンディーの友人は、ヒンドゥー教徒は肉食をしないから非力なのであり、だから肉食のイギリス人に支配されるのだ、という持論を展開していた。そこから、イギリス人に対抗するために肉を食べなければならないという考えが、ラージコートの「改革派」の先生や学生の間に広まっていたという。この友人に乗せられてガンディーも数回肉を食べたが、おいしいとは思わなかったし、何よりも親を裏切った後悔が先に立って、吐き気を催したほどであった。ただ、ガンディーはロンドンに留学してからも英国支配に対抗するための肉食への想いは捨てられずにいた。それに踏ん切りをつけさせたのは菜食主義関係のさまざまな著作であった。

ロンドンから始まったガンディーの「食事の実験」は、菜食の食事を通した身体の浄化の実現であり、それはさらに精神的、霊的な浄化による世界の変革にまで射程がおよんでいる。とりわけ、ガンディーの身体の浄化は、のちの南アフリカ時代にかたちづくられる重要な実践概念である「サティヤーグラハ」や「ブラフマーチャーリヤ」、方法としての「断食」などの理論的な基盤をなしている。いずれも、菜食による身体の浄化なくしては実効性を持たないからである。ガンディー自身述べているように、ロンドン時代にはあくまでも経済と健康の問題であった菜食が、南アフリカ時代にはすぐれて宗教の問題へと転じていった。ガンディーの、栄養学、性的抑制、衛生学、自然療法などによる「実験」は、真理の追求、非暴力の信念、社会政治的改革運動などと切り離すことはできない。ガンディー自身、「真の健康なしに真の幸福はなく、味覚の厳しいコントロールなしに真の健康はない。味覚がコントロールされていればほかの感覚はコントロールされる。感覚を克服できる者は全世界を征服でき、その人は神の一部になる」と言っている（Gandhi 1921）。要するに、たかが食事されど食事、ガンディーにとってはすべての出発点であり到達点でもあった。

3　最上のヒンドゥー教

神智主義はマダム・ブラヴァツキーの教えです。それは最良のヒンドゥー教です。神智主義は人類の同胞愛（brotherhood）です。……ジンナーなどのムスリムの指導者たちはかつて会議派のメンバーでした。彼らはヒンドゥー教の危機を見下して会議派を離れたのです。かれらはヒンドゥーの人類同胞愛を見いだせませんでした。かれらは、イスラームこそが同胞愛なのだと言います。じっさいのところ、それはムスリムの同胞愛です。神智主義は人類の同胞愛なのです。（Fischer 1997: 437）

ガンディーは、伝記作家フィッシャーに対して、神智協会との関係がおもにマダム・ブラヴァツキーの著書を通じたものであり、そこには最良のヒンドゥー教が示されているのだと語っている。さらに、ガンディーの「ヒンドゥー教」理解、「キリスト教」理解も、また広く「宗教」概念なども、基本的に一九世紀後半から二〇世紀初頭にかけての秘教思想、それも神智主義と秘教的キリスト教の影響を通じて醸成されたと考えられる。とりわけ、ヒンドゥー教や「真理」については神智主義、キリスト教理解については秘教的キリスト教の影響が指摘される。その意味で、ロンドンでの神智協会とりわけマダムとベサントとの出会いは、のちのちまで大きな影響を残した。M・チャタジーが言うように、ガンディーは「神智協会と出会ったのは多感な時期にあたり、ブラヴァツキーの著書を読んで感銘を受けて、自分が認識している以上にマダムの影響を受けていた」のである（Chatterjee 1992: 1）。

神智協会との出会い

ガンディーと神智協会との出会いは、菜食レストランを求めて町中をめぐっていたすえの、なかば偶然、なかば必然の産物であった。残念ながら、お互いどのようにして知り合ったのか、詳しい経緯は不明であるが、いずれも菜食主義者であったという縁によるものと推測されている。ガンディーにとっては、菜食レストランが見つかって多くの人びととの縁がうまれただけでなく、みずからその後の人生でもっとも影響を受けたヒンドゥー聖典『バガヴァッド・ギーター』との出会いも待っていた。

イギリスに滞在して、一年ほど経った頃でしょうか。この間、二人の神智主義者と知り合いになりました。二人は実の兄弟で、独身でした。二人は私に『ギーター』（バガヴァッド・ギーター）について話しました。二人はエドウィン・アーノルド訳の『ギーター』を読んでいましたが、一緒にサンスクリット語で読もうと私を誘ってくれました。私は恥じ入ってしまいました。というのは、『ギーター』をサンスクリット語でもグジャラート語でも読んだことがなかったからです。……こうして二人の兄弟とともに私は『ギーター』を読み始めました。……『バガヴァッド・ギーター』はすばらしい書だ、とそのとき私には思えました。その考えはしだいに強くなり、今日では最高の哲学書だと思っています。

（ガンディー 2000: 131-32）

文中の二人の兄弟とは、バートラム・キートリー（一八六〇―一九四四）とアーチボード・キートリー（一八五九―一九三〇）のことだとされている。じっさいこの二人はオジとオイにあたるのだが、まぎらわしいことに一歳年上のアーチボードがバートラムのオイにあたっている。二人は一八八四年にシネットやキングスフォードなどがいた神智協会ロンドン・ロッジに加入した。そして、ともにマダム晩年の主著『秘奥教義』（一八八八）の編集に協力した。アーチボードは一八八八年から九〇年にかけて英国神智協会の事務総長をつとめた。一八八八年にマダムが創設した神智協会秘教部門のなかに一八九〇年に設けられた一二人の中核グループにも選ばれている。マダム没後はベサントと分かれ、ニューヨークに移ってジャッジやハードグローブなどのアメリカ神智協会の方にコミットしていった。バートラムは一八九七年にインドに移って神智協会インド支部を創設して一九〇一年まで事務総長をつとめた。その後イギリスに戻って一九〇五年まで英国支部の事務総長もつとめた。

ガンディーはこの二人によって、神智協会を通じたヒンドゥー教への関心を呼び覚まされた。

キートリーらはそれまでアーノルドの英訳本『天上の歌』を読んできたが、サンスクリット原典を読めるインド人を探していた。ガンディーはみずから恥じているように、『ギーター』を知ってはいたが、まじめに読んだことはなく、その価値もよく分かっていなかった。ただ、ガンディーはこのとき『ギーター』の価値に目覚めたものの、ロンドン時代には積極的に学習した痕跡はない。ガンディーが真に『ギーター』を学ぶのは、かなりあとのインドに帰ってからのことである（第三章第三節参照）。

インドに限らず植民地エリートには、翻訳を通じて自分の伝統に目覚め、さらにそれをナショナリズムの中核にすえる例は少なくない。スリランカの仏教ナショナリズムの旗手で、一時神智協会にも加わっていたアナガーリカ・ダルマパーラ（一八六四―一九三三）などもそのうちの一人である。ダルマパーラは、少年のころからミッション系の学校に通い、また父や父方の叔父がスリランカの神智協会支部を支えていたために、西欧経由でみずからの仏教の伝統に目覚めた。その後出家主義が原則のスリランカで、在俗の出家者という曖昧な存在として改革仏教を主導した。ダルマパーラは、プロテスタンティズムに倣った仏教の現世内禁欲主義的な改革と、仏教を核にした仏教ナショナリズムを推進した。これによりその仏教は宗教的（プロテスタント的改革）かつ政治的（植民地支配へのプロテスト）な意味で「プロテスタント仏教」と称されている。また、ベンガルのナショナリスト、B・P・パール（一八五八―一九三二）も同じように、神智協会を通じてみずからの過去の遺産を再評価したとされる。神智協会は、ヒンドゥー・リバイバルと社会的反抗運動にとってもっとも強い影響力を持っていたが、インド人に対してその過去や遺産を恥ずべきではなく、その古典文献にもっとも崇高な真理が述べられていることを誇りにすべきだと教えていた。

マダムのヒンドゥー教

ガンディーは一八八九年一一月にマダム・ブラヴァツキーに会って、かえってヒンドゥー教への想いを強くしたと述べている。ここでガンディーは、「ヒンドゥー教」という概念そのものを初めて認識した。宗教としての「ヒンドゥー教」は一九世紀初めにR・M・ローイが概念化したが、むしろインドではそのようには意識されていなかった。ガンディーはヴィシュヌ信仰を持ってはいたが、それがヒンドゥー教だとは認識していなかったはずである。つまり、ガンディーは「ヒンドゥー教」の概念そのものを神智主義から学んだということになる。

二人の兄弟はあるとき、私をブラヴァツキー・ロッジへも連れて行きました。そこでブラヴァツキー夫人とアニー・ベサント夫人に会わせてくれました。ベサント夫人は、その頃、神智協会に入ったばかりで、このことは新聞で話題になっていました。私は関心を持って読んでいたものです。この兄弟は神智協会に入るよう勧めてくれました。私は控え目に断りました。「宗教についての私の知識はゼロに等しいのです。ですからどんな宗派にも入りたくないのです」。この兄弟たちの勧めで、ブラヴァツキー夫人の『神智学の鍵』を読んだように思います。読んでからヒンドゥー教の本を読みたい気持ちになりました。ヒンドゥー教は迷信だらけだ、とインドで宣教師たちから聞いたことは心から失せていました。（ガンディー 2000: 132-33、一部改変）

二人との面会のときガンディーは二〇歳になったばかりで、マダムは五八歳だがすでに晩年を迎え、ほとんど歩行ができない状態だった。それでも、直前に『秘奥教義』（一八八八）と『神智学の鍵』（一八八九）という晩年の主著を相次いで出版していた。面会には「改宗」直後のアニー・ベサントも同席した。そこでガンディーは協会への入会を勧められたが、いったん断っている。ただ、ピャレーラールによれば、面会から一年半後の一八九一年三月二六日、ガンディーは『秘奥教義』を読んで、ロンドンの神智協会ブラヴァツキー・ロッジの六ヶ月期限の準会員になったという（Pyarelal 1965: 259）。といっても、その三ヶ月後の六月二〇日にはインドに帰ってしまったので、協会での実質的な活動の跡を読みとることはできない。*

＊　ランサムの『神智協会略史』には、一八九六年のおそらく七月初めに、オールコットが当時会員だったガンディーに会ったという記述があるが（p. 318）、オールコットの日記にはみあたらないし、このころガンディーはインドにいたはずである。

ガンディーの入会のきっかけとなった『秘奥教義』はマダムの晩年に著された大著であり、古代から秘密裡に保持されてきた「叡智宗教」(Wisdom Religion)を英訳によって世に出したものだとされる。第一部はマダムの宇宙論が示され、第二部では地球と人類の歴史が語られる。その長大で複雑な歴史をたどる宇宙観、世界観は、ヒンドゥー哲学や西欧のネオプラトニズムなどに通じていると理解されてきた。人類は進化の流れに沿って七つの根人種に分かれているという進化主義的人種観はのちのベサントなどに継承される。ガンディーはそれには反応していないが、マダムの内面的、霊的進化の考えには共感を示した。この書については、当時の西欧で流布していたさまざまな文献の寄せ集めであると指摘されたり、もとになったとされるチベットの『ジャーンの書』の実在そのものを疑う人も多かった。しかし、出版当時はそこに大乗仏教の精髄が示されているとして、多くの知識人をとらえていた。当時チベット仏教第二の権威であったタシ・ラマ、のちのパンチェン・ラマが推薦文を書いているほか、日本の鈴木大拙、宗教学者M・エリアーデなども熱烈に支持していた。

ガンディーによれば、『秘奥教義』の思想体系はいかなる意味でも新しいものとは言えないが、現代的心性に受け入れられるようなかたちでの古い思想の再発見である。それは、単なる現象や歴史事象の記述ではなく、普遍性の教えであり、永遠の真理(verity)に基づく智慧の体系である。その体系では、たとえばイエスの優位性を示すため、ムハンマドや仏陀を嫌う理由はなくなる。そして、さまざまな宗教とキリスト教とは、いずれも同一の永遠の真理の、多くの中の一つのかたちである、ととらえられている。ガンディーはマダムの神智主義から、理想化され、普遍化されたヒンドゥー思想を読み取り、またその四海同胞理念をとりわけ高く評価したのである。

マダムによれば、神智協会は基本的にいわゆる既存の「宗教」にはあたらず、個別の諸宗教を超越した「叡智宗教」だと自認しており、とくにヒンドゥー教に肩入れしていたわけではない。しかし、実際にはヒンドゥー教を古代の叡智に至るための入口として高く評価しており、そのため新しいヒンドゥー教であるとみなされることもしばしばであった。ただ、皮肉なことに一九世紀以降の新しいヒンドゥー教をリードしたヴィヴェーカーナンダからは、協会がスリランカの仏教に肩入れしているとしてこっぴどく非難された。じっさい、マダムとオールコットは一八八〇年にスリランカを訪れ、ミッション・スクール出身のエリート仏教僧と交流していた。協会の超越的で鵺のような性格は、その曖昧さゆえに、特定の信仰に固まった外部からは誤解を受ける結果を招いた。外部との関係性によって当人たちが意識しない色をつけられるのは普遍主義が内在する限界である。普遍主義は個別の信仰を超越し、すべてを統合する普遍性を求めるが、そこにはつねに外部との関係が立ち現れる。ガンディーもまた普遍宗教を求めながら、最終的にはヒンドゥー至上主義者によって暗殺される憂き目を見るのである。

余は如何にして神智主義者となりし乎

ベサントは一八八九年五月一〇日に『ザ・スター』紙上で、神智主義に「改宗」したことを公表した。七月には『余は如何にして神智主義者となりし乎』という三一ページからなるパンフレットを出版し、さらにこれについて各地で講演を行った。ガンディーは友人たちから、ベサントが当代随一の女性雄弁家であると聞かされ、無神論から転じた女性とはどのような人物か興味を抱いたようである。ガンディーはパンフレットを熟読玩味し、またキートリーらに敬意を表してクイーンズ・ホールでの講演会にも参加した。それもベサントを「見に」行ったのではなく、「聴きに」行ったのだとわざわざ断っている。講演は八月四日と一一日（あるいは一二日）に科学ホールで行われており、ガンディーは正確にその日を記していないのだが、おそらく初めの四日の方だと考えられている。ベサントの宣言は、マダム・ブラヴァツキーが発行していた機関誌『ルシファー』にも転載された。講演会には「インドの紳士たちが参加していて、その静かな物腰が人目を引き、声は出さなかったが意味ありげな様子で、しばしば賛同して頷いていた」（*Lucifer*, 15-08-1889）と記されている。

ベサントの講演は、基本的にブラッドロー没後G・W・フートらが主導するようになった国民世俗協会（NSS）の自由思想家たちへの訣別のことばに満ちていた。そこでは、唯物論者や無神論者との闘いが自分に利なく、また自由思想家たちが思想的に閉鎖的で真理に到達することを妨げているので、心を開いて新しい光に向かって窓を開くよう促している。逆に神智主義が自由思想では説明がつかなかったさまざまな心理的問題、つまり物質界でどのようにして思考が立ち上がるのか、千里眼・透聴・思考伝達、メスメル主義・催眠術・感覚認識、夢などの問題に答えを与えており、同胞意識に欠けた反社会的な文明が人間性を取り戻すうえで、その必要に応えてくれるというのが「改宗」の理由だとする。それはまだ美しい理想にすぎないことは分かっているが、NSS自体が掲げていた真理（Truth）を探求するという目的を、神智協会の大師の教えによって果たすことができる。そこで神智協会はヒンドゥーの伝統にある霊的・超越的力を尊重し、大師がさらにその力を強化することができると公言した。さらに、人間の構成についてのヒンドゥー教の七つの要素（霊的な三要素と物質的な四要素）やカルマ（業）について説明し、ヒンドゥー的伝統を強調した後、講演はつぎのような有名な宣言で締めくくられる。

> 私は友情が損なわれようと人間のつながりが壊れようと真理への忠誠だけは曇りなく守らなければならない。それは私を荒野に導くかも知れないが、私はそれに従う。それは私から愛を奪うかもしれないが、私は追いかける。たとえ殺されても私は信ずる。そして、私の墓碑銘には「彼女は真理を追究しようとした」とだけ刻んでほしい。（CWMG 19: 11-12）

ガンディーはこのことばにいたく感銘を受け、次のように述べている。

その時の彼女の言葉は……今でも私の記憶から消えることはありません。彼女は……真理に生き、真理に殉じた、と自分の墓碑銘に刻まれたら本当に満足だ、とその偉大なスピーチを締めくくって聴衆を魅了しました。私は子どもの頃から真理に対して本能的に魅了されてきました。彼女のうそ偽りのない言葉は私の心を奪いました。（CWMG 19: 11-12）

私はすでに無神論というサハラ砂漠を渡っていたのでした。当時のベサント夫人の名声はたいへんなものでした。夫人は無神論者から有神論者になったのです。このことも無神論に対して私を無関心にしたのです。（ガンディー 2000: 134-35）

ガンディーは、ベサントに倣ってブラッドローによるいわゆる「自由思想」という名の無神論にもかなりの関心を示し、国民世俗協会にも参加していた。ガンディーにとって無神論はサハラ砂漠のような不毛の地であったが、ブラッドローだけは称賛に値するとみていた。ブラッドローはまたインドの改革や自治について構想を持ち、インド国民会議にも参加していた。その後ベサントとの訣別によって、ガンディーも無神論の影響から離れることができた。ただ、のちの一九三一年に、ブラッドローは無神論ではなく、神を畏れた人だと言って相変わらず高く評価している。つまり、神と真理を同一視したガンディーの思想はブラッドローの無神論に近い意味があった。ガンディーは、一八九一年にブラッドローが亡くなったときには葬儀に参列している。

　ガンディーとベサントとの関係は、ガンディーがロンドンを離れた一八九一年にいったん遠のくことになった。そのガンディーは一八九三年から南アフリカで二〇年余り過ごすことになるが、ベサントはガンディーと入れ替わりに同じ一八九三年にインドにやって来た。その後ベサントはインド国民会議に加わり、独立運動を主導したが、一九一五年にインドに帰還したガンディーがこれに取って代わることになる。そこからベサントが亡くなる一九三三年まで二人の関係は微妙にすれ違いや行き違いを繰り返すことになるが、ロンドン時代の両者にはその知名度においていまだ圧倒的な差があったのである。

4　科学時代の普遍宗教

　ロンドン時代のガンディーは、菜食主義と神智主義を通じて、さまざまな人びととの交流の中で、分断される社会を統合するための宗教的普遍主義にとりわけ大きな影響を受けた。普遍宗教志向は、一八九三年のシカゴ万国宗教会議の基調をなしたのであるが、そこで称賛されたインドのヴィヴェーカーナンダやスリランカのダルマパーラは、いずれも西欧流の教育を受けながら、自らの伝統に目覚めていった思想家である。こうした宗教普遍主義は、キリスト教世界にとっては、対立する既存の教会を統合する「新しい天啓」となる一方、植民地世界にとっては、過去の栄光を取り戻して宗主国に対抗しようとするナショナリズムの根拠となったのである。

シカゴ万国宗教会議

ガンディーの初めてのキリスト教経験は、少年時代のラージコートでの、アイルランド系長老派ミッションのヒュー・スコット師との出会いにまでさかのぼる。ガンディーの記憶では、師が学校の隅でヒンドゥー教の神々や信者を非難していて、それが聞くに堪えなかったという。そして、改宗すると牛肉を食べさせられ、酒を飲まされ、イギリス風の服装に変えなければならないなどの噂が立ち、ガンディーにとってキリスト教は苦痛の種でしかなかった。しかし、スコット師自身の報告書では、地元のブラーマンなどからかなり激しい反撥を食らっていたことがうかがわれる。

ガンディーはロンドンに暮らし始めた当初からキリスト教系の教会や説教に足しげく通っていた。ただ、キリスト教経験は、その人生を通じて非常に狭く、ほぼイギリスの非国教会系のプロテスタントに限定されていた。つまり、カトリックも正教会も国教会も、ガンディーの視野からはほとんど外れていたのである。ロンドンでもまたカトリック国のフランスに行ったときもカトリック教会には興味を示さなかった。それよりもむしろ大きな影響を受けたのはキングスフォードとメイトランドによる秘教的キリスト教であった。その意味でも、かなり特殊なキリスト教経験だといえる。

ガンディーに影響を与えたイギリスの非国教会系プロテスタントは、バプテスト、メソジスト、会衆（組合）派、長老派、ユニテリアン（三位一体を否定する合理主義的キリスト教）、クェーカーなどを含み、かなり多様であった。しかし、共通するのは、儀礼より信仰による救済、聖書至上、神の前の平等、個人の決断による信仰、などのマルティン・ルター的な理念であった。そして、非国教会諸派に祭司はいないので、聖書は自力で学ぶ必要がある。そのため、教育に力を入れて、組織づくりや指導力の涵養を重視する。つまり、信仰が個人に帰するところから信仰の自由が重視され、じっさい多様な形態が可能である。重要なのは、それらに通底する統一性があることで、教会は一見さまざまな教派に分かれているが、実際にはひとつの信仰の異なるかたちにすぎないと主張する。ガンディーが接したキリスト教は、このように近代合理主義と親和的で、また普遍主義的な思想に限定されていたのである。

宗教的な普遍志向は、ヴィクトリア期の既存の教会の内外を問わず、当時の一つの大きな潮流をなしていた。とくに、一八九三年のシカゴ万国宗教大会は、ユニテリアン的な普遍宗教志向が広く受け入れられ、またアジア的な宗教の価値が認められた歴史的な機会であった。この大会はコロンブスのアメリカ到達四〇〇周年を記念して行われたシカゴ万博の一環として、一八九三年八月から一〇月まで開催され、そのハイライトが九月一一日から二七日まで開かれた万国宗教会議であった。会議を主導したのはシカゴのユニテリアン教会で、インド、ムガル帝国のアクバル帝の故事に倣って、宗教間の調和、つまり「一つの完全な宗教、一つの完全な神」を目指すという理念を掲げていた。そのため、世界のさまざまな「宗教」を代表する人びとが招かれていた。

この会議では、〈ヒンドゥー代表〉のスワーミ・ヴィヴェーカーナンダと〈仏教代表〉のアナガーリカ・ダルマパーラが寵児となった。ヴィヴェーカーナンダの演説は、大いに喝采をあびたが、ユニテリアン主導の大会での、諸宗教の融和による「普遍宗教」の希求、という旗印によく合致していたためであった。それは合理主義的な科学万能の世界における新たな信仰の可能性をひらく希望を与えるものであった。日本からは釈宗演などが参加していたが、日本の禅仏教が世界的に認知されたのもこの大会がきっかけであった。釈宗演のスピーチは夏目漱石が英訳したが、校閲を行った鈴木大拙はのちに広く禅を世界的に普及させる存在になる。そして、大拙もまた神智主義に深く関わっていた。

万国宗教会議では、とくにそれまでは「宗教」とはみなされてこなかった仏教やヒンドゥー教の代表が、キリスト教などとならんで招かれていたのが特徴である。その背景には、それまで宗教と言えば、まずはキリスト教、それにイスラーム、ユダヤ教あたりまでしか視野に入っていなかった西欧世界で、一九世紀に入ってアジアなどの多様な信仰形態を比較の対象とみなすようになった事情がある。反対に、イギリスのカンタベリー大司教はキリスト教こそが宗教なのだから、なぜ宗教会議の一人のメンバーとしてよばれなければならないのか理解できない、という手紙を送った。そこにカトリック教会の立場が明確に示されている。主宰者の思惑はいい意味で裏切られて、会議は大成功に終わった。そのため、この会議を契機に、世界には多様な「宗教」があること、とくに仏教、ヒンドゥー教などがキリスト教とならぶ「宗教」として認知されたことが画期的な歴史的意義であった。そこから「比較宗教」という研究分野も日の目を見たのである。

神智協会はこの会議の大会委員会から初めに「心霊」委員会、次いで「道徳・社会改革」委員会を紹介されたが、人間関係の問題があって、さいごに「宗教」委員会にたどりついた。ここで図らずも、神智協会が自認していたように、従来の意味での「宗教」の枠から外れていたことが明らかになる。こうしたドタバタ劇を経て、神智協会はキリスト教の教派別の集会のひとつとして九月一五、一六日に独立した集会をもった。そこにはベサント、ジャッジなど当時の協会の主力がほとんどそろっていた。協会の大会は大成功で、当初予定されていた会場からより収容力のあるところに変更になったほどである。

オッペンハイムは、当時のイギリスの心霊主義には、キリスト教の改革あるいは復興を目指すのか反撥するのかの対立はあったものの、いずれも科学主義万能の時代に、既存の教会の教派対立を嘆き、それに代わる共通の「新しい天啓」を求めるという意味では共通していたという。その意味で、分断される現実に対して、すべての社会と文化を統合する「普遍宗教」を見つけ出そうという発想は、東洋学者マックス・ミュラーの古代インドの聖なる知識の発掘、翻訳や、社会主義者の普遍的同胞愛へのあこがれ、などに影響されながらかたちづくられていった。こうしたキリスト教をめぐる対立は菜食主義者協会の中にも見られた。協会の中心にあったヒルズやオールドフィールドは基本的にキリスト教への情熱に基づいていたのに対して、反キリスト教的な人びともあって、ベサント、アーノルド、それにソルト、カーペンターらはその代表格であった。ガンディーは、これらの人びとにのちのちまで直接影響を受けたのである。

エドワード・カーペンター（一八四四—一九二九）は、ソローの田舎での質素な生活の勧めに共鳴し、またアーノルドの翻訳を通じて『バガヴァッド・ギーター』にも感銘を受けた。一八八三年から八四年にかけては、ソルトとともにアメリカの超絶主義（不断の自己超越をうたう理想主義的宗教運動）に影響されたT・デイヴィドソンが創設した新生活運動のメンバーに加わった。連盟はとくに当時の生体解剖をめぐる論争に参入してこれに強く反対し、動物愛護を唱えていた。運動の支持者も多く、ケア・ハーディ、トマス・ハーディ、バーナード・ショウらが支持者に名を連ね、ガンディーもその中にいた。連盟がいう質素な生活、非動物食、慎みある衣服、肉体労働、民主的理念、共同組織、などの原則は、のちのガンディー思想にも通じている。

ガンディーはソルトらによる「人道主義連盟」にも参加していた。カーペンターはのちに、「わたしが覚えているのは、今では有名なガンディー氏で、インド政庁に対してよりはるかに意識的に『協力的』だったことです」と述べている。ただガンディーは独自性を発揮して、この連盟の「知的で一貫した人道性」にもとづく道徳的システム、という綱領の「人道性」(humaneness)に代えて「非暴力」(non-violence)をあて、それを個人的な「真理」への希求と政治的なインドの自治の基礎と考えていた。

エドウィン・アーノルド(一八三二―一九〇四)は、ヴィクトリア期の作家、詩人であった。釈尊仏陀の生涯をうたった物語詩『アジアの光』(一八七九)、やインドの叙事詩『マハーバーラタ』の一節である『バガヴァッド・ギーター』の英訳『天上の歌』(一八八五)などによって、アジアの宗教を広く西欧世界に知らしめる役割を果たし、逆にガンディーのような植民地エリートにも影響を与えた。さらに仏教とヒンドゥー教を経由して、イエス伝の物語詩『世界の光』(一八九一)も著している。

アーノルド自身はジャーナリストであり、父は広教会に属し、自身ユニテリアニズムや自由教会運動の影響を受けていて、神智協会にも深い共感を示していた。* ただ神智主義に共感して

＊　余計なことであるが、アーノルドの三人目の妻は日本人の黒川玉で、ロンドンで出会った南方熊楠がその尊大さにへきえきして吐いた毒舌が残っている。「汝はわれと同国人なるに、色をもって外人の妻となったるを鼻にかけ、万里の孤客たるわれを軽んずるより下女までも悪態を尽す」(平凡社版『南方熊楠全集』1、一九七一、五五五頁)。

いたとはいえ、むしろ、科学的、合理的思考を重視する理神論、広教会、そして日常生活を超絶した真理の把握を目指す超絶主義へとしだいに傾いていった。アーノルド版のギーター、つまり『天上の歌』はガンディーの宗教思想にとって最も重要な位置にあり、その意味で二人の交流は歴史的な意義を持っている。「私は『ギーター』のほぼすべての英訳を読み上げました。エドウィン・アーノルド訳が最も優れているように思われます。この訳では、原本の内容がよく伝えられていて、それでいて翻訳のようには思えないのです」（ガンディー 2000: 132）。このアーノルドは直接ガンディーと出会ったことがある。一八九一年二月にオールドフィールド会長のもと西ロンドン食物改善協会が創設されたが、事務局長だったガンディーに乞われてアーノルドが副会長に就任した。

バガヴァッド・ギーター

『バガヴァッド・ギーター』（ギーター）は、長大な叙事詩『マハーバーラタ』の一部で、一八節七〇〇の頌（三二音節のシュローカ）からなる韻文詩である。マハーバーラタはカウラヴァとパーンダヴァ両族の対立と抗争を物語の軸とし、ついにクルクシェートラの戦場で両族が最終的に対決するという叙事詩である。全一八巻から成るが、『ギーター』はその第六巻の一部にあたる。この部分は、馬車の御者に扮したクリシュナ神と車上のアルジュナ王子との会話で進められる。兄弟や親族までも二分した果てしなく続く戦いの中で悩むアルジュナに対して、クリシュナはクシャトリヤとしての本分を果たして戦いに臨むように説くくだりである。

クリシュナが語るのは、政治的支配層にあたるクシャトリヤの現実的な本分についてであるが、西欧の研究者などからは、それがヒンドゥー哲学・思想の根本だと理解された。とりわけ、クリシュナが説く解脱（モークシャ）に至る三つの道（カルマヨーガ＝無私無欲の行動の道、ニャーナヨーガ＝智慧の道、バクティヨーガ＝神への献身信愛の道）はヒンドゥー思想の核心を示すとされてきた。神智協会でギーター紹介の中心的存在であったスッバ・ラーオは、この書を「本のなかの本」であり、ヒンドゥー教において、キリスト教の聖書にあたるものだと評価した。それとともにこの書はインド・ナショナリズムにとっても重要であり、とくにヒンドゥー意識の高揚や東洋研究が進む中で評価を高めていった。アーノルドの翻訳を通じてヒンドゥー教を代表する聖典に位置づけられた『バガヴァット・ギーター』は、いまでもインドのホテルに備え付けのデスクに、聖書とともにおかれていることが多い。

一八世紀まではインドでも一部の知識人にしか知られてはいなかったギーターは、一九世紀から二〇世紀にかけてエリート層だけでなく、一般にも知られるようになった。それと同時に西欧世界にも広く知られるようになり、その評価が一気に高まったのである。西欧におけるギーター受容は一七八五年のC・ウィルキンス（一七四九―一八三六）による英訳が始まりで、一八〇八年にはA・シュレーゲル（一七六七―一八四五）が一部を独語訳して引用し、一八二三年にはラテン語訳を出版している。ただ、より古層にあるヴェーダ文献を重視する「ヴェーダ至上主義」に立つマックス・ミュラーはあまり重視しなかった。

フランスでは意外にも遅く一八六一年にマックス・ミュラーの師ウジェーヌ・ビュルノフの弟エミール・ビュルノフが仏語訳を出版している。アメリカではユニテリアンの系譜を引く超絶主義者のR・エマーソン（一八〇三―八二）がギーターに触れることがあったほか、超絶主義者ソローが、東には哲学的な思想や視点があるが、西にはそのような誇るべきものがないと東西の違いを強調している。結局アメリカの超絶主義者は自分の所説を裏付ける材料としてギーターなどを利用したに過ぎなかったが、ソローはその影響を残して、観想的な哲学から実践的な社会行動の方に向かった。そこで生まれた市民的不服従の概念は、めぐりめぐってガンディーをとらえることになる。

アーノルドの『天上の歌』（一八八五）はウィルキンスの英訳からちょうど一〇〇年目に現れた。そして、西欧でのギーター評価は、ここから全く空気が一変する。評価が変わるのは、一八七〇年代から八〇年代にかけてのナショナリスティックなヒンドゥー〈教〉の改革・再編がきっかけである。たとえば、ヒンドゥー・ナショナリストのスワーミ・ヴィヴェーカーナンダは、ヴェーダ至上主義に立ちながら、ギーターでのクリシュナの教えがヴェーダーンタ註釈の最高の権威であると評価する。また、ともに同じ一八七五年に発足したダヤーナンダ・サラスワティのアーリヤ・サマージと神智協会の役割も大きい。二つの団体は、単に同じ年に創設されただけでなく、短い期間であるが実質的に合併していた時期がある。マダムとオールコットが本部をボンベイに移す少し前の一八七八年に、神智協会は「アーリヤ・サマージの神智協会」となっていた。しかし双方の見解が異なっていたので一八八二年にはわかれている。

神智協会が本格的にギーターに重きを置くのは一八八三年以降のことである。マダム・ブラヴァツキーとオールコットは、ほかの西欧人がヒンドゥー教を見下していたのに対して、ギーターをはじめとする聖典類を称賛したため、インド側の知識人などには評判がよかった。ギーターをふくむマハーバーラタやラーマーヤナはヴェーダ、ウパニシャッドなどと比べると一段格落ちと見られていたからである。これに対してマダムは、ギーターが最高度の精神哲学をめぐる対話で、すぐれて隠秘的で秘教的である、として、ほかの協会員がそれほど関心を示していないときからこの書に言及していた。マダムは、すでに初期の主著『ヴェールを脱いだイシス』（一八七七）のなかで、ウィルキンスの英訳本によせて、「ブラーマン宗教の最も崇高な秘密がこの偉大な詩のなかにある」、「この書は純粋に形而上学的、倫理的で、ある意味では反ヴェーダ的である。少なくとも、のちのブラーマンによるヴェーダ解釈に反している。……完全にユニテリアン的であって、民衆的な偶像崇拝とは対立している」と述べている。

マダムは秘教的な古代の叡智が、インドのブラーマンが継承するヴェーダ、ウパニシャッド、そして何よりもギーターに隠されていることを強調する。そのため、シネットの『秘教的仏教』（一八八三）の出版に際して、仏典、ヒンドゥー聖典もふくめてその真髄がほとんどギーターに隠されている、と主張した。さらに、ギーターを始めヴェーダ、ウパニシャッドなどが世界的に関心を持たれるようになっているのは、ひとえに神智協会の功績であるともみずから述べている。そして、自分が亡くなったあとに、年に一度親しかった人びとが集って、アーノルドの『アジアの光』と『天上の歌』の一節を唱えてほしい、とまで言っている。

そこで注目されるのは、マダムも含めてギーターを歴史的な記述ではなく、寓意的な哲学書だと位置づけていることである。そこから、ギーターの隠された意味を見つけ出すという秘教的な解釈がもとめられる。そこでギーターは、ロゴスを代表する高い存在のクリシュナと進歩の過程にある人間存在アルジュナとの対話となり、アルジュナは低い地位に甘んじるか、業にしたがって本分を全うし高い地位に達して不死の存在となるかの選択を迫られている、ということになる。こうした秘教的な深読みは、ガンディーに受けつがれ、ギーターを非暴力の書と読む余地を与えたのである。

一方、ベサントは、バガワン・ダース（一八六九―一九五八）とともにギーターの英訳本を出版した（一八九五、一九〇五）。また、一九〇二年にはギーターに触発されて『秘教的キリスト教』を出版し、その中でギーターにおける「犠牲の法」に注目している。ベサントの解釈はギーターの三、四章に基づいている。そこでは、クリシュナがアルジュナに対して「犠牲的な」精神による行為はカルマから免れる道を開くという教えを示している。ベサントはこれを受けて、無私の心になることで変革や進歩のための力を得るという、フェビアン主義的な犠牲観を展開した。『秘教的キリスト教』は『完全な道』の焼き直しであったが、ベサントはここでヒンドゥー的なギーター解釈とキリスト教思想とを結びつけた。これは『完全な道』の著者であるメイトランドらのキリスト教中心主義とは異なっていた。ベサントはまた、一九〇六年にはギーターに関する講演の記録も出版している。インドの古典を最も完全な神智主義の表出だと評価したベサントは、ギーターの教えは人をして欲望を滅却した高い境地へと持ち上げるもので、人びとの行動指針となるものだと評価した。そして、宗教観の対立を抑えるためにその教えを利用したのである。

弁護士登録

ガンディーのロンドン留学は、一八八八年九月から九一年六月までの二年半余りでおわった。一八九一年一月一二日に法学の最終試験に合格した知らせを受け、六月一〇日には法廷弁護士資格を取得した。翌一一日に高等法院に弁護士登録を済ませたのち、その翌日の六月一二日にはあわただしくインドへの帰国の途についている。ここからロンドンでの生活があまり幸せではなかったことがうかがわれる。ただ、一九〇六年にインドのほかに住みたいところはどこか尋ねられて、ロンドンと応えていて複雑な心境をのぞかせている。しかし、一九〇九年にはロンドンは訪れるべきところではあるが、住みたいとは思わない、とも言っている。このときのロンドンを避ける理由は近代文明ゆえであり、それはこの年に公刊された『ヒンド・スワラージ』の方向性と軌を一にしている。また、ロンドンで「法律は学びましたが、弁護士業は学びませんでした」と、法廷弁護士を名のることはできるようになったものの、「法廷弁護士業をすることは困難だ」と感じていたことを自伝で吐露しているが、その不安は帰国したインドで的中することになる。

ガンディーがやって来たころのロンドンは大きな変動期にあたっていた。端的に言えば、イギリスは「国家」、「ナショナリズム」の時代から「帝国」、「帝国主義」の時代へと変わり、全体に著しい軍事化が進行していた。それとともに、そこはさまざまな新しい思想、運動がうずまく地でもあった。その中で、母との約束を遵守するために菜食主義レストランを探しまわり、結果的にはじつに多士済々の有力な人びとと知己になることができた。そこで出会った社会改革者たちは、宗教的な意味でもガンディーに深い刻印を残した。とりわけ深く共感を覚えたのは、ヴィクトリア期の普遍志向の宗教であり、具体的にはイギリスの非国教会系プロテスタントやそれがアメリカに流れて発展したユニテリアン系の諸派である。これらとは一見離れているように見える神智協会や秘教的キリスト教ユニオンもまた、大きく普遍主義的思想という意味では共通している。これらが渾然一体となって、ガンディーの宗教政治思想にも大きな影響を与えた。その成果は、その後の二〇年余りの南アフリカでのさまざまな「実験」を通じて実を結び、さらにはインドでの活動の糧となった。

ただここで誤解のないように注意を喚起しておきたいのは、このことでガンディー思想が外部の思想を取り込んだだけのものだと言いたいわけではないということである。ガンディー思想の種は処女地におちたものではない。つまり、幼少期からの環境によって醸成されていた思考が基盤にあって、外部の思想はそれが明確なかたちを与えたものと考える方がふさわしい。その意味で、すでに幼少期を多宗教的、コスモポリタン的な環境に育ち、そのころから儀礼主義や神話には惑わされず、異端、異教を排除する既成宗教にいらだっていたことが、後の思想形成に重要な下地になっていたのである。実際ガンディーは寛容性、包含性、普遍性への希求をヒンドゥー思想に求めようとしていた。その意味でガンディーは自らヒンドゥー思想を体現していたといえる。およそ思想の影響、継承とは、無から有を生み出すものではない。

苦い帰還

アラビア海は波高く、道中必ずしも楽とはいえなかったが、一月近い長い船旅の末一八九一年七月五日にガンディーはふたたびボンベイの港に戻った。雨のボンベイで兄のラクシュミダースに迎えられたガンディーは、何よりもその身を案じていた母の逝去を知ってひどく落胆する。ロンドンで一時同居していたプランジーヴァン・メーヘターは、ラクシュミダースと親しくなっており、帰国したガンディーを迎えて自分の家に滞在させた。メーヘターは自宅でいろいろな人を紹介してくれたが、その中には、ガンディーのその後の人生にとって非常に重要な役割を果たしたライチャンドバーイも含まれていた。

ライチャンドバーイ（ラージチャンドラ、一八六七―一九〇一）は、ジャイナ詩人、思想家であるが、同時にダイヤモンドや真珠を手広く扱う宝石商でもあった。当時こうした取り合わせは不思議ではなく、ジャイナ教徒は地域社会に商売目的で入ったが、それを非暴力の実践ととらえていた。また、質素、倹約を旨とする生活は、拝金主義的な風潮にさからっていたため、宝石商としても信用を得ることができた。ライチャンドバーイの父はヴィシュヌ派ヒンドゥー教徒、母は白衣派ジャイナ教徒で、幼名はラクシュミカーント、四歳でライチャンドバーイに改名したが、没後にその弟子たちによってサンスクリット的なラージチャンド(ラ)ともよばれるようになった。

ライチャンドバーイは幼少のころから非常に記憶力に優れていて、周囲からは神童扱いされていた。祖父は熱心なクリシュナ信奉者であり、その影響で化身・権化(アワタール)の実在を信じていた。しかしジャイナ教の本も読み始めて、そこでの非暴力と身分を問わぬ愛の思想に共鳴した。一三歳で父の宝石店を任されるようになったが、店番の間にヒンドゥーの宗教詩をつくっていた。それとともに、ジャイナ哲学書も数多く執筆するようになった。ライチャンドバーイのジャイナ思想は、東アフリカ、英国、北米などの在外インド人にとくによく知られている。

ガンディーは、初めて会ってすぐにライチャンドバーイが人格者で学識があり、純粋な「真理」の探求者であると見抜いた。そして、ジャイナ教の思想体系、とくにアヒンサー(非暴力・非殺生)の哲理を親しく学んだだけでなく、ヒンドゥー思想などについてもことあるごとに助言を求めるようになった。自伝でも、トルストイ、ラスキンとともに「私の人生に深い影響を与えた同時代人」三人の一人だと紹介している。ただ、ライチャンドバーイは一九〇一年に三〇代半ばの若さで惜しくも早世してしまった。その信奉者はシュリーマド・ラージチャンドラに献げる寺院や学校をつくって今もその教えを広めようとしている。

ガンディーは帰国したが、出発前にカーストから受けた破門は解かれていなかった。そこで、ラージコートの家族の元に向かう前にヒンドゥー教の聖地ナーシクへ身の浄化のための巡礼にでた。しかし当時カーストは内部で分裂しており、両派とも身の浄化と饗宴の開催と、法外な罰金を求めた。ガンディーは支払いを拒んだので、一方の人々に復帰は認められなかった。ただ、森本達雄は、ガンディーの復帰に執拗に反対したうちの何人かが、のちにガンディーの政治運動の熱心な支持者になったことを付記している（森本 1981: 72-73）。夫の不在の間もさまざまなトラブルに見舞われていた妻のカストゥルバーイは、ふたたび夫の独断のあおりを受けることになった。ガンディーはかまわず妻子に英国風の生活を教え込もうとした。兄もまたガンディーのために英国風のしつらえの家を用意していた。

ロンドンで弁護士資格を取得してきたガンディーは、一族、友人の期待を担ってボンベイの高等裁判所で法律を学び、法廷弁護士としての仕事も探した。しかし生来の内気がたたって結局うまくはいかなかった。ボンベイ滞在には費用もかさむことからラージコートに帰り、兄の協力もあってしばらくの間落ち着いていた。しかしそこでその後の人生を変える出来事に遭遇する。兄のトラブルの件で交渉に当たったイギリス人政治官吏オッリヴァントの「土人」に対する尊大高飛車で冷徹な態度に大きな衝撃を受けたのである。『自伝』では、それはロンドン以来最大の屈辱的な出来事であったと振り返っている。「イギリス人の官吏はどういうものであるか、聞いてはいましたが、それをこの目で見る機会を今にして持ったのです。……侮辱を忘れることはできませんでした。……この衝撃が私の人生の方向を変えたのでした」（ガンディー 2000: 185, 188）。

ガンディーは他のインドの会社と訴訟事件をかかえていたダーダー・アブドゥッラー社から、トラブル処理のため南アフリカに渡らないかとの申し出を受けた。費用は全額会社持ちで、他に顧問料一〇五ポンドが支払われる。それは弁護士としての仕事とはいえない商会勤務であったが、ガンディーは、何としてもインドを離れたかったので渡航を決意する。こうして、再び妻子を残し、一八九三年四月一九日にボンベイ港から、いわば運試しをするために南アフリカへと旅立ったのだった。

第二章　親英から反英へ

——ガンディーの南アフリカ（一八九三—一九一四）

私は、イギリスの政体に対して、自分ほどの忠誠心を示した人を知りません。……イギリスの政治の欠点を知らなかったわけではありませんが、それにもかかわらず、全体的に見ればよいものと思っていました。そのとき、イギリス統治は、全体的に見れば、支配される側に恩恵を与えるものと思っていました。……南アフリカで出会った人種差別は、思うに、イギリスの伝統とは正反対のもので、また一時的で部分的なものだと信じていました。……私は国歌「女王陛下万歳」の旋律を覚えて、それが歌われるときはいつも一緒にうたっていました。（ガンディー 2000: 302、一部改変）

ガンディーは、留学を終えて一八九一年に一旦インドに帰国したが、弁護士の仕事を見つけられずに、一八九三年縁あって南アフリカのインド人社会のトラブル対応を専門とする弁護士となった。南アフリカでのガンディーは、サティヤーグラハ、非暴力などによる大衆動員の「実験」を行ったが、それはインドに戻ってからの独立運動の方法論として大きな実を結ぶことになった。菜食主義によって扉が開いたガンディーの運命は、南アフリカ時代にその形を整えていったのである。

ここで注目されるのは、南アフリカ時代に交流の深かったキリスト教と、秘教思想とりわけ神智主義と秘教的キリスト教の影響である。さらに、この時代を通じてガンディー思想は、西（イギリス）から東（インド）へと向かうが、インドの伝統について助言を与えたのは、ジャイナ詩人・哲学者のライチャンドバーイであった。ガンディーは南アフリカ渡航後しばらくは宗教・思想に没入していたが、その後はインド人の権益を守るため政治的な活動に埋没するようになった。一九〇三年には、ダーバンで『インド人の主張』を創刊し、ヨハネスバーグでの活動も本格化して、そこでユダヤ系の神智主義者と交流するようになった。

ロンドン時代からよき英国紳士を模範としたガンディーは、ラスキン、トルストイらの影響をうけながら、西洋近代文明に対する激しい批判に転ずる。そして、断食や禁欲などを通じて、文字通り身体をはって自らの思想を鍛え上げていった。こうした転機は、一九〇六年から〇九年にかけてのことで、この前後には、フェニックス開拓地（一九〇四）、ブラフマーチャーリヤ（一九〇六）、サティヤーグラハ（一九〇八）、トルストイ農園（一九一〇）と、ほぼ二年ごとにあらたな神の顕現を経験している。その仕上げが『ヒンド・スワラージ』（一九〇九）の刊行であった。自伝のタイトル（「真理へと近づくさまざまな実験」）のように、南アフリカこそ思想の価値を「証明」する偉大な「実験」の場であった。

本章では、南アフリカ時代のガンディーと神智協会との関係を軸に、親英から反英の間へと揺れ動く中で進行した、ガンディー思想の「ヒンドゥー化」の系譜を明らかにする。それは南アフリカをはるかに超え出て、世界までも射程に収めた思想の遍歴である。

1　南アフリカへの渡航

南アフリカのインド人

ガンディーは一八九三年四月一九日にボンベイを出航し、五月二三日に南アフリカ、ナタール地方最大の都市ダーバンに到着した。このときガンディーは計算ずくで、ロンドン上陸の時と同様フロックコートにターバンという出で立ちで降り立った。ガンディーを迎えたのは社主のアブドゥッラー・シェートであった。アブドゥッラーは当時南アフリカでもっとも成功したインド人ビジネスマンであった。当初会社とは一年の約束であったが、インド人社会が巻き込まれるさまざまなトラブルに対処し始めて、結局二一年間南アフリカにとどまることになった。

南アフリカに到着してから一週間ほどたった五月三一日、社主のシェートはガンディーに、裁判の準備のため隣接するトランスヴァール共和国の首都プレトリアに行くよう指示した。その前にダーバンの法廷を訪れる機会があり、ガンディーはターバンをとるよう命じられたが、拒否してその場を去ってしまった。ヨーロッパ人は法廷に入るときに帽子をとるので無理な要求ではなかったが、若きガンディーの短慮が無謀な行動をとらせたのである。列車の旅には出発前に一等車の切符が用意された。そして、列車がダーバンを発ってナタールの首都ピーターマリッツバークに到着したとき、あまりにも有名な事件が起こる。白人の男が、膚の色の違う男が一等車に座っているのを見て驚き、車掌を伴って戻ってきた。ガンディーは一等の切符を持っていると主張したが、車掌は、クーリーは貨車に移るように命じた。強硬に車両を移ることを拒絶したガンディーは、とうとう車掌らに荷物とともに列車の外に放り出された。冬の高地は寒く、駅の待合室で夜を過ごしたガンディーは自分の果たすべき役割について煩悶する。翌日気を取り直して旅を続けたが、途中の乗換駅でも馬車からおろされそうになったり、ホテルに入るのを断られたり、つぎつぎとトラブルに見舞われた。ようやくプレトリアに到着したのは六月四日のことであった。

この旅で味わった南アフリカでの不正義と人種差別の苦い経験は、そののちガンディーをプレトリアよりも遥かに遠いところに導いたという。ガンディーは、J・ブラウンの言う「批判的アウトサイダー」、つまり異なる世界の周辺に生きて、本国（インド）にいるときとは違って、負うべき責任にも期待にもとらわれず、人知れず創造力を持つようになった人間、となったのである（Brown 1996: 23）。ガンディーに限らず、人はむしろ本国を離れて自ら育った地を外から眺めたとき、ナショナリストになりやすい。というよりも、総じてナショナリズムはディアスポラ・ナショナリズム、遠隔地ナショナリズムのような外部性を帯びることが多い。ガンディーは南アフリカの地で筋金入りの「インド人ガンディー」になったのである。

一八九三年当時、インド人が多く住んでいたナタール地方は南アフリカの南東端に位置し、一八四三年に英国植民地になっていた。総人口五八万四三二六人のうち、インド系が三万五四一一（六％）、ヨーロッパ系（白人）が四万五七〇七（八％）、そのほかはバントゥー系のズールーが占めていた（八五％）。一九〇四年にはヨーロッパ系九万七〇〇〇（八・八％）、インド系一〇万（九％）、アフリカ系九〇万四〇〇〇（八二％）であった。このときトランスヴァールでは、二九万九〇〇〇（二四％）のヨーロッパ系、一万一〇〇〇（〇・九％）のインド系、九四万五〇〇〇（七五％）のアフリカ系が住んでいた。南アフリカに早く定着していたオランダ系のボーア人はもともと西部のケープ植民地に定着していたが、一八一二年にイギリスに譲渡されると、東部に移動してナタール共和国（一八三九―四三）、トランスヴァール共和国（一八五二―一九〇二）、オレンジ自由国（一八五四―一九〇二）を建てていた。ナタールは一八四三年にイギリスに滅ぼされ、一方先住のバントゥー系ズールーが築いたズールー王国（一八一八―七九）も一八七九年にアングロ・ズールー戦争に敗れ、一八八七年に大英帝国に併合されていた。ナタール植民地には、イギリス人と少数のボーア人との白人とバントゥー系ズールー、それに一八六〇年から一九一一年までの間に年季契約（インデンチュア）労働者として移動して来たインド人が加わっていた。ガンディーがやってきた一八九三年にナタールには自治権が認められ、ジョン・ロビンソン地方政府がインド人への締め付けを厳しくしようとしていた。

このころ南アフリカのインド人には二種類の人びとがあった。多数を占めたのが一八六〇年代からサトウキビ・プランテーションの年季契約労働者として送られてきた、主に北インドのムスリムと、南インドからのタミル語、テルグ語話者で、「クーリー」と呼ばれていた。ほかに比較的少数であったが、定期船の一等船室に乗って南アフリカにやってくるような新しい階層のインド人、いわゆる「自由インド人」（パッセンジャー・インディアン）があった。その多くはガンディー家のようなグジャラート商人であり、豊かな境遇が羨望の的となって、白人にはむしろ競争相手として脅威となっていたのである。これらの人びとは年季労働者とは一線を画し、みずから「アラブ人」を名のって丈の長い衣装を身に着けた。また、パールシー教徒は自ら「ペルシア人」を自称し、伝統的なパールシーの衣装を着ていた。しかし、白人社会にとってこれらの区別は意味がなく、インド人はひとしくクーリーとよばれていた。一八七〇年代以降とくに白人と自由インド人との関係は悪化していた。

アブドゥッラー商会が抱えていた訴訟は、親戚筋にあたるタイヤーブ・ハーン・ムハンマドとの間に起こされていたが、ガンディーは両者を円く収め問題を解決に導いた。そして、一年間の約束を終えて帰国しようとした矢先の一八九四年四月に、ナタール地方政府により、インド人から選挙権を奪う差別的なナタール選挙法案が上程された。商人たちはそれほど危機感を感じていなかったが、多くのインド人が自分たちの権利を護るために闘うようガンディーに要請した。ガンディーは帰国を延期し、すぐに反対運動を組織する。そして一万人の署名を集めたうえで議会を動かし、ついに法案の審議を延期させた。この活動が南アフリカだけでなく、インド、イギリスなどでも新聞紙上で報じられ、ガンディーは一躍時の人になった。ガンディーはその後も新聞雑誌などの印刷メディアを積極的に使って自らの見解を広く公表していった。ここにはガンディーの近代主義者としての面目があらわれている。

ガンディーは南アフリカのインド人の組織化に向かい、一八九四年五月にインド国民会議にならったナタール・インド人会議を創設した。ここから逆にガンディーがインド国民会議に期待をもっていたことがうかがわれる。アブドゥッラー・シェートはその有力な後援者であったが、地域コミュニティの有力者でムスリムでもあった。インド人会議は宗教、カースト、言語などの別にとらわれず、すべてのインド人が集合することを目論んでいた。ただ、ヒンドゥー・ムスリムの融和は理想として掲げても実現はむずかしく、ガンディー自身のちの一九〇八年にはムスリムのグループに集団で襲われて、意識がなくなるほど殴られたりもした。ガンディーは一八九四年から政治的な活動に入るが、最初の積極的な抵抗運動を組織する一九〇四年までの一〇年ほどはあくまでも旧来の抵抗の手段、つまり集会、署名、編集者への手紙、イギリス及び南アフリカ政府への陳情書などを使っていた。この間はガンディーの政治的見習い期間だったといえる。

ガンディーは、商人や上層のインド人だけでなく、悪条件のもとで働いていた年季契約労働者のためにも尽力し始めた。まず手始めに雇用主に殴られたタミル人労働者の弁護を担当し、雇用主の変更も認めさせた。一八九四年にナタール政府は南アフリカにとどまろうとするインド人年季労働者に故国への強制送還か半奴隷としての再契約か、いずれかの選択を迫り、この地に残る場合には年間二五ポンドという法外な人頭税を課そうとした。ナタール・インド人会議はガンディーの指導の下にふたたび反対闘争を組織し、税を三ポンドに減額させた。もともとインド人年季契約労働者は最初の五年間は半奴隷状態で働き、さらに五年間は自由人として滞在が許されていた。これは白人社会には我慢のならないことで、インド人の自由を制限しようとしたのである。これに対してガンディーは、さまざまな利害をかかえた多様な人びとをともかく一つの目標のために動員し、運動は一応の成功を見た。ガンディーの闘争はひろく社会的性格を持つようになり、労働者階級に対する威信も高まった。こうしてガンディーは巧まずして政治の世界に身をおくようになったのである。

ユダヤ人とアフリカ人

ガンディーは南アフリカではユダヤ人で神智主義者の友人を多く持っていた。もっぱらインド人の権利を護るために働いたガンディーがなぜユダヤ人、神智主義者と深く関わったのかは、三者がいずれも周縁的状況におかれていたことから説明できる。とくに複雑な民族構成を持つ南アフリカ社会の中で、インド人社会がおかれた状況が大きな要因になっていた。しかし、ガンディーへの批判者が繰り返すのは、ガンディーの視界には白人のみが入っていて、アフリカ人は見えていなかったという点である。

もともと南アフリカは移民の国であり、まず一七世紀からオランダ人が喜望峰地域に入り、その末裔がアフリカーンス語を話すボーアあるいはアフリカナーとよばれた。その後一八世紀末にはイギリスが植民地化して、ともに白人の比較的少数派であったが、両者の間に「人種紛争」とよばれる対立関係が生まれた。一八五〇年代になると両者はともにさとうきび農園をつくったが、不足する労働力を補うため一八六一年からインド系の「クーリー」が年季契約の労働者として組織的に送り込まれてきた。これに先立つオランダ時代にもインド系の人びとが奴隷として移住して来ていたが、これらの人びとはすでにほかの有色の人びとに同化していて、同じインド系でもたがいに異なる立場にあった。

一方、東ヨーロッパからユダヤ人が移住してきたのは、ロシアのアレクサンドル二世が一八八一年に暗殺され、その責めを帰せられてユダヤ人虐殺（ポグロム）が頻発し、政府からの規制も厳しくなったからである。とくにポーランドやベラルーシなどを含むリトアニア周辺から逃れる者が多く、そのとき門戸が開かれていたのが第一にアメリカで、次の選択肢となったのが南アフリカであった。加えて一八七〇年からのダイヤモンド発掘や一八八六年からのゴールドラッシュを目指してユダヤ人移民が急増し、その人口は一八八〇年の四〇〇〇人ほどから一九一四年には四万人ほどになっていた。

このころの南アフリカでは英国人とオランダ系のボーア人が白人のカテゴリーで、ほかにクーリーと呼ばれたインド人労働者と「カフィル」とよばれる黒人があった。カフィルということば自体はアフリカの非ムスリムを指していたが、とくに南アフリカでは差別的に使われた。

このインド系（茶色）と黒人との膚の色の対比は、インド人側からの差別意識にもつながっていた。ガンディーがアフリカ系の人びとに関心を示していないことには、すでにV・S・ナイポールなどが辛辣な批判を行っていたが、二〇一〇年代になって新しい資料などをもとに、ガンディーが「人種」問題に関して不用意な発言をしていたことがことさら取り上げられて批判にさらされている。この、「差別主義者ガンディー」というかなりインパクトのある議論については、第四章でやや詳しく取り上げることにする。

南アフリカに移住してきた東欧系のユダヤ人は、当初ボーア人と同様の位置に置かれたが、実際はことばの問題もあってかなりの差別を受けていた。ただ同じユダヤ人でもドイツからの移民は専門職につく者が多く、地位は高かった。南アフリカのインド人と東欧からのユダヤ人とはともに帰るべき故郷を持たなかった上に、南アフリカ社会における地位も似ていた。そのためともに、ボーア人、イギリス人と対立しながらも、なんとか南アフリカの地で成功するほかなかった。ユダヤ人は、一八九五年に南アフリカ・シオニスト連合をつくり自らの権利をまもろうとした。ガンディーはこうした境遇のユダヤ人に共感していたのである。また、ガンディーがトルストイに関心を持つようになったのには、こうしたロシアからのユダヤ人の存在があったからだとされる。

南アフリカでガンディーと親しくなったユダヤ人の多くは、神智主義のもつ普遍主義、非人種主義、非宗教などに共感していた。もともと創設当初の神智協会は、ユダヤ起源のカバラー、グノーシス、あるいは古代エジプトの叡智に関心を持つ人びとのサークルであり、当然ユダヤ人にもなじみのある方向性を持っていた。創設者の二人だけがインド、チベットなどに関心を持ったあげく、本部をインドに移したが、アメリカに残ったグループはその後も初期の関心を持ち続けた。この意味で、ガンディーとユダヤ系神智主義者との交流には、偶然とは言い切れない因縁がある。

また、ガンディーとユダヤ人の友人は、その理由は異なっていたが、ともに近代文明に批判的であった。ガンディーは近代主義の成果である植民地主義と戦争を批判し、一方ユダヤ人はヨーロッパ社会に蔓延していた反ユダヤ主義の脅威にさらされていたからである。ただ、ガンディーはユダヤ人が歴史的に置かれてきた悲劇的な状況について造詣が深かったわけではない。両者は同じような境遇から国家の枠を超えた普遍的倫理を求めた。しかし実際にはこうした普遍主義は、それとは反対のナショナリズムや特定宗教への傾きを生み出す要因でもあった。ガンディーとユダヤ人との深い関わりはもともとこうした矛盾をはらんでおり、のちのシオニズムに対するユダヤ系の友人カレンバッハとの意見の相違もここからきたものである。

インドへの一時帰還

一八九六年六月、ガンディーは妻と子どもを呼び寄せるために一時的にインドに帰国した。ガンディーにはすでにインド回帰が始まっており、南アフリカでの生活のために、妻にはパールシー・スタイルのサリー、子どもたちにもパールシー・スタイルの上着とズボンを身につけるように求めた。それは、パールシー教徒がインドでもっとも洗練された（civilized）人びとだと考えたからである。さらに、妻子にはインドの小藩王国の商人カーストの出であることを悟られないように振る舞うことも求めた。しかし、なれない靴や靴下を履く生活は妻子には大いに苦痛であった。その後もガンディーは、服装によって自らのアイデンティティを主張しようとした。ガンディーにとっては、たかが服装といえど重要なシンボルであった（第四章第一節参照）。その後一一月末までインドに滞在し、国内の主要都市を精力的に回って指導的な人びとと会い、講演も行った。ガンディーは妻子を伴い一八九六年一二月、半年ぶりにダーバンに立ち戻った。

このころからガンディーは、生活面で公私の区別がなくなっていた。そして、南アフリカのインド人の代表として、ますます政治的な活動に比重をかけるようになった。インド滞在中に南アフリカのインド人の現状に関する『緑の小冊子』を公刊し、一万四〇〇〇部を売り尽くした。ただ『ガンジーの実像』を著した人類学者ドリエージュは、「南アフリカのインド人が被っている差別待遇を告発するこの小冊子は、興味深いことに、黒人の状況をいっさい考慮に入れていない」と指摘する（ドリエージュ 2002）。また、ガンディーの急進的な主張はロンドン経由で南アフリカにも伝わっていた。家族とともにダーバンに戻ったガンディーらは、港で上陸を拒否され、さらには暴漢に襲われるという事件にも遭遇する。ガンディーへの反撥は続かなかったが、一連の出来事は暴力や生活万般について考え直す機会となった（ドリエージュ 2002: 32）。

ガンディーは成功した弁護士として、ダーバン市内中心部のインド人居住区ではなく、郊外の主にイギリス人が住むビーチ・グローブに英国風の邸宅を構えた。同胞の多い地域から遠く離れたところに住むことで社会的地位を示そうとするガンディーの望みは、英語を話せない上に、慣習上白人と話すことも禁じられていた妻のカストゥルバーイには酷な環境であった。さらに、この家でガンディーがキリスト教に改宗した不可触民のタミル人を雇ったことをめぐり、夫婦間の見解の相違が明確になった。

インド人の状況はますます悪くなったが、一八九九年、イギリスとボーア人との間にボーア戦争（一八九九―一九〇二）が始まると、ガンディーはイギリス側のインド人野戦衛生看護部隊結成に尽力した。ガンディーはインド人としての責務を果たすことが権利の拡大につながると考えていたのである。ガンディーはこのときの心境を次のように語っている。「大英帝国に対する忠誠心が、その戦争に参加するよう強引に引きずり込んだのです。大英帝国の臣民として権利を要求するのなら、帝国防衛に協力するのは義務であると思いました。インドの全面的向上は大英帝国の中にあって（それを通してこそ）可能だというのが、当時の私の意見でした」（ガンディー 2000: 370）。

しかしイギリス側はインド人を嫌っており、戦争に勝利すると対ボーア人よりもひどい一層差別的な法改正を図り、ガンディーの目論見は外れた。ガンディーは失意のうちに一九〇一年に再びインドに戻った。そして一九〇二年の国民会議派カルカッタ大会に参加した。会議自体に得るところはなかったが、ゴーカレに会って旧交をあたためたのが収穫であった。ガンディーはボンベイに滞在したが、ゴーカレらの、帰国して弁護士活動を続けてほしいという期待には応えなかった。その後インド各地を訪れたが、このときの旅では、人びとと親しく接触するために、つねに三等車に乗ろうとした。

ところで、後のイギリス首相ウィンストン・チャーチル（一八七五—一九六四）は、一八九六年に兵士兼ジャーナリストとしてインド北西部に赴任した。一八九九年にはイギリスに帰国して政治の道を志すが、選挙で落選した後で南アフリカのボーア戦争に参加した。一時投獄されたりもしたが、決死の脱出により一九〇〇年にはイギリスに英雄として凱旋した。つまりこのころ南アフリカにいたガンディーとどこかですれ違っていたわけである。チャーチルは一貫して国民会議派を「ヒンドゥー坊主の組織」とののしり、ガンディーを蛇蝎のごとく嫌っていた。チャーチルの偏見は一世紀以上をへて、「はじめに」で述べたような痛いしっぺ返しを受けるが、その一方で、会議派のエリート主義的な限界はよく見

南アフリカ時代のガンディー　1900年（出典：Emma Tarlo, 1996 *Clothing Matters*）

極めていたのである。

ガンディーは、南アフリカとインドでのさまざまな経験から、人生の意味をより深く考えるようになった。そして、法律闘争の限界の中では満足できなくなり、政治的指導者をへて、より大きな社会、宗教改革者へと変貌を遂げていくことになる。この間あらゆる宗派の宗教書を渉猟し、批判的に学んでいったが、とくにロンドン時代にその片鱗には触れていたトルストイ、ソロー、ラスキンなどの著書を発見、再発見し、大きな影響を受けた。そのかわり、南アフリカでのインド人の境遇にもあまり関心をもたなくなり、より大きな人間、社会の改革を希求するようになる。それとともに、家族の問題が重要になり、男女関係、性、子どもの教育などが前面に出てきたのである。

こうしてガンディーは、現在までも高く評価されるさまざまな思想をしだいに固めていった。マルクス主義など当時の革命思想が持った、目的は手段を正当化するという政治戦略に反対し、逆に手段の方が目的よりも重要だと考えた。そして、いかなる目的であれ暴力を否定し放棄した。さらに、インド人への抑圧、暴力、そしてすべての悪の根源は西洋文明にあると考えるようになった。西洋文明批判はますます厳しくなり、インドの非暴力、創造性、精神的先進性と対比させて、一括して西洋文明を排斥するようになった。そのため、西洋流教育を否定し、子どもを西洋流の学校には通わせず、家庭で教育した。ただ、このことは、のちに子どもたちからも反撥を食らうことになる。

無所有の美徳——サルヴォーダヤ

一九〇二年一一月、インドのガンディーにナタール・インド国民会議から電報が届いた。ボーア戦争が終わり、英国植民地相チェンバレンが南アフリカを訪問するので陳情の好機だから帰国せよというのである。ガンディーは一二月に家族をインドにおいて急遽ダーバンに帰った。しかし、植民地政府の奸計により面会はかなわなかった。すでにガンディーは、インド人社会の期待を背負っており、家族のもとに帰ることはできなくなっていた。一九〇三年には、トランスヴァール高裁での弁護士としての仕事を引き受け、ヨハネスバーグの中心街に事務所を構えて活動の拠点にした。さらに、六月四日には『インド人の主張』紙を創刊し、活発な言論活動を始めた。

それとともに、ガンディーはますます禁欲的になっていった。一九〇四年、ガンディーはヨハネスバーグからダーバンへの列車での旅のさいに、友人のH・ポーラクから薦められたラスキンの『この後のものにも』（一八六〇）を読んで非常な衝撃を受けた。ガンディーは自伝で、「私の生涯にとって重要な創造的変化をもたらした」本だと言い切っている。とくに、「質素な労働の生活、農民（と手工業者）の生活こそが真の生活である」という原理に共感し、帰ったその足で協力者のウエストとともに、ラスキンの理想を実現すべく動き出した。

後にガンディーはラスキンの書をグジャラート語に翻訳したがそのタイトルが『サルヴォー

ダヤ』(一九〇八)であった。「サルヴォーダヤ」(Sarvodaya)は、独立インドのヴィノーバ・バーヴェー(一八九五―一九八二)などのガンディー主義者や、スリランカのアリヤラトナなどによって受けつがれ、現在は生活向上を目指す社会運動の名称として定着している。

ガンディーは、質素な田舎暮らしを志して、ダーバンから二二キロ離れたフェニックスに五〇ヘクタールほどの土地を購入し、そこに新聞事業も移して一〇〇名ほどが共同生活をおくる計画であった。インドにとどまっていた家族は一九〇五年はじめに南アフリカにもどり、ヨハネスバーグで生活し始めた。自給自足を原則とする共同体は別名「フェニックス開拓地」と名付けられ、ガンディーのカリスマによって運営されたが、ガンディー不在の時は十分に機能してはいなかった。構成員にはユダヤ系の菜食主義・神智主義者(ポーラク家、ウエスト家)、クリスチャン、ムスリム、パールシー、ヒンドゥーなど多彩な人びとが含まれていた。

一九〇六年二月に課税問題でズールーの叛乱(バンバタ叛乱)*が起こった。ガンディーはこのとき大英帝国に忠誠を誓って、ふたたびインド人志願兵による衛生看護隊を組織して参戦した。そのためにヨハネスバーグの事務所を引き払い、家族をフェニックスに住まわせた。妻のカストゥルバーイは再び独走する夫に振り回され、子どもたちを巻き込むことに反対したが、ガンディーは聞き入れなかった。しかし、ガンディーは、個人的にはむしろズールーの方に共感を示していて、負傷兵の看護は敵味方の区別なく行った。抑圧、差別されるズールーの叛乱を抑える側に回ったガンディーには実に皮肉な役回りとなったのである。ガンディーは目の前で残忍な流血を見て、大英帝国のリベラルな精神を頼みにしたクーリー弁護士としての生活に疑問をもつようになった。

ガンディーは、ここで初めて神の「内なる声」を聞く。そして、その生涯を公的活動に捧げること、普通の家庭生活を断念して禁欲的なブラフマーチャーリヤに入ることを決意した。それまでも実質的に夫婦関係はなかったものの、その後カストゥルバーイと交わることはなかった。このブラフマーチャーリヤに入った理由をのちにガンディーは、「人は妻との関係においてさえ禁欲を実践しなければならない」というライチャンドバーイの道徳的な教えに従ったというが、もともとは産児制限から始まっていたふしがある。すでに四人の子どもをもうけていたガンディーは、「大きな道徳的結論は、完全に自然の成り行きとして、あとから考えついたものであった」と述べている。そして、協力者をたのんで長い年月にわたって「実験」を行った結果、意志的に自分をコントロールできることを、ある程度「科学的に」証明できたという（CWMG 31: 97）。菜食主義まで含めたガンディーの思想は、畢竟精神による身体の抑制にある。ブラフマーチャーリヤの実践は、身体を浄化し人を神へと近づけ、解脱に導く方法として結実していった。こうした禁欲主義がガンディーの理想とする「真理」へと至る道を用意してくれるのである。

＊　かつて王国を築いていたズールーが英国支配に反発して起こした叛乱。

ガンディーは貧困と禁欲を唱えていたものの、みずから金銭面で困ることはなく、また借金はしないものと決めていた。すでに南アフリカでの活動が始まった頃からナタール・インド人会議は年五〇〇ポンドの収入があり、一八九六年には一〇〇〇ポンドの蓄えができた。一九〇六、〇七年頃には、タミル人活動家G・A・ナデーサンから四〇〇ポンド、パールシー教徒の財閥一族のラタン・ターターから二万五〇〇〇ルピーの援助があった。さらに、ナデーサンの勧めで、ビカネール、マイソール、ハイデラーバードの藩王が万単位のルピーを寄進した。こうした資金獲得術と、その根拠となる「信用」の重視は、後のインド時代にも継承された。

2 南アフリカの秘教思想

ロンドンですでに神智協会のメンバーとの交流を持っていたガンディーは、南アフリカにおいてその関係をいっそう発展させた。ただ、南アフリカでのガンディーへの協力者はほぼ白人に限られていた。インド人と同じように差別、抑圧に苦しんでいるアフリカ人の存在は、ガンディーやその周辺の視野には入っていなかったようである。このころのガンディーは、キリスト教とヒンドゥー教の間で揺れ動いていた。中でも国教会系の南アフリカ総合ミッション、秘教的キリスト教ユニオン、それにジャイナ思想家のライチャンドバーイの影響が大きかった。

キリスト教への失望

ガンディーに南アフリカでの生活の厳しさを教え、自らのインド人性に目覚めるきっかけになった一八九三年五月末のプレトリアへの旅は、キリスト教との関係という面からも重要な転機になった。ガンディーは、ロンドンで神智協会のキートリーらに会ってヒンドゥー教の知識が足りないことをすでに自認していたが、プレトリアで仕事の都合で会ったアブドゥッラー商会のA・W・ベイカー弁護士に対しても、「私は生まれながらのヒンドゥー教徒ですが、この宗教についての知識は少ないのです。……自分の宗教について真面目に学びたいと思っていますし、ほかの宗教についてもできるだけ学ぶつもりでいます」と言っている（ガンディー 2000: 222）。

ベイカー弁護士は、実は別の顔を持っていて、国教会系の「南アフリカ総合ミッション」の幹部でもあった。ガンディーは、ベイカー弁護士から、総合ミッションのメンバーや、クエーカー教徒のM・H・コーツなどを紹介された。コーツとは親しく付き合い、キリスト教関係の書を多く推薦された。そして、キリスト教に改宗するよう強く勧められたが、ガンディーはこれにまったく応ずる気配はなかった。一八九三年一〇月、南アフリカ、ウェリントンで開かれたキリスト教徒の自己覚醒を通した宗教再興を目指す大会に参加したガンディーは、次のように根本的な疑問を投げかけている。

私は大会参集者の宗教心を理解できましたし、称賛することもできました。しかし、自分の信念を――自分の宗教を――変える理由は見つかりませんでした。キリスト教徒になってこそ天国に行けるとか、あるいは救われるというようには思われませんでした。……「イエス・キリストだけが神の唯一の子である。イエス・キリストを信ずる者は救われる」、このことは呑み込めませんでした。もし、神に息子たちがいれば、私たちすべてが神の息子です。……私はイエスを一人の自己犠牲の人、偉大な魂、神聖な教師として受け入れることができましたが、至高の人として受け入れることは不可能でした。……キリスト教を、私は完璧な、つまり至上の宗教と認められませんでした。(ガンディー 2000: 245-46)

しかし、ガンディーはキートリーらと読んだ聖書の『山上の垂訓』*には大いに影響された。「わたしの理解するところでは、イエスのメッセージは、山上の垂訓にあますところなく含まれています。……もしわたしが私なりの解釈による山上の垂訓とだけ相対していたならば、わたしはためらわずに『そうです。わたしはキリスト教徒なのです』というべきでしょう。しかし、私見では、キリスト教でまかり通っているのは、山上の垂訓の否定です。……わたしは西欧で理解されているキリスト教信仰について話しています」(CWMG 40: 372-73)。

ガンディーにとって目前の大英帝国のキリスト教の現状は、山上の垂訓で述べられているイエスの教えとはかけはなれたものに見えた。こうした見方は、ヴィクトリア期のイギリスでの進歩的なキリスト教観にも通じている。キリスト教に厳しかったガンディーは、だからといって不可触民制を含むヒンドゥー教を至高の宗教ととらえてもいない。弁護士としての活動がそれほど忙しくなかったこともあってか、このころガンディーは宗教関係の書にかなりのめり込んでいた。それは、ヒンドゥー教だけでなく、他宗教にも広く及び、聖典『クルアーン』をはじめとするイスラーム関係の書も読んでいた。中でも神秘主義的なスーフィズムにひかれていた。とくに経験に基づく智慧、そしてやはり表面的な違いの背後にある同一性という考えが心をとらえた。

ガンディーは一八九四年に、メイトランドの仲立ちで、秘教的キリスト教とロシアのトルストイの両者から、キリスト教思想の影響を強く受け、さらにそれを自らのヒンドゥー教理解に応用していった。ガンディーはキリスト教について知れば知るほど、友人たちが望むものとは全く逆の方向に向かってしまったのである。

（メイトランド）氏はアンナ・キングスフォードと共著で『完全な道』という名の本を書い

＊　山上でイエスが弟子や群衆に向かって説いた教えで、誰もが知る「右の頬を打たれれば……」、「汝の敵を愛せよ」などの名言の数々が含まれている。

ており、それを送ってくれました。現行のキリスト教批判の書でした。氏は『聖書の新解釈』という本も送ってくれました。二冊の本は気に入りました。二冊によってヒンドゥー教の思想が支持されたのです。トルストイの『神の王国は汝らの内にあり』という名の本は私を圧倒してしまいました。深く影響されました。この本の自由な思考方法、深い倫理観、真理を前にすると、コーツ氏によって与えられたすべての本は無味乾燥のように思われました。……私の研究は、キリスト教徒の友人たちが望んでいたのとは逆の方向に、私を導いたのです。……それにもかかわらず、この交友が宗教についての探究心を目覚めさせてくれたのです。(ガンディー 2000: 248–49、一部改変)

ユニオンの代理人

ティドリックがいうように、ガンディー研究者は秘教的キリスト教ユニオンとの関係をまじめに扱ってこなかったし、その教義はほとんどとりあげられなかった。しかし、ガンディーの秘書だったピャレーラールは、すでに秘教的キリスト教はガンディーの思想に明確なそして持続的な影響を残したと言っていた(Tidrick 2006: 33; Pyarelal 1965)。たしかに、この秘教的キリスト教ユニオンとの関係は、これまで述べた神智協会との関係以上に等閑視されてきた。また、ガンディーのヒンドゥー教回帰に決定的な役割を果たしたライチャンドバーイについても資料的な制約があるせいか詳細には触れられてこなかった。

ガンディーは一八九三年に、オールドフィールドを介してメイトランドと文通を始めるようになった。すでにロンドン時代からその存在は知っていたが、ここから本格的な交流へと発展し、メイトランドが亡くなる一八九七年まで親しい交友が続いた。ガンディーが感心しきりだったトルストイの『神の王国は汝らの内にあり』を紹介したのもメイトランドである。ただ残念ながら、ガンディーはのちに無所有に転じたとき、メイトランドとのやりとりをすべて廃棄したのでその証しはほとんど残っていない。ちなみにライチャンドバーイとの交流に関しても一通の手紙が残っているだけである。

メイトランドは、キングスフォード亡き後の一八九一年にロンドンで「秘教的キリスト教ユニオン」を創設した。そして、メイトランドらの理解は、ガンディーが唯一受け入れられるキリスト教に他ならなかった。ただ、メイトランドらとの関係についても、これまで真面目に扱われなかっただけでなく、むしろガンディーがアンナを精神的・霊的権威とは見ていなかったと否定し去るのが普通であった。たしかに、自動書記（プランシェット）やテーブル操作などの奇蹟わざや、アンナがマリア・マグダレーナの、メイトランドが福音書記ヨハネの化身だというような、「コミカルなまでに虚栄に満ちた心霊主義者の弁」をそのまま信じていたとは考えにくい。しかし意外なことにガンディーは、霊媒による霊との交流や、霊界との交流のための自動書記などの心霊主義的な装置を否定はしていない。邪な目的で使われることに批判的だっただけである。

実際ガンディーは、一八九四年八月一八日の日記に、アンナを崇拝していたエイバー夫人の心霊的な本を注文したことを記している。さらに、盟友のライチャンドバーイとの問答で、ユニオンの思想がヒンドゥー思想とは矛盾しないとのお墨付きを得た。その一月後に、ちいさな書店を開いてユニオン関係の本の広告を打った。「本売りたし」の広告は、一八九四年一一月二八日付の『ナタール・マーキュリー』に掲載された。ガンディーはそこで、みずから「秘教的キリスト教ユニオンおよびロンドン菜食主義者協会の代理人」を名のっている。実のところ、ガンディーはユニオンと神智協会とを明確には区別していなかった。ガンディーが手紙類を破棄した中で唯一、ユニオンの創設者の一人A・M・ルイス夫人への手紙（一八九四年八月四日付）が残っていて、その中で、「わたしにとって、神智主義と秘教的キリスト教にはほとんど違いがありません」、とはっきり述べている（CWMG 1: 176-77）。

ガンディーは手紙の中で、とくに『完全な道』への熱意を示しているが、そこで述べられているキリスト教の至高性については意図的に無視していた。また広告では、この本で説かれている思想は普遍性を説く宗教の理論であり、いかなる意味でも「新しい理論ではなく、現代の心性にも受け入れられるような古い理論の再発見です。それは、たんに現象的、歴史的にではなく、永遠の真理（verity）に基づくものなのです。その理論では、イエスの優位性を示すためにムハンマドや仏陀を非難しなくて良いのです。また、著者らの主張によれば、同じ永遠の真理（truth）のひとつの現れであるキリスト教を他の諸宗教と調和させるものです。旧約聖書の多くの謎はここですぐに完全で満足すべき解決をみるのです……もし読者の中に、今日の唯物主義（物質主義）の壮麗さが魂の要請に応えていないという人や、よりよい生活を求める人、また現代文明のまばゆくかがやく外観の下にそれとは対照的なものを求める人や、現代の豪奢さや際限なくあわただしい活動がなんの救いを持たないと考える人がいれば、私はぜひこれらの本を読まれるようお薦めします」、としている（CWMG 1: 185）。

さらに、九五年一月二一日にも『ナタール・アドヴァイザ』紙に手紙を送っており、そこであらためて、強い調子で唯物主義、科学主義を批判している。つまり、ユニオンに代表される理論が、世界の大宗教すべての統一性と共通の根拠を確証させ、科学の名の下での唯物主義が不適切であることを示した。われわれをひどく利己的にする唯物主義的風潮から、イエス・キリストだけでなく、仏陀、ゾロアスター、ムハンマドなどの純然たる秘教的教説へと回帰し始めている。かれらは文明社会では誤った預言者とされてきたが、今や互いに補完し合う存在と認められ始めている、というのである（CWMG 1: 206–07）。当時の反響は大きく、多くの反唯物主義的進歩人の熱い支持を得た。

『完全な道』は、科学時代のキリスト教のあり方を批判したうえで、キリスト教復興の道筋を示すことが目的であったが、ガンディーはそのことにはまったく無関心で、むしろそこでヒンドゥー教の思想が支持されたと考えていた。そしてその思想をむしろ、自らの独自のヒンドゥー思想の解釈に応用していった。『完全な道』では、キリスト教が停滞しているのは、科学と対決する方法を間違えたに過ぎないととらえられていて、秘教的キリスト教ユニオンは唯物主義の蔓延と科学の急速な進歩に対峙する数少ない例だという。そして、キリスト教の教義や信条はほかの古代の宗教にも共通していて、「東方の哲学や異教的な理念」を学ぶことによってのみ理解、評価ができるとする。キリスト教もその血を受けつぐ後裔のひとつである。人間にもたらされた神の啓示は、地域や時代により表面的には異なっていたが、当初は一つであった。それは人間が〈物質〉の限界をのがれ、純粋な〈精神〉の状態に戻り、罪の結果ではなく罪の責任を負うという「救済」の教えである。

ピャレーラールは、秘教的キリスト教の普遍宗教、神人合一、肉体克服などの思想がガンディーの高い理想主義に強く訴えたという。それは、この書が再生、輪廻転生、神と個人の魂(アートマン)との合一、などのヒンドゥー的概念に合理的な根拠を与え、ヒンドゥー教を支持しているととらえられたからである。また、創世記では神が自分に似せて男と女をつくられたとするので、人は男性性と女性性を併せ持つとも理解した。これはのちのガンディーのブラフマーチャーリヤや両性性の主張に通じている。さらに、メイトランドによる福音書の寓意的(アレゴリカル)な解釈の方法は、インドの二大叙事詩『マハーバーラタ』、『ラーマーヤナ』や、『ギーター』などにも応用された(第三章第三節参照)。『完全な道』とトルストイの『神の国……』は、ガンディーが南アフリカに着いて以来のキリスト教者との対話の中で疑問に思っていたことを解決してくれたという(Pyarelal 1965: 324)。

ガンディーにとってユニオンと協会との間に大きな差はなかったが、ではなぜヒンドゥー教に近い神智協会ではなく、秘教的キリスト教をえらんだのだろうか。それは当時のイギリスでの新しい宗教運動に関心を寄せながらも、その原理主義に抵抗を感じていたガンディーにとって、アンナらの思想がより柔軟であったこと、怠惰にみえたマダムより活動的なアンナらを好んだこと、そしてなによりもメイトランドを紹介してくれたオールドフィールドらの菜食主義者とのコネクションが強かったこと、などが考えられる。さらに決定的だったのは、神智協会が普遍宗教といいながらキリスト教を排除したのに対して、ユニオンがこれをむしろ重視していたことだとティドリックらは指摘している（Tidrick 2006: 42; Pyarelal 1965: 325）。

ガンディーは一八九四年にロンドンのユニオンあてに自分の活動についてのレポートを送ったが、組織としての反応はなかった。また、自伝でもユニオンについてはその後あまり記述がないし、じっさい何らかの行動に出たようにも見えない。それは、南アフリカのインド人社会の抱える問題が多く、一八九五年からはそちらの方に精力を傾注したからだと思われる。そして何より、周囲の状況の変化により、ライチャンドバーイの助言によって独自につくりあげたヒンドゥー思想の方に戻っていったからである。

ティドリックは、ガンディーが秘教的キリスト教の基本的な教義を改変するだけでなく、それを発展途上のキリストのように、自分にも当てはめようとしたとみている。ガンディーの著作は、秘教的キリスト教のイデオロギーに溢れ、その用語を自分のもっとも特徴的な思想やもったとも個人的な望みを表現するために利用した。ガンディーは自分がキリストのようになりたいという望みをあからさまには言わなかったが、ことあるごとに秘教的キリスト教の言葉を使って、そのように示唆していたというのである。

独自のヒンドゥー解釈

ガンディーは秘教的キリスト教ユニオンに深く関与していたが、その前提として盟友ライチャンドバーイに、ヒンドゥー教の理念との齟齬について質問をしていた。その結果、ヒンドゥー教を裏切ることなく秘教的キリスト教を受け入れることができるとのお墨付きをもらった。そして、人生の目的は解脱（モークシャ）であり、人はある特定の信仰にのみ帰依する必要はない、と考えた。したがって、『完全な道』についても、キリスト教と他の諸宗教とを、同じ永遠の真理を証明する一つの方法として互いに和解させることができると考えたのである。

ヒンドゥー教の方に引き戻されたとはいえ、ガンディーの言うヒンドゥー教は独特のものであった。ヒンドゥー教自体、もともとどれが正統的か曖昧であるとはいえ、それに輪をかけて非・正統的なものであった。たとえば、寺院の存在は否定しないが、自身は参拝しなかった。ガンディーのアーシュラム（修行道場）にはヒンドゥー寺院は併設されておらず、そこでの礼拝はプロテスタントに近いものであった。反面、民衆が寺院礼拝を求めていることには理解を示している。「人間が身体なしでその魂を考えられないように、寺院なしに宗教は考えられません。ヒンドゥー教は寺院なしでは生き残れません」（CWMG 60: 90）。

こうしたガンディーのヒンドゥー観は、神智主義との関係のなかでよく理解することができる。ガンディーはロンドン時代にマダムの『神智学の鍵』を読んで「ヒンドゥー教」に目覚めたが、それは「多くの宗教、一つの到達点」というスワーミ・ヴィヴェーカーナンダの思想と強く響き合っていた。こうした宗教間の寛容についてはスワーミに学ぶところか多かったのである。ただ、ここで注意しなければならないのは、ガンディー自身はむしろ自分が構想するヒンドゥー教が保守的、正統的であるととらえていた点である。ガンディーのいうヒンドゥー教は聖典の上のものではなく、その保守性は聖典解釈ではなく精神修養のレベルに見いだされると考えていた。ガンディーは自らが理想とする信仰をサナータナ・ヒンドゥイズムとよび、みずからをサナータナ（サナータニ）・ヒンドゥーと称していた。これは不変の正統ヒンドゥーという意味に他ならない。

B・パレークによると、「ガンディーは解脱（モークシャ）というヒンドゥー的理念を重視したが、自身の成功への熱望、証明の追求、無欲になりたいという欲求の矛盾、などは大いに非・ヒンドゥー的であった」という（Parekh 1989: 194）。ガンディーはポラーク夫人に、この生涯のうちに解脱に達したいという欲望、この生のうちに輪廻転生を終えられるのかという不安などを口にした。こうした願望は、ヒンドゥーであり、またバニヤー・カーストで家庭を持つ法律家、政治家にとっては驚くべきものであった。ヒンドゥーにとっての解脱は、いったんブラーマンに生まれ変わった後、さらに長い時間をかけて到達すべき境地だからである。ガンディーは〈解脱〉を活動的で社会的な概念として再定義した。そして、秘教的なキリスト教概念には、この生のうちに輪廻転生から解放されたいというガンディーの願いをさまたげるものはなかった。

ガンディーは、生きているうちに、できれば「対面で」、「神に会いたい」とつねづね言っていたが、これも秘教的キリスト教の言い方だという。「神に会う」というのは、歴史上のイエス・キリストに会うことではなく、「神が人の心の中に住むことを事実として理解すること」であり、「全宇宙の中で神を見る」人は「神の化身」として受け入れられるべきである。だから、その神をキリストともクリシュナともラーマとも呼ぶことができる。つまり、「神に会う」ことは、神と合一する途上での重大な経験であり、また旅の終わりでもある（CWMG 56: 142-93）。

秘教的キリスト教観念とヒンドゥーの解脱追求との調整は、ガンディーの生涯にわたってつづいた課題であった。問題は解脱の境地が生きている間の元気なうちに経験できるのか否かであった。ガンディーはこれについて最終的な答えを与えておらず、殉教、つまりあらゆる肉体的欲求のもっとも決定的な否定、を解脱と同一視したこともある。しかし、ヒンドゥー的に殉教と解脱とは別物である。さらにガンディーは、「完全」な人間になることが、神と合一する別の方法だとも考えた。「わたしが完全な存在ならば」、「わたしがただ言葉を発すれば、国民は聴くだろう」、そして「完全な人間と神との区別を知る必要もない」。こうした完全な人間への希求もまた、ヒンドゥーの伝統の中には見当たらないという（Tidrick 2006: 47）。

　ガンディーはさらに、ヒンドゥーの伝統にはない、「罪」（sin）の観念にも関心を寄せた。ダルマ（正しい行い）はインドで過ちを受け入れるときの支配的観念であるが、ガンディーはこれにあまりこだわらなかった。ガンディーはおそらく罪の神学を南アフリカ総合ミッションから取り入れたものと思われる。伝道師たちはイエスへの信仰によってその罪を洗い流すよう諭したが、ガンディーの興味はそそらなかった。これに対し、秘教的キリスト教は、罪を払うための自身の努力を重視していた。

　ガンディーはプレトリアで、プリマス同胞団の、イエスがすべての罪を背負うので、われわれは信心していれば罪から解放されるという極端な反律法主義に出会った。ガンディーは控え目にこう答えている。「罪の結果から救われたいとは思いません。罪そのものから、いや罪の思想そのものから救われたいのです」（ガンディー 2000: 228）。ここにもまた、事物の限界を超えて純な精神へと回帰することで、「普通望まれるような罪の結果からだけでなく、罪への責任からの免責」を得ることができる、という『完全な道』の影響を見て取ることができる。

　ガンディーは罪が身体的条件にしばられることからくると公言してはばからなかった。「精神は自発的・意図的なもので、肉体は弱いものであ」り、大胆な犠牲なくしては、ナショナリスト運動の足を引っ張るだけである、として暗に会議派エリートなどを批判している。これに対するガンディーの救済方法は、「肉体を磔刑に処す」ことである。この肉体の処刑が済まない限り、つまり肉体的な満足を断ち切らない限り、神と対面することはできないと言った（CWMG 61: 251; 74: 276）。ここにもまた秘教的キリスト教が顔をのぞかせている。ティドリックの書に頻出する「これも秘教的キリスト教である」という言葉は、その根拠を含めてわれわれに新しい光を投げかけている。

ガンディーは、「宗教的行としての政治実践」、「政治の宗教化」をめざしたが、この概念自体は新しいものではない。それは先輩のゴーカレから受けついでおり、ティラクやオーロビンドなどにも共通していた。しかし、ほかのナショナリストにとっては、政治と宗教はもともと別物であるが、ガンディーにとっては同一であり、政治はそれ自体霊的、宗教的活動であった。さらに、霊的・宗教的であるというのは道徳的であるということで、政治は道徳的であることによって宗教的たり得るのだという。したがって、当時の政治優位の世界では、政治活動が解脱（モークシャ）に達する道だということになる。

ただ、ガンディーは自らの神性への主張はきっぱりと拒絶し、「わたしは宗派をたてたいとは全く思っていません。わたしは信者のための宗派に満足するには野心的すぎるのです。というのもわたしは新たな真実を申し立てるのではありません。わたしは私の知る真実に従い表明したいと思うだけです」、つまり、古い真理に新たな光を当てようとするだけだというのである（CWMG 24: 131）。つまり、ガンディーは、秘教的キリスト教について説いているのではなく、それを生きようとしていたのだ、とティドリックは述べている（Tidrick 2006: 49）。

わたしはつつましい真理の追求者にすぎません。わたしはこの生で解脱を得られるか、知りたくて仕方がないのです。わたしの国民としての奉仕は肉体の桎梏から魂を解放するための訓練の一部です。……わたしは壊れやすい地上の王国には何も望みません。解脱（moksha）としての神の王国のために努力しています。……わたしにとって救済の道は、国家への、そして人間への奉仕における絶え間のない労苦にかかっています。わたしは生きとし生けるものすべてに共感したいのです。わたしの愛国心は永遠の解放と安寧の地への旅の一段階です。ですからわたしには宗教を欠いた政治はあり得ないように思われます。宗教を奪われた政治は魂を殺しているゆえに死の罠なのです。（CWMG 27: 156）

ユダヤ人神智主義者

一八九七年にメイトランドが没して、秘教的キリスト教ユニオンは解散し、ガンディーとの関係もとだえた。一方、神智協会との関係は、一九〇三年にヨハネスバーグに事務所を開いてから一挙に深まった。交流のあった神智協会員の多くが東欧系のユダヤ教徒であったが、これについて、M・チャタジーは次のように指摘する。「南アフリカにおけるガンディーの親密な友人の何人かは、ユダヤ教徒で神智主義者であり、かれらはロンドンでの仕事の拠点を提供するのにも重要な役割を果たした。このユダヤ＝神智主義コネクションは、一九一五年にガンディーがインド帰国を果たした後もアーメダバードやボンベイですがたを見せた。ユダヤ＝神智主義関係はわれわれの興味をそそるがほとんど検討されていない」(Chatterjee, M. 1992: 1)。

南アフリカでガンディーに近かったユダヤ系神智主義者には、L・リッチ（英、神智協会）、H・ポーラク（英、編集者）、H・カレンバッハ（独、建築家）、S・シュレーシン（露、ガンディーの秘書）など多彩な人びとがいた。ほかにもW・M・フォーグル（実業家、織物商）、G・アイザックス（宝石商）夫妻のようなユダヤ人実業家の神智主義者とも親しく付き合っていた。さらに、神智主義者ではないが、ドイツ人のM・シュピーゲルも、ナチスが擡頭してきた一九三二年に、ベルリンから逃れてインドに渡り、ガンディーのアーシュラムに加わった。ガンディーに心酔したシュピーゲルはヒンドゥー教に改宗しようとしたが、ガンディーは、ユダヤ教に満足できない人は他の信仰にも満足は得られないでしょうと諭している（Wolpert 2001: 178）。ただ、これらの人びととのユダヤ教そのものについての対話はそれほど深くなかったようである。

このうちL・リッチは、すでに一八九五年ごろまでにダーバンでガンディーを訪ね知己を得ていた。リッチは一八九五年に新聞紙上で神智協会への参加を呼びかけた。これに応じた二〇名ほどの同志が集まって、ヨハネスバーグのジョエルズ・カフェで継続的に集会が行われた。この集まりは、一八九九年四月一四日に神智協会のヨハネスバーグ・ロッジとして正式に認められた。そしてリッチの影響で、ポーラクやカレンバッハなどもつぎつぎとロッジに加入している。ダーバン時代からガンディーと知己になっていた神智協会員にはもう一人、ボーア戦争が始まって、ガンディーがヨハネスバーグに避難したときに同行したH・キチンがある。キチンはその後フェニックスにも同行している。

ガンディーは一九〇三年にヨハネスバーグに事務所をかまえたが、そのときリッチの紹介で食事を摂った町の菜食レストラン「アレクサンドラ・ティールーム」などで協会員に会っている。そこで知り合ったのが、ポーラクとカレンバッハ、そしてユダヤ人ではないがA・ウエストなどであった。ガンディーは協会には加入しなかったが、アレクサンドラのオーナー、アダ・ビシックス家での勉強会には招かれるようになった。ガンディーの孫のラージモーハンは、アレクサンドラはビシックス女史がオーナーで、ガンディーも資金を援助していたとしている。ガンディーはそこで再び『ギーター』あるいはヨーガについてインド人としての知識を求められたと思われる。会合ではリッチが主にユダヤ教について語り、ガンディーも一九〇三年と一九〇五年の二回、ヒンドゥー教についての講話を行った。そうしたこともあってか、ガンディーはサンスクリット原典を含めて『ギーター』について本格的に勉強していた。ただ、それも長続きはしなかったようである。

リッチ夫妻は一九〇五年に法律の勉強のためロンドンに移り、一九〇六年のガンディーのロンドン訪問時のときには手助けを行った。リッチはもともと熱心なトルストイ・シンパであり、ガンディーとトルストイとの交流の仲立ちともなった。ガンディーのフェニックス開拓の趣旨にも賛同して、一九一二年からは開拓地の理事になり、亡くなる一九五二年までその地位にあった。

H・ポーラクは、弁護士であったが雑誌編集者として南アフリカに渡り、インド系住民の顧問弁護士もつとめていた。ガンディーとは一九〇四年に知り合い、夫人のミリー、ロンドンに住む父のJ・H・ポーラクを含めて家族をあげて支援した。ポーラクは、一九〇四年一〇月に、ラスキンの著書『この後のものにも』をガンディーに紹介した功もある。妻のミリーは女性運動家で、ガンディー夫人とも親しく付き合っていた。父はトルストイやラスキン、エマーソンなどに心酔していて、一九〇六年にロンドンを訪れたガンディーにリベラルな政治家などを紹介するなどの世話をした。夫妻は一九〇六年にいったんフェニックスに入ったが、町の生活を捨てられずに元に戻った。一九〇九年にはサティヤーグラハ運動の資金集めのため初めてインドに渡って各地をまわり、ゴーカレが創設した「インド奉仕者会」のメンバーなどにも会った。一九一一年から一二年にかけても再びインドを訪問し、ガンディーのインド帰還への露払いの役割も果たした。このポーラク不在の間にガンディーが親密さを増したのがカレンバッハである。

H・カレンバッハは一八七一年現リトアニアで、ユダヤ系ドイツ人の家庭に生まれ、一八九六年に叔父のいる南アフリカに渡って建築家として活躍した。一九〇三年に初めてガンディーに会ったが、このころフォーグルル、アイザックス、その宝石商仲間でもあったライチャンドバーイ、それにシュレーシンなどとはすでに交流があった。アイザックスはフェニックスのメンバーとなって側面から経済的に支援し、さらには一九〇六年から一三年にかけてのサティヤーグラハ運動では常にガンディーとともに行動した。

カレンバッハは、ガンディーと知己になったあと、菜食レストランや神智協会ヨハネスバーグ・ロッジで頻繁に顔を合わせていた。一九〇七、〇八年ごろから一九一〇年まで同じアパートに同居しており、一九〇九年からはひんぱんに書簡を交換するようになった。一九一〇年には、経済的に余裕がないガンディーを助けて、ヨハネスバーグ郊外の農場を購入して提供した。この農場は「トルストイ農場」と名付けられたが、先のフェニックス開拓地がラスキンの思想に影響されていたとすると、こちらはトルストイの理念を受けたものであった。一九一四年にガンディーがインドに帰るとき、カレンバッハはロンドンまで同行している。このところ数年の二人の親密さは、第四章で述べるようなスキャンダラスな疑いをかけられる原因にもなった。

二人はその後も断続的に手紙のやりとりを続け、一九三七年五月のカレンバッハのインド訪問のとき二三年ぶりに再会した。この訪問は、ガンディーにシオニスト運動を支援するよう依頼する目的を持っていた。ガンディーは慎重にパレスティナ情勢を分析し、にわかには判断を下さなかった。そして、ユダヤ人がヒトラーに対して暴力も辞さない姿勢を見せていることには賛成しなかった。ガンディーはあくまでもユダヤ人の敵愾心には与せず、むしろ相手を赦してサティヤーグラハを実行するよう説き、結局両者の利害は一致しなかった。見解の相違はあるといえ、両者の親しい関係はその後も続き、カレンバッハは一九三九年にも再びインドを訪れて、シオニストの有力者とガンディーの面会をセットした。しかし、カレンバッハはついにガンディーを説得することはできなかった。それでも、一九四五年にカレンバッハが亡くなったとき、ガンディーは親しい友人を失ったことをひどく嘆いている。

一八八八年モスクワ生まれのS・シュレーシンは一九〇九年からガンディーの秘書になり、その後ガンディーの理念に共鳴して女性運動活動家となって、ガンディーにとっての同志にもなった。ほかにロシアの亡命アナキストとの交流もあった。シュレーシンはガンディーがインドに帰ったあとは教師になり、さらに大学で学位を取るなどしていた。そして、ガンディーとはときどき親しさゆえの辛辣な内容の手紙を交換していた。ガンディーはインドを訪れるよう再三促していたが、ついに二人が再会することはなかった。

3　ヒンドゥー教とキリスト教

ガンディーは、一九〇六年から、〇九年の『ヒンド・スワラージ』出版までの間に、インド回帰、そしてヒンドゥー化へと転換していった。それはガンディーの内面的な理由よりも、トランスヴァールのインド人社会が直面した困難という外面的な理由が大きかった。ガンディーは、インド商人の利害を守る弁護士から、インド人社会の指導者に変貌していった。その背景には弁護士としての成功があり、そこで内気な若者が自信を得て、政治活動の指導者になり得たのである。そして、南アフリカにおけるインド人の状況をみるにつけ、白人との間に四海同胞意識を持つことができると考えた夢を打ち壊され、自らのインド人性に目覚め、反英スタンスに転じていった。この間、サティヤーグラハの方法論を見いだしたことで自らの行動原理を確立していったのである。

受動的抵抗

一九世紀末にインド人移民に押されてかげがうすくなっていた南アフリカの「哀れな白人たち」は、南アフリカを白人の国にするため、インド人を締め出そうとしはじめた。一九〇三年にガンディーとの対話に臨んだトランスヴァールの政治家L・カーティスは、インド人の勤勉、節約、忍耐などもろもろの「美徳」について語り始めたガンディーに対して、それは釈迦に説法で、この国にいるヨーロッパ人が畏れているのは、インド人の悪徳ではなく美徳なのだと語ったという（ナンダ 2011）。

ヨーロッパ人には、サトウキビ畑の労働者ではなく、とくに自由インド人の存在が目障りだったようである。ボーア戦争後のイギリス植民地政府は、インド人などのアジア人の規制を厳しくしていった。これに対してガンディーは、自分たちは政治権力がほしいのではなく、インド人がイギリス人と肩を並べて平和に暮らすことを望んでいるだけだと言った。しかしそれこそがイギリス人がもっとも望まないことであった。あまり触れられないが、このころのガンディーは弁護士として成功しており、かなりの高額所得者であった。成功者としての自信は、ガンディーのその後の活動にも大きな力になったはずである。

一九〇六年八月トランスヴァール政府は、移民に対する締め付けを強化するアジア人登録法の原案を発表した。ガンディーは実質的にインド人の締め出しを狙ったこの法案を、「暗黒法」と称して激しく反対した。そして、それまでの一二年を振り返って、「愛のための労苦」（新約聖書）は跡形もなく消えてしまった、となげいた。インド人には選挙権も立法府における代表権もなく、直接行動に訴えるほかはなかった。草案が提示されると南アフリカの「英領インド人協会」は会合を開き、これにはムスリム団体ハミディア・イスラミック協会も加わった。過激な意見も出る中で、ガンディーは、これがトランスヴァールだけでなく南アフリカの全インド人に影響するので、協力して慎重に抵抗の方法を探るよう提案した。この間、インド人側と植民地政府側が会談する機会もあったが、法案は取り下げられなかった。こうして、一九〇六年九月一一日、ヨハネスバーグのエンパイア劇場に三〇〇〇人ものインド人が集まって反対集会が行われた。当時のトランスヴァールのインド人人口が一万二〇〇〇ほどであったのを考えると、その熱気がしのばれる。

集会では、「この法案に反対し、あらゆる手段を尽くしたにもかかわらず、もしそれが通過した場合、インド人たちはこの法律に服従しない、服従しないことで被るすべての苦難に耐える」という趣旨の決議案第四号などが宣誓として採択された。ガンディー自身、ヒンドゥーもムスリムも関係なく、ともに一つの同じ神を信仰する者としてのインド人の団結を呼びかけた。さらに自分が最後の一人になっても闘うと宣言した。その後ガンディーは、この運動を絶対に暴力を使わないという意味で「受動的抵抗」（passive resistance）という言葉で紹介していた。さらに、この集会はのちに政治運動としての「サティヤーグラハ」の始まりと位置づけられる歴史的な意味を持っていた。ただ、ガンディーは、この決議は予定されていたものではなく、集会のその場で偶然生まれたものだとも言っている（CWMG 76: 358）。

政府寄りの『スター』紙はこれに対して、「受動的抵抗」というのは大言壮語か、あるいはイギリスの教育論議でつかわれたはっきりしない観念である、という批判的な論評を行った。ガンディーはこれに対して受動的抵抗は大言壮語ではない、と反論している。またポーラクは九月一五日付の『インド人の主張』紙上で、「インド人社会の行動には歴史的な類例がある。先の保守党政権の教育政策が打ち出されたとき、大英帝国の非国教会系信者の『受動的抵抗』として知られる反対運動が試みられた」と書いている。両者の立場は違うものの、この言葉には前例があって、そのことがのちに別の言葉を探す原因にもなったのである。ガンディーみずからこのイギリスの教育法改正案反対運動での「受動的抵抗」に言及したのは翌年の五月のことである。

弱者あるいは選挙権をもたない者の武器という意味での「受動的抵抗」は、もともと大英帝国本国の一九〇二年教育法（バルフォア法）改正への反対運動などで使われていた言葉である。この法律は、中等教育において非国教会系の私立学校などを一つの制度のもとに統合しようとするもので、当時のバルフォア政権が提案し、保守党主導で決定された。しかし、教育の自由、多様性を損なうものとして、自由党、非国教会系プロテスタントなどの反対が強く、国民受動的抵抗委員会も組織された。運動は盛り上がり、ついに一九〇六年の総選挙で自由党政権が誕生して法改正は沙汰止みになった。

J・ハントは、運動の中心にあったバプテスト教会の牧師J・クリフォードがソローの「市民的不服従」を取り入れたことや、ガンディーがこの運動について、友人でやはりバプテスト牧師のJ・J・ドークを通じて知識があったことなどを指摘する。ドークはガンディーの伝記を書いた親しい友人であるが、一九〇八年に「受動的抵抗」に関するエッセイも書いている。また、イギリスの女性の選挙権を認めさせようとする運動でも受動的抵抗が実行された。ただ、このときは暴力に訴えることも否定されていなかったので、ガンディーの非暴力的な運動にはなじまなかった。イギリスでの受動的抵抗はほどなく消滅したが、ガンディーのサティヤーグラハへと名を変えて今に残ることになったのである（Hunt 1986: 51-56）。

ガンディーは、登録法施行の中止を国王に直訴するためムスリム指導者のH・O・アリーらと代表団を組んでイギリスに向かった。一九〇六年一〇月二〇日、一五年ぶりにロンドンの土を踏んだガンディーは、インドを心情的に支持する議員などから歓迎を受け、さまざまな協力を得ることができた。そして、ポーラクの父の紹介などで、J・モーリー（インド担当相）、エルギン卿（前インド総督）、バナーマン首相、それにJ・スマッツ将軍（トランスヴァール自治政府高官）などに会った。また、すでに老境に入ったとはいえ、再びインド国民会議の議長に推されていたD・ナオロジーにも会った。さらに、ロンドンのインド・ナショナリストの代表格、J・クリシュナヴァルマーとも会って長い会話を交わした。

アジア人登録法は、ガンディーらの期待に反して一九〇七年七月一日に施行の運びとなった。ガンディーは「受動的抵抗協会」を組織して登録のボイコットを呼びかけた。ガンディーは扇動した罪を問われて一二月二八日に二六人の同志とともに召喚され、翌月に収監された。その後スマッツから、自発的に登録を行うなら、アジア人登録法を撤回するという提案があり、これを受け入れたガンディーはいったん釈放された。一九〇八年二月一〇日朝、ガンディーはスマッツとの約束を果たすために家を出て登録に向かったが、途中アフガン系ムスリムのパターン人ミール・アーラムらから裏切り者として襲撃を受けた。このときガンディーは、暗殺されたときの最期の言葉と同じ、「ヘイ、ラーム」（おお、神よ）と言ったという。手傷は負ったがガンディーはともかく登録を済ませた。

結局ガンディーはスマッツにまんまと裏切られ、登録法はむしろ強化された。これに怒ったガンディーは、一九〇八年八月一六日、公然と登録証を焼却する抵抗運動を実践した。このとき、先にガンディーを襲撃したミール・アーラムが現れて両者は和解の握手を交わした。参加者は自ら進んで逮捕され、牢獄を満杯にする作戦をとった。ガンディー自身も一九〇八年一〇月に投獄された。獄中では、『ギーター』や、ラスキン、ソローなどの本を読みふけり、理論武装を固めていった。政府はインド人への弾圧をむしろ強化し、犯罪者の数を増やさないためにインド人の国外追放を企てたり、商売を妨害する経済的圧力を加えたりして対抗した。

サティヤーグラハ

ガンディーは一九〇六年九月一一日の集会のあとで「受動的抵抗」ということばを使ったが、今ひとつしっくりこないところがあった。それは、「受動的抵抗」（passive resistance）にも、ソローの「市民的不服従」（civil disobedience）にも、物理的暴力を伴うことなどへの異論があり、「市民的抵抗」（civil resistance）もその意図にはそぐわなかった。また、暴力を厭わないイギリスの女性参政権闘争のイメージが強かったことも、ガンディーの意図に反していた。そのため、この新たな抵抗運動をインド起源の言葉で表現しようと『インド人の主張』紙上で案を募集した。遠戚にあたるマガンラール・ガンディーの「サダーグラハ」（確固不動の善行）がいったん選ばれたが、ガンディーはこれを修正してサティヤーとアグラハを合わせた造語の「サティヤーグラハ」（確固不動の真理）と表現することにした。ガンディーは、一九〇八年一月一一日付の『インド人の主張』紙上で、運動の名称として「サティャーグラハ」を採用すると発表し、さかのぼって一九〇六年九月一一日の集会を記念すべきその始まりとしたのである。

「サティャーグラハ」の「サティャー」は「真理」で「非暴力」(シャーンティ)を含み、「アグラハ」は確固不動の主張であるが「力」(バル)を含んでいる。その意味するところは、「真理と非暴力から生まれる力」であり、物理的力、身体的力ではなく、それを浄化し、包含する「魂の力」、「真理の力」である。これ以後ガンディーは「受動的抵抗」を使うのをやめて、むしろサティャーグラハとの違いを強調するようになった。また、この運動に参加する人びとは「サティャーグラヒー」という。ただ、一九〇八年二月の記事では、サティャーグラハあるいは受動的抵抗、と言っていて、そのころはまだ明確に区別していなかったようである。

「受動的抵抗という言葉は、非暴力的抵抗の誤った呼び方です。非暴力的抵抗は、暴力的抵抗よりはるかに積極的なものです」。「非暴力の方法は、どんな形をとるにしても、受動的な無気力な方法ではない。それは本質的には、血なまぐさい武器の使用を伴う運動などよりははるかに積極的なもの」であり、「邪悪に対するいっさいの闘いの放棄」であるどころか、「不正に対するもっとも積極的で、もっとも実際的な闘い」であるという(森本 1988: 18)。

このように、ガンディーの「サティャーグラハ」は受動的、消極的抵抗とは明確に区別された積極的、非暴力的抵抗を示すための言葉、概念である。それは具体的には、非協力、市民的不服従、断食、ピケ、同盟罷業(ハルタール)などを戦術としていた。とくにソローの市民的不服従の概念に、ラスキンやトルストイを援用しながら高い道徳性を求めたところがガンディーの独自性である。ガンディーは、「サティヤーグラハ」が明確に宗教運動であることを初めから強調していた。それによってガンディーの宗教と政治を一体化しようとする望みが達せられた。さらに、サティヤーグラハはその後南アフリカからインドにおけるもっとも有力で効果的な抵抗の方法となったのである。

「サティヤーグラハ」はガンディー独自の概念であったが、その根源は学校で学んだグジャラート語の詩の一節、「だれかがあなたに一杯の水を与え、あなたがその返礼に酒をさし出したのでは、なんにもならない。ほんとうの美とは、悪にたいして善をなすことだ」に由来するのだという。またその上に新約聖書(マタイによる福音書 五章)の「山上の垂訓」の有名な、「しかし、わたしは言っておく。悪人に手向かってはならない。だれかがあなたの右の頰を打つなら、左の頰をも向けなさい」や「敵を愛し、自分を迫害する者のために祈りなさい」などの章句が折り重なり、さらに『ギーター』がその感動を深め、トルストイの『神の国……』が永遠の形を与えてくれたという。その中でも「山上の垂訓」にもっとも大きな影響を受けたと自ら語っている(ナンダ 2011: 126-27)。東西のさまざまな概念を換骨奪胎する才を持ったガンディーの面目躍如である。

ガンディーのインド回帰、ヒンドゥー化は、一九〇六年ごろに初めて聞いたという神からの「内なる声」によるものであった。その声は、神の声、良心の声、真理の声、内なる声、さらには「まだ小さな声」などいろいろな表現がなされているが、どれも結局は同じ意味、同じことである。神からの内なる声というのは秘教思想ではしばしば見られるが、ガンディーの場合には、神智主義者が聞いた声に類似している。内なる声はマダム・ブラヴァツキーの場合は晩年の著作のタイトルの『沈黙の声』、あるいは「内なる神」、「より高い自己」であり、聞いた者を真理の領域まで導いてくれるという。ガンディーがロンドン時代にこの書を読んでいたかどうかは定かでないが、南アフリカ時代に称賛していたのは確かである。それは、神智協会、あるいはメイトランドの秘教的キリスト教の影響である。そして、メイトランドによるアンナの著作集はまさにそうした「声」を収録したものであった。

ただ、ガンディーが特異なのは、「内なる声」を聞くには、きびしい食事の制限によって身体が浄化されたことが条件になると考えていたことである。のちの、ローザンヌの集会では、なぜ神が真理なのかを、そして真理が神なのかを説き、またそれが愛、つまり非暴力によってのみ得られることを説いた。そして、ロマン・ロランとの議論では、「真理」は内なる声が語ってくれることであり、真理は適切な精神的・霊的鍛錬を経た者のみに明かされる、ともいっている（CWMG 4: 270, 277-78）。要するに、ガンディーのなかでは〈真理－愛－非暴力－神〉はいずれも入れ替え可能であり、愛は暴力を排除するので非暴力（アヒンサー）となり、非暴力は神の本性に関わってくる。この愛の哲学は、同時代のナショナリストとガンディーとの根本的な違いであった。

真理が神である

ガンディーのサティヤーグラハは、神智主義から受けついだ「真理」＝サティヤー、トルストイなどからの「愛＝非暴力」＝アヒンサー、そしてヒンドゥー哲学からの「自己犠牲」＝タパシャという、互いに関連し合う三つの基本要素から成っている。このうち、「真理」の概念がすべての鍵であり、また真理は神である。神は唯一にして遍在し、またわれわれ一人一人の内面にも在る。神は擬人化された実体ではなく、抽象的、絶対的原理である。神像には神性はないので崇拝の対象にはならないのである。

ティドリックは、ガンディーが一九〇六年にサティヤーグラハの概念を見いだしたときに、神と真理がイコールだという認識に達したと指摘する。さらにそのように考えたことで、さまざまな問題から解放されたという（Tidrick 2006）。ガンディーにとって、真理は歴史の外部にあって歴史にしばられず、普遍かつ不変である。したがって、宗教、道徳の真の原理も普遍で不変である。ヒンドゥー的にいえば、「真のダルマ（人としての本分）は不変である」。そして、道徳に根ざした宗教は迷信ではない。つまり、真理は歴史の中にはなく、科学もそれに到達するための特権的な位置にはない。真理は道徳的であって統合され、不変で超越的であって批判的探求や哲学的思索の対象ではない。それは合理的、科学的にではなく、叙情的、詩的に表現できるだけである。このような普遍主義的宗教観は、啓蒙主義以後の思想とは切り離されたものだ、というのがガンディーのいう真理である。

ガンディーの立場は、当時のインド総督カーゾン卿が、真理の概念は西欧起源だとした発言に反応したものである。ガンディーが問題にしたカーゾン卿の発言は、「最も高い真理の理念は、ほとんど西欧の概念である」、「疑いもなく、真理の概念は東洋でも同じように敬意を表される以前からの高い道徳律であり、その東洋ではずる賢さや如才のない悪巧みが世評を支えていた」というものである。これに対してガンディーは、一九〇五年四月一日付の『インド人の主張』に「東洋の真理理念」という記事を寄稿して猛烈に反論した。

ガンディーは、英訳のヴェーダ、ウパニシャッド、『マハーバーラタ』、『ラーマーヤナ』、あるいは『バガヴァッド・ギーター』などの知識を総動員して、古代からインドでは真理概念が重要な意味を持っていたと主張する。注目されるのは、そこでガンディーが、「真理にまさるダルマはない」（There is no duty higher than Truth）という一節を引用していることである。これは、サンスクリット語の“Satyat nasti paro dharmah”の英訳で、「duty」と訳されている「dharma」が問題である。これは大変訳しづらい概念でいろいろな可能性がある。その中で、ワラナシー（バナーラス）の藩王家では「dharma」を「宗教」（religion）という訳を使って家訓にしていた。そして、マダム・ブラヴァツキーはこれを借用してそのまま神智協会のモットーにした。それが、「真理にまさる宗教はない」である。

ガンディーもまた、サンスクリット語から入って、この概念をヒンドゥー思想の根幹だと考えた。ただ、ガンディー自身はのちに宗教の代わりに神（god）を使って「真理にまさる神はない」とした。そして、ガンディーは、これをヒンドゥー思想の中核をなす三つの基本原理の第一にあげている。つまり、第一に「真理にまさる宗教（ダルマ）はない」、第二に「非暴力（愛）は至高の宗教（ダルマ）である」、そして第三に「神のみが真理であり、ほかのすべては一時的な気の迷いである」。ここでガンディーは「duty」に「宗教」という訳をあて、さらにアヒンサーについては「非暴力」と「愛」をあてて、それが生命の法則であり、最高で唯一の宗教だと強調している（CWMG 30: 376）。

ガンディーの真理の概念について、しばしば引用されるのが、『獄中からの手紙』（一九三二）第一章冒頭の次の一節である。「『サティヤー』（satya, 真理）という語は、実在を意味する『サット』（sat）という語に由来します。真理のほかには、実際にはなにひとつ存在しない。ですから、『サット』とか『サティヤー』は、たぶん、神をあらわすもっとも重要な名称といえましょう。実際、『神は真理なり』と言うよりも、『真理は神なり』と言ったほうが、より的確です」。つまり、サティヤーは存在している状態を意味し、サットまたはサティヤーは、神（ブラフマー）を表す唯一の、正確かつ完全な意味の呼称である。さらに、真理があるところに真の知識があり、真理のないところに真知はなく、さらに真知のあるところに歓びがあり、結局、神は「真理・知・歓喜」の三位一体をなすという。そして、この真理への献身がわたしたちの存在を正当化する唯一の拠りどころであり、その真理の探求には苦行が必要だという。こうして真理の探究がそのまま神への信愛になるというのである。

M・ベルグンデルは、ガンディーの真理概念はヒンドゥー起源のものだと考えられているが、全ての宗教が同じ「真理」に帰する、という考え方は、「全ての宗教のなかにひとつの真理が表現されている」とか、「古い宗教にある根本的な教義」は同じ源泉に由来するゆえの「同一性」をもつ、というマダム・ブラヴァツキーの宗教観と共通しているという（Bergunder 2014）。たしかにガンディーは、次のようにマダムや大師（マハートマ）のメッセージを繰り返していた。

「宗教の魂は一つですが、実に多様なかたちに包まれています。多様な宗教は時の終わりまで存在するでしょう。賢者は堅い外皮を無視して、さまざまな外皮の内にある共通の魂を見いだします。……真理はどの聖典にもない単一の特性であります。私たちはみずからをキリスト教徒、ヒンドゥー教徒、イスラームなどと称します。そのいずれにせよ、多様性の下には多くの諸宗教に紛れもなく底流する単一性があり、また単一の宗教があるのです」（CWMG 29: 190）。

ただ、超越的な単一の宗教を明らかにするため、神智協会は、歴史的宗教との関わりを捨てないよう求めている。それは個別の歴史的宗教を比較することで、根本的な共通起源にまで達する可能性があるからである。ガンディーがロンドンに留学していた一九世紀末は、「比較」によって共通性を見いだし、それを起源、本質とするような比較研究が一般的であった。こうした比較の方法は、進化論と結びついていて、起源にその後の進化のすべての要素が含まれており、進化の過程は前の状態を包含しながらさらに発展させたものなので、必然的に歴史は不可逆的だということになる。こうした比較研究の代表格が、マックス・ミュラーであり、その後のインド学もその伝統を受けついでいる。そして、神智協会の目的の一つである、宗教の比較研究、科学的研究とも深いところで共鳴している。

同じことは、『完全な道』にもベサントの著書などにもあって、神は遍在するとか、神は善であるなどと言っている。そこでの「真理」とは、目に見える事象ではなく、瞑想や祈りのときに直覚する表現できない霊的現実であり、それは正しく「本当の」行動の指針を示してくれるものである。のちの一九一九年にガンディーは、ベサントが「人がつくった法をはっきりと無視し、社会的であれ政治的であれ、全世界に対抗する真理を支持していた」と称えている（CWMG 18: 38）。ただ、ティドリックはさらに逆転して、神が真理であり真理が神であるというのは、むしろガンディーのもっとも純粋な「ヒンドゥー」的概念だという。それは、サンスクリット聖典を根拠に「神は真理である」とまで言い切ったのはガンディーだけだからだという。さらに、ガンディーは現実的な自己実現を強調しているが、これは自己犠牲のもとで人の中にある真理を実現すること、つまり道義的責務のことである。ここで、神と真理とサティヤーグラハとが結びつくのである。

ガンディーにとっての真理は全てを包含するのであり、そこには善悪の区別も、正邪の区別もなく、そうした対立を超越したところにある。無神論者が神を否定したとしても、真理は神を超越しているので何びとも否定できない。これは、ガンディーのロンドン時代に流行していたブラッドローなどによる無神論への対抗論理であり、科学との関係に苦慮していた既存のキリスト教的な神・真理概念を再編しようとしたものである。この限りにおいてガンディーはすぐれて伝統主義者であった。それは、ヒンドゥー・ダルマ（ヒンドゥー教の根本的社会道徳）の本質をサティヤーととらえ、ダルマはカースト制の根本をなす良い行いだとすることが、一般のインド人にもなじみやすいからである。

神智主義批判

ガンディーは一八九五年頃から秘教的キリスト教ユニオンからはなれ、さらに一八九七年にメイトランドが没したことでユニオンそのものが消滅した。また時期ははっきりとはしないが、その後いずれかの時点で神智協会とも袂を分かっている。のちの一九一一年にガンディーは、同郷の「最も偉大な友人」であり後援者であったプランジーヴァン・メーヘターに宛てた手紙で、神智協会にもベサントにもかなり手厳しいことを言っている。

プランジーヴァンはガンディーと同郷のカーティヤーワール地方出身で、若きガンディーが初めてロンドンに降り立ったときヴィクトリア・ホテルに会いに行って何かとアドバイスを与えた人物である。ガンディーと出会った当時二四歳のメーヘターはもともとグジャラートのラージコートで医者をしていたが、ロンドンでは法廷弁護士を務めていた。その後ビルマ（現ミャンマー）のラングーン（現ヤンゴン）で宝石ビジネスにあたっていたが、この間ガンディーを物心両面で支えた。一九〇九年にはガンディーと同じころたまたまロンドンにいて、同じホテルに泊まった。そこで、ほぼ一月のあいだ議論を行った成果が『ヒンド・スワラージ』であった。

ホテルでの滞在を終え、ガンディーと別れたプランジーヴァンは、同郷のしかも同じように法廷弁護士から宝石商に転じていたS・R・ラーナを訪ねたが、その時トルストイの「インド人への手紙」（一九〇八）を見せられてガンディーとの共通点の多いのに驚き、この「手紙」をガンディーに送った。その後ガンディーは直接トルストイに手紙を送って二人の交流が始まった。さらにガンディーが一九一五年にインドに帰還したときアーシュラムの建設などの活動資金を提供したのもプランジーヴァンである。一九二〇年からの非協力運動の時には帰国して直接支えようとしたが、病気のためできなかった。一九二六年に一時インドに戻り、「塩の行進」*の相談に乗っていたが、健康の問題があって参加できず、そのまま一九三二年に没した。

プランジーヴァンはベルギーに滞在していた一九一一年の七月以降に、ガンディーの命を受けてやって来たカレンバッハやポーラクらと会っている。そして、ガンディーにリッチらのユダヤ教徒で神智主義者でもあった人びとの印象を書き送っている。残念ながらその手紙自体は残っていないのだが、面会に先立ってガンディーが書き送った手紙が以下に示すものである。その神智協会評はかなり辛辣でまた本質を突いているので、そこから逆に協会への洞察がかなりのものであったことがうかがわれる。二人のやりとりをみても、この手紙の内容が明らかにガンディーの本音を表していると思われるので、長文にわたるが以下に引用する。

わたしは一八九九年から神智主義についてはあなたと同じ見解を持ってきました。かれらは協会に加わるようわたしに強く迫りましたが、わたしははっきりとお断りしました。つまり、協会の同胞愛（brotherhood）を尊重する規約はわたしの興味を引きましたが、オカルト・パワーの追求にはなんの共感も持てませんでした。わたしはベサント夫人が偽善者だとは思いません。夫人は信じやすい人で、レッドビーターにだまされたのです。……レッドビーターのペテン（hugbag，いかさま、ごまかし）については、わたしはあとで知ることになりました。それにもかかわらず、わたしは神智主義から価値あるものを教訓として受けてきました。神智主義は多くのヒンドゥー教徒にみずからの宗教を研究するよう仕向けました。……さらに、神智主義者はわれわれと似たような原理を信じているので、そこから良き人びとを見つけ出すのは容易でした。……リッチ氏は神智主義者でした。かれはわたしに会員になるよう促しました。わたしはそうしなかっただけでなく、かれにあのペテンから抜ける手助けをしました。ポーラク氏は神智主義者ですが、神智主義者の活動や書物から遠く離れています。カレンバッハ氏も同様です。わたしがインドにいたとき、

＊　製塩法に抗議して一九三〇年にガンディーが組織したサティヤーグラハ運動。

（息子の）ゴーカルダースをバナーラス（中央ヒンドゥー大学）に送りました。そのときもわたしは（教育の内容に）がっかりしました。……すべてはもう終わりました。フェニックスのコーデス氏は、熱烈な神智主義者です。わたしはいまだかれを神智主義から引き離すことができません。かれ自身は、誠実な人間です。今は、どんな説得も聞かず、（協会本部のある）アダヤールに行ってしまいました。正直、それに取り込まれない限り、かれはそこにある詐欺行為を見て、背を向けるでしょう。ベサント女史の美徳の下に隠されて蔓延しているペテンがどういうものかを確かめる価値はあるでしょう。「大師」に勝りたいという夫人の望みは理解できます。オカルト・パワーを追いかける者はそれに魅了されないわけにはいかないからです。（CWMG 11: 393-95, 412）

とくに最後の一節はベサントの本質を突いて恐ろしいほどの洞察力である。ガンディーの友人ソフィア・ワディア（一九〇一—八六）もまた、ガンディーがマダム・ブラヴァツキーが教え示している神智主義だけが、本来のまことの神智主義であると認識していたので、ベサント、レットビーター、神秘家アリス・ベイリーなどの神智主義にはきわめて否定的だと評価していた。逆にガンディーは、ソフィアの著書にあてた序文（一九三九）で、神智協会から別れたとはいえ、ソフィアの神智主義の四海同胞理念を大いに評価している。ソフィアはコロンビア生まれで、神智主義者のインド人B・P・ワディアと結婚し、本部から分かれたポイント・ロマのアメリカ神智協会からさらに分派した統一神智主義ロッジ（ULT、一九〇九）に加入した。その後ヨーロッパ各地に支部をつくったあと、一九二九年にインド支部を立ち上げた。夫の死後も社会活動を続け、全インド作家会議を主催するなどの活動が認められてインド政府から褒賞されている。ワディア夫妻はガンディーの良き友人であった。

南アフリカでのガンディーは、神智協会に近い秘教的キリスト教ユニオンのメイトランドと、ジャイナ詩人・思想家のライチャンドバーイにかなり影響されていた。ガンディーは、熱心に改宗を勧める福音主義者にはメイトランドの理念によって対抗したが、残るヒンドゥー教の位置や効用についてはライチャンドバーイに多くを負っていた。ライチャンドバーイのヒンドゥー教解釈は基本的に正統的なものであった。ガンディーは、ライチャンドバーイから多くを学び、とくにその自己抑制と無所有を実践していることに大いに敬意を払っていた。マダム・ブラヴァツキーの神智主義に共感を抱いていたガンディーであるが、ベサント以後の神智協会にはかなり辛辣なことを言っていた。ガンディーは、キリスト教とヒンドゥー教との間で両者を総合しながら、最終的にはヒンドゥーの皮をかぶったガンディー思想をつくりあげていった。

ガンディーの宗教理解は、表面的にはヒンドゥー教の概念、用語を使うことでインドの偶像的存在になり、インド人のアイデンティティを明確にするためには決定的な役割をはたした。しかしそこでのヒンドゥー教はガンディー独自のものであった。その知識も基本的に翻訳を通じて得られたものであり、インドの伝統から現れたものではなかった。J・S・オールターは、ガンディーは、植民地主義的状況に対抗するために現れた「常態的亡命者」(chronic exile)、あるいはサルマン・ルシュディ(『恥』)のいう「翻訳された人間」(translated man)であり、みずから「国民」そして自分で明確化した「国民文化」の囚われ人になったのだという(Alter 2000: x)。

ガンディーは、一九世紀末から二〇世紀初頭にかけての秘教思想に多くを依拠していたが、そこからガンディー思想が西欧的な文脈だけでなく、さらに広い視野に立って再検討されなければならないことを示している。とくにガンディーのようなインド人にとっては、秘教思想はオリエンタリスト的な思想に接するための入口にほかならなかったが、逆にオリエンタリスト的観念にもその内容を再検討させるきっかけになった。ガンディーのヒンドゥー理解を通じて、このような概念のやりとりや循環、言いかえれば「環流」が起こっていることを改めて検討し直す必要がある。ここでいう環流とは単なる東西交流や一方的な文化受容ではなく、相互に影響を与えながら、繰り返し「〇〇らしさ」が構築され改編されるプロセスをいう。ガンディーの例をとれば、まさにヒンドゥーらしさ、インドらしさの往還の繰り返しがそれにあたる。そして、ガンディーの「真理にまさる神はない」もまた、『マハーバーラタ』に語源があるとはいえ、その間に英訳本、神智協会のモットーなどを遍歴しながら、最終的にまたヒンドゥー的概念に戻っている。つまり、インドから西欧へ、そしてインドへと、ガンディーを媒介にした東西の複雑な交歓関係が実現していたことがよくわかる。

4　ヒンドゥー化する思想

サティヤーグラハ運動の責めを負うて一九〇八年一〇月に投獄されたガンディーは、翌一九〇九年五月二四日に釈放された。七月一〇日には、南アフリカの四つの植民地の統合に関する協議のため再びロンドンに赴いた。すでにイギリス系、オランダ系の住民が、英連邦内の自治国家設立を目指してイギリスに代表団を送り込んでいた。抑圧されていたインド人の側も新国家のもとでの人権擁護を訴えるため、ガンディーと貿易商セス・ハージー・ハビーブを送り込んだのである。しかし、一九〇六年の訪問のときとはちがって、ガンディーは歓迎されるわけでもなく、また前回助けてくれた人びとの多くもすでにロンドンを去っていて、直接協力を求めることもできなかった。ナオロジーもまた老齢のためすでに一線を退いていた。ロンドンでの徒労の末に、歴史的な意義を持つ『ヒンド・スワラージ』が書かれたのである。

トルストイとの交流

一九〇九年一一月一三日にロンドンを離れるまでのガンディーの約四ヶ月にわたる訪問は、前回の二ヶ月余りの旅のようにはいかず、大きな成果は上げられなかった。しかしこの訪問は、それまで心情的にイギリス志向であったガンディーが、四〇歳を前に真にインド・ナショナリズムへと向かう歴史的な転機になった。この間に、ロンドンのインド人ナショナリストと話し合う機会を得て、テロも辞さない急進的な考えに危機感を覚えたこと、反面、ナショナリストたちが批判的であったトルストイの「インド人への手紙」(一九〇八)に感動し、直接手紙のやりとりを始めたことが、大きな意義を持っていた。『ヒンド・スワラージ』にはそうしたガンディーの危機感と期待感が合わせ盛り込まれている。

ロンドンで同じホテルに投宿していたガンディーと盟友プランジーヴァン・メーヘターの二人は、トルストイの「インド人への手紙」に大いに刺激を受けた。この「手紙」は、初め在外インド人革命家で『自由ヒンドゥスターン』紙の編集者タラク・ナート・ダースにあてて一九〇八年一二月一四日付で書かれ、英訳されたのちダースに送られた。しかし両者の見解の相違があって公表されず、英訳の写しだけがガンディーの手に渡ったという曰く付きである。内容に感銘を受けたガンディーはグジャラート語訳ともとの英訳版を一九〇九年末から一〇年一月にかけて『インド人の主張』に公表した。トルストイはその中で、権力(政治、暴力と支配、公)は愛(宗教、融和と団結、私)によって正当化されていたが、疑似科学によって正当化されている世界的状況のなかで、「今こそ人類が愛の原理に立ち返るべき成長の時期であり、そのためにはあらゆる宗教的・科学的迷信を捨てるべきだ」と結んでいる。

ガンディーはこの手紙を公表するときにグジャラート語と英語の二種類の序文を付けていた。それぞれの内容に違いはあるが、いずれもトルストイを偉大な師の一人と称えながらも、その説を全面的には受け入れるわけではないと断っている。トルストイが、捨てるべき迷信の中に「輪廻思想」を含めた点については、インド人の感情への配慮があったものと考えられる。それでも「トルストイの愛の教えは、あらゆる宗教に通じる本質的な真理を捉えており、古い真理の新しい展開になっていることを強調している」という。ガンディーはとくにこの手紙に反応して、トルストイが亡くなる一九一〇年までの短い間ではあったが、数通の手紙のやりとりをしている。

ガンディーとトルストイとの交流については、その前史として日露戦争（一九〇四―〇五）における日本の勝利という歴史的大事件があった。ガンディーはすでにロンドン時代から菜食主義を通じてトルストイを知っていたはずで、さらに一八九四年にメイトランドから『神の王国……』を紹介され、内容に圧倒されたと語っている（本章第二節参照）。一九〇五年の日露戦争後にはすぐに反応して、『インド人の主張』にロシアや日本について何度か寄稿している。そこには、ロシアとインドの比較によってインドがこれから先進むべき道を探すという意図が見えている。その一方で、戦争に勝利した日本についての賛辞も並んでいる。ガンディーは日本が体現したアジア的な知恵や精神に喝采を送り、また無私の愛国心をも賛美していた。また、「トルストイ伯爵」という記事（一九〇五年九月二日）ではトルストイの反官精神や非暴力主義を称賛している。ガンディーは日本の勝利を賛美していたが、その後東アジアへの侵略が始まると一転して厳しい批判に転じた（第四章第四節参照）。その後も、ロシアとインドとの比較の記事はつづいたが、一九〇八年一〇月には投獄され、獄中で『神の王国……』を再読し、さらに出獄後ロンドンで「インド人への手紙」を読むという展開になる。

ロシア文学研究者の望月哲男によると、『神の王国……』などのトルストイの非暴力思想の特徴は次のように要約することができる。(1)宗教性・倫理性。非暴力の理念は宗教的・倫理的「真理」のイメージを基礎としてふさわしい生き方(自己犠牲など)を求める。(2)普遍性。諸宗教は一つの「真理」へと至る様々な道であり、相互に本質的な差異はない。(3)反近代主義。(4)権力・暴力・差別批判。(5)自律と自助。禁欲主義、菜食主義、勤労、勤勉、自助が非暴力の基礎となる。人は自己の行動に責任を持つ。(6)価値の全面転倒。非暴力は人間生活の全面的変革の指針であり、目標は国家の解放や独立より人間自身の変化にある。(7)積極性。非暴力は弱者の消極的な論理ではなく積極的、根底的かつ強固な思想である。(8)共栄性。非暴力運動は、対立する力の滅ぼし合いではなく共栄をもたらす(望月 2014: 234)。

ガンディーは、一八九四年に『神の王国……』を読んだ。同じころ紹介されたクェーカーの本は、国家の役割を否定していなかったが、トルストイの著書は非暴力的抵抗が国家をもゆるがす政治的変化を生み出すことを示唆していた。ガンディーは一九一〇年に、トルストイは、その良心に従う覚悟を持ち、神の王国を求める人の「承認を得ないで統制できる政府はない」、つまり「このような人はいかなる政府にも勝っている」と言っているという(CWMG 11: 41; Tidrick 2006: 50)。さらに一九二八年のトルストイ生誕一〇〇年記念講演では、「わたしはイギリスにいたときは暴力の唱道者でした。……この本を読んでからは、非暴力の信奉者になりました。……そして、彼の生涯に二つの重要な点を付け加えたい。かれは主張したことは実行しました。かれの清貧は並外れたものでした。……トルストイはこの時代の真理の体現者なのです」（CWMG 43: 5-6）と、非暴力への「改宗」のきっかけがこの書だったと語っている。

ガンディーは、一九〇九年一〇月一日のトルストイへの手紙では、「わたしも友人たちも、いまも悪に対する非抵抗の信条を固く信じています。わたしはあなたの書かれたものを勉強する恩恵も得ましたが、それは私の心に深い印象を残しました」（CWMG 10: 130）と述べていた。ガンディーは、その後の南アフリカでのサティヤーグラハ活動を通じて、トルストイの「非暴力的抵抗」よりも積極的な力を発揮したと自認する。それは、「自己犠牲」によって、女性や子どものような弱者にも、真理の限りない力を引き出すことができたからなのだという。受動的抵抗は弱者の武器であるが、サティヤーグラハは弱者の最強の武器になったというのである。ここでガンディーはふたたびイエスの自己犠牲をヒンドゥー的な苦行（タパシャ）として理解しようとした。

ガンディーは、キリスト教に関しては、ほとんど『神の王国……』と『完全な道』のみを信頼していた。『神の王国……』は政治的憤慨から書かれた宗教についての書であり、政治を批判はするが強力な政治的手段は推奨する。ともに教会の権威を否定するが、政治的手段を宗教に求める点で両書は近い。トルストイはそこで、もし個々人が良心に従って行動し、暴力をともなわずに服従を拒絶すれば、圧政は無力化する、と非暴力的抵抗について論じている。また、両者はともに教会の権威を否認し、人が精神的・霊的進歩を遂げたいのならば自分の動物的本性を克服するよう求めている。そして、圧政に屈しないことは必然的に苦難を伴うものであるので、善性は受苦に求められる。さらに、トルストイの「すべての人びとの解放は個々人の解放によってのみ実現する」という主張は、『完全な道』での、人の救済は個々人に帰するという議論と類似した立場である。そして、国家権力とキリスト教の福音とは両立しないものだとして、結局はキリスト教、それも「山上の垂訓」のキリスト教をとるが、これもまた『完全な道』に通じている。

このように、トルストイの非暴力的抵抗の理念は、秘教的キリスト教やガンディーなどと共通する点が多い。トルストイはすでに一八九一年に菜食主義者協会の『菜食主義』誌に非暴力について寄稿している。また、トルストイの妹はロシア神智協会の中心人物であり、トルストイも、協会に入りはしなかったが関心を持っていた。さらに、思索の出発点に西欧文明への懐疑があったトルストイは、一八七〇年代以降キリスト教への批判的研究とともに東洋の伝統宗教や哲学に関心を寄せていた。その関心は、中国、インド、イラン、トルコ、そして日本にも及んでいた。「インド人への手紙」でも、ヴェーダ、ラーマクリシュナ、ヴィヴェーカーナンダなどに触れている。

望月哲男はさらに、二人の交流から浮かび上がる人びとの生身の声や身体について指摘する。

トルストイの『ロシア語読本』（一八七四―七五）の「インド人とイギリス人」という話では、戦争捕虜として殺されそうになったイギリス兵を助けた老インド人が次のように語る。「お前の仲間は私の息子を殺した。だが私はお前の命を救った。早く仲間のところへ帰って、我々を殺すがいい」。またガンディーも愛読した『イワンの馬鹿』（一八八五）での農民の身体的苦痛とそれに向き合う「東洋的」な「賢い愚者」としての応対にも、理想化された無辜の民への共感が読み取れる。さらに、長崎暢子が指摘した、断食、菜食、不殺生、非暴力、禁欲など、ガンディーの身体を張った抵抗の方法は、トルストイの思想における反権力、非暴力、無私無欲、勤労、愛、平和などの理想化された東洋的な知と身体とに深く感応している（長崎 1996）。こうした理念型の交換に、二人の思想的交流の本質が見て取れる。しかし、ガンディーが非暴力思想をアヒンサーとしてヒンドゥー化するのは、インドに帰還してのちのことになる。

ガンディーはトルストイの小説にはほとんど関心を示さなかったが、トルストイは小説の中で示した人間の本性の現実を否定することはなかった。そして、罪を背負う人間がいかに神から遠いかを自覚し、神は全く別の存在であることを認識していた。一方ガンディーは、罪の意識を持ちながら、その平凡な人生のなかでそれについてつねに考え続け、ついには人間としての完成と神との合一を目指していた。ここでの、神と人との距離感のズレに、両者の根本的な違いが表れている。

ヒンド・スワラージ

ガンディーは、一九〇九年のロンドンからの帰りの船の中で『ヒンド・スワラージ』（インドの自治、ヒンドゥーの力）を急ぎ執筆した。それも出航した一一月一三日から到着した二二日までのわずか一〇日間で一気に書き上げられた。帰国後すぐにまずグジャラート語で『インド人の主張』紙に発表され、翌一〇年一月に単行本になった。この本は三月にいったん発禁となったが、すぐに『インドの自治』(Indian Home Rule）として英語版が出版された。この書はガンディーによるインドの再発見であり、インドの伝統に回帰する宣言でもあった。ガンディー自身序文で記しているように、この本は「『近代文明』にたいするきびしい弾劾の書」である。またロマン・ロランはガンディー思想の核心、つまり進歩とヨーロッパ文明との否定、が反映されていると評価し、ガンディーの道徳・政治思想の集結点だとも言っている。さらに「政治思想の本当の集大成」、「ガンディー哲学を体系的に解説する明快な道しるべ」などとも評価される。

この本は、山上の垂訓ならぬ「海上の垂訓」にたとえられ、一九二〇年代にはグジャラート語版、英語版とも版を重ねて人びとの間に流通した。ただ、毀誉褒貶もはなはだしく、ガンディーが政治上の師と仰いだゴーカレは「あまりにも粗野で、せっかちすぎる」と酷評し、対照的に人生の師としたトルストイは、「受動的抵抗は、インド人にとってだけではなく、全人類にとってきわめて重要である」と称賛した。その反応は、二人の師に代表されるようにおおむね全面否定か絶対的支持か極端に分かれていた。やや異色なのは、ガンディーに植民地のエリート知識人に共通する限界をみて批判的なP・チャタジーで、これを市民社会批判の書として読んでいる（Chatterjee, P. 1986）。

ガンディー自身が後に明らかにしているように、この書はインドに帰って独立運動に加わるべきだと説いていた盟友プランジーヴァン・メーヘターとの議論をもとに、あくまでも彼に向けて書かれたものだった。ガンディーはのちに「皆さんは、私が誰のために『ヒンド・スワラージ』を書いたのかご存じないでしょう。もうその方は亡くなっているので、その名前を明かしても差し支えないでしょう。私は『ヒンド・スワラージ』をまるごと親友のプランジーヴァン・メーヘターのために書いたのです。本の中の議論は全て彼と交わしたものです」と語っている（CWMG 77: 357）。

『ヒンド・スワラージ』は若い読者と編集者（ガンディー）との対話のかたちで進められる。実際にはロンドンで会った若きナショナリストたちとの会話の忠実な記録だとしているが、その発言は一括して「読者」に比せられている。またこれは『ギーター』のクリシュナとアルジュナとの対話を意識したものだとみるむきもある。内容は「自治」とは何かから始まり、次にイギリスとインドの現状分析、そして鉄道、法律家（弁護士）、医者などに集約される近代文明の弊害への批判と続き、最後に「真の文明とは何か、どうすればインドは自由になれるのかを問い、それには暴力や機械を否定して、受動的抵抗と非暴力の実践による他には道はないと結論」している（森本 1988: 148-49）。

ここで若い読者に擬せられているのは、ロンドンで出会った旧知のS・クリシュナヴァルマー（一八五七—一九三〇）などの急進的な若きナショナリストたちのことである。ガンディーはそのテロリスト的性向をたしなめ、あくまでも非暴力主義やサティヤーグラハを説いた。クリシュナヴァルマーは、ガンディーと同郷の若き言語学者で、ロンドンの若いインド人のための学生寮「インド・ハウス」（一九〇五—一〇）の創設者の一人でもある。両者の対話では、若者たちのインド国民会議の穏健派への批判と、穏健派を擁護するガンディーとの路線の違いが際立っている。ただ、ガンディーは、イギリスに迎合するインド人エリートにも批判的であった。

注目すべきは、この若者グループの中に、のちに『ヒンドゥートゥワ』（一九二三）を著して、現代にいたるまでのヒンドゥー・ナショナリズムを理論づけたV・D・サーヴァルカル（一八八三—一九六六）が加わっていたことである。ティラクの推薦で一九〇六年からロンドン留学を果たしていたサーヴァルカルは、グループのブレーンの役を担っていた。ほかにもインド総督のカーゾン卿を暗殺したことで知られるM・L・ディーングラもその中にいた。ガンディーとサーヴァルカルは思想的には対極にあったが、皮肉なことにガンディーは、サーヴァルカルの系譜を引くヒンドゥー・ナショナリスト、ゴードセーによって暗殺される運命にあった。

この書でのガンディーの真の目的は、インドの政治的独立ではなく、西欧近代文明への批判、弾劾であった。ガンディーは、イギリスの産業化に代表される近代西洋文明を諸悪の根源と位置づけ、インドの伝統文明を対峙させてこれを克服しようとした。西洋近代文明はひとときの病いに過ぎず、これに対して、非暴力、現世放棄、内面の力といったインドの伝統を高く評価した。インドがイギリスに従属しているのは、イギリス人の強欲やペテンによるのではなく、インド人の道徳（モラル）の衰えが原因だと考えた。それも、インド人の後進性ゆえではなく、めくるめく近代文明の誘惑に負けたからだという。だから道徳に根ざした文明の再建が急務だというわけである。ガンディーにとって真の文明とは、一言で言えば、愛と非暴力、つまり精神による身体性の統御である。その意味でも、この書にはトルストイやラスキンの影響が明瞭に表れている。

ガンディーは、目先の政治的独立よりも、理想主義的な精神文明の再建の方に向かって進んでいこうとした。宗教はこうした精神による身体統御の方法だというのである。しかもそれは、個別の宗教、宗派を超えた普遍的な「真理」を神とする理想主義的な宗教である。こうした徹底した理想主義に対して、周囲からそれが現実離れしたものであるとの批判も絶えなかった。それでも、西洋の腐敗と暴力をインドの愛と非暴力で凌駕するというガンディーの思想はのちに広く受け入れられることになる。またそれゆえに当面ガンディーのインドへの帰還を避けられないものとしたのも確かである。

ガンディー自身英語版の序文で、この書で表明した思想は決して自分の創意になるオリジナルな世界観・人生観ではないと言明している。そして、「なるほどそれは、わたしが学びとったものではあるが、わたしはただ謙虚にインドの先賢たちをはじめ、トルストイ、ラスキン、ソロー、エマーソン、その他の思想家たちに従おうとつとめただけである」と告白している。実際、巻末にあげられた二〇冊の参考文献で目立つのは、トルストイの本が六冊あげられていることで、このころのガンディーがいかに影響されていたかがよくわかる。それも小説ではなく、『神の王国は……』のような宗教についての書、芸術についての『芸術とは何か』、産業文明への批判である『われらはいかに逃れるべきか』、『われらの時代の奴隷制度』、『初等教科書』、それに先に触れた「インド人への手紙」である。

さらに、オリジナル版の序文では、「これらの考えはわたしのものであり、わたしのものではない。それはわたしがそれに従って行動しようとして思っているからである。それはほとんどわたしの存在そのものである。しかし、わたしはオリジナリティを主張できないから、わたしのものではないのである」という。森本達雄はこのことをもって、「真理は山のごとく古より厳然として存在するものであり、けっして一人の人間の賢しい創意工夫によって生み出されるものではないとの証であろう」と評価している（森本 1988: 152）。

村の実験科学者

ガンディーは『ヒンド・スワラージ』における激しい近代主義、機械文明批判によって、科学（science）そのものにも否定的であったと一般に考えられている。しかしその対象はあくまでも西欧近代のテクノロジーにあって、科学そのものの否定ではなかった。実際ガンディーが科学好きであったことはつとに指摘されるし、「研究（調査）」や「実験」に関連することばを多用していることからも決して「反（アンチ）・科学」とはいえないことがうかがわれる。ガンディーが批判の対象にしたのは、倫理、道徳なきテクノロジー優先の近代科学主義であり、これはヴィクトリア期の科学観を反映したものだという。そして、科学に真理規範と自己規制を求める点でも共通している。その証明のために必要なのが、実験であった。

　ガンディーが反科学的だといわれるのは、イギリス人作家のオルダス・ハクスリーが、トルストイ主義とガンディー主義は自然に帰らなければならないこと、言いかえると科学を放棄して原始人のように、あるいは中世のわれわれの祖先のように暮らしなさいと言っているのだ、と批判したこと、さらにそれをネルーが後追いして、自分は科学的であり、ガンディーは宗教的だとして、ステロタイプなイメージを与え、それが西欧世界だけでなくインド国内でも定着した結果にすぎない。

　一九二五年三月一三日に南インド、トリヴァンドラム（ティルワナンタープラム）で学生に対して行った講演で、ガンディーはこのことを明確に否定している。「わたしが科学への反対者、敵対者であるという風説が、インドでも、インドの外でも共有されています。しかしこうした人格攻撃は真実からほど遠いといわねばなりません。わたしはたしかに科学を称賛する人間ではありません……。われわれは、もしそれを正しい場所においておくならば、科学なしでは生活できないと思っています。しかしわたしは……科学の誤用を世界中で見ていて……そのため人びとはわたしが本当に科学への反対者だと思われるようになるのでしょう」(CWMG 30: 409-10; Guha 2013)。

ガンディーが批判する科学は、たとえば、病いを表面的な身体的原因だけで説明し、正しい治療を行っていないような医学をさしている。そして、道徳性への配慮と離婚した(離れた)科学的精神では、社会生活のあり方そのものにある病いの本当の原因を深く見定めることができないと批判する。さらに、「インドを鉄道、弁護士たちや医者たちが貧窮にしてしまったのです」と批判するとともに、機械文明については、「機械の長所については何一つとして思い出せません。短所については本が書けるほどです」として、かなり徹底した批判を行っている(ガンディー 2001: 136)。

ガンディーは科学そのものを批判しようとしたのではなかった。機械文明への批判は、東西を問わず近代主義者に対したときはかなり辛辣に行っていたが、協力者への手紙や講演などでは、それとは違ったトーンで話していたという。つまりガンディーは、近代テクノロジーは否定しないが、それを所有する側としない側の格差を生むようなテクノロジー至上主義を厳しく批判していたのである。要するに批判の対象は西欧近代システムの中での科学の存在形態であり、ガンディーはそれに代わるべき独自の科学を構想していた。それは特権的な科学者の専売ではなく、むしろ一般の人びとによる民衆科学といってよい。

そこから、一九三〇年代の手仕事を基調にした糸巻き科学、カーディー（手織り布）科学、あるいは村の科学、サティヤーグラヒー科学などが可能になる（第三章第三節参照）。いずれにしても、これらの科学は高い道徳心によって裏付けられていなければならない。ガンディーにとって、新しい科学は、物質界に限定されず、精神界がそれを包み込むあらゆる現象についての科学である。ただそれは決して解答を得られない問いであり、そのため不断の試行錯誤が必要になる。ガンディーにとって科学は畢竟真理・神に近づくための方法である。だから科学の名の下での暴力性をはらんだ人体解剖などとんでもないことなのである。

自然科学者が観察と実験によって法則を発見するように、霊的探求者は同じようにして、神の法則を発見しようとする。ガンディーにとってモノと霊（精神）は本質的に一つであり、宇宙の秩序も神の法則のもとにある。ガンディーにとっての精神・霊（spirit）は極限まで純化されたモノであり、身体に起こったことはモノ全体と霊全体とに影響する。だから、すべての行いは物質的にも精神的にも相互に連関しており、因果関係はあらゆる方向に向かう。こうした因果の連鎖は、長い距離、長い時間を超えて伝わっているというのである。したがって、台風の襲来は神の怒りによるものだといったり、のちにタゴールとの間で物議を醸すビハールの地震が神の罰だという主張なども同様である。このような別種の科学を打ち立てようとして、生涯実験を繰り返したガンディーを、偉大な「実験科学者」だともいうことができる。

ガンディーが自伝の副題に「真理の実験」と銘打ったのは、その意味で、精神科学的な法則を証明するための実験だということである。それは実験的な試みなのではなく、法則を証明するための方法である。そして問われているのはつねに、いかにして神に近づくことができるのか、であった。自然科学の実験と同様に、精神的・霊的な領域での実験にも、厳しい訓練は必要である。さらに、このもう一つの科学に関しては、インドが特権的な地位にあることを次のように述べている。「わたしたちは西欧科学の物質的な進歩に目くらましをされてきました。わたしはそのような進歩には魅力を感じませんでした。じっさい、神さまはその智慧でインドをそうした進歩から外してくれたようで、インドは唯物主義の攻撃に抵抗する使命を全うできるのです」(CWMG 40: 488; *Young India*, 24-11-1927)。

ガンディーにとってインドは新しい科学の戦場としては理想的な場所であった。それは、一九三〇年代になってから具体化されたカーディー科学や新たな教育制度改革の実験場にすることができたからである。ガンディーは、基礎教育として子どもたちのための手工芸の時間を設けるよう提言し、一九三七年の国民会議派政権の改革によって実現した。子どもにいわば職業教育を施すことへの批判は当然あったが、あくまでも職人をつくることが目的なのではなく、手仕事によって体を使い、それまで隠れていた子どもたちの能力を引き出すことこそが目的であるとして説得にあたった。

ガンディーの「真理」はだれもが最終的に到達したいと願うが決して手が届かない絶対的なものである。このような「絶対真理」に対して、ガンディーはあくまでも真理を求める人びとが、おりおりに到達する「相対真理」という境地を認めるようになる。それは、具体的な政治運動を展開する中で、理想論を変わらずに主張し続けるのではなく、現実の動きに対応した変化を認めようとしたものと理解される。近代文明を批判し、伝統的村落の質素な自給自足生活に戻ろうという考えは、最終的にはインド文明の不変性への回帰を目指しており、それゆえに真理の証明にもなる。こうした現実的な政治運動としての性格を持つことで、ガンディーのイデオロギーは夢想的なユートピアを超えたものになった。

ガンディーは第二の故郷ラージコート藩王国の民主化についての協議で、大臣のD・ヴィラワラーらの陰謀に翻弄され、交渉がうまくいかなかったことをうけて次のように述べている。「アヒンサー（非暴力）は科学です。科学の用語には『失敗』という言葉はありません。何かを求めた失敗は、さらなる発見の予兆なのです。皆さんは、このような精神で、当座の使命に取り組み追求されるべきなのです」、と締めくくっている（CWMG 75: 293）。ここで、真のアヒンサーに至る道は試行錯誤の繰り返しで、それこそが科学的実験なのだということがわかるであろう。その過程で重要なのは、志の高さであり、それを裏付ける道徳的高潔さであって、合理主義的な説明ではない。

したがって、道徳に裏付けられた政治科学は、容易に暴力科学に転ずる従来の科学とは異なって、非暴力の科学、愛の科学である。それは、ちまたに溢れる武器の科学としての軍事科学、暴力科学に対して、魂の道徳的力（サティヤーグラハ）の科学である。興味深いのは、ガンディーが、このサティヤーグラハは軍事科学に対して、軍備や兵士の人数、訓練などが小規模ですむという経済効率に言及していることである。また、兵士自身は軍事科学に無知であるが、サティヤーグラハの実践者は意図的であるという違いも指摘している。

ガンディー自身、自分は聖者でもなく、政治家でもないと言いながら、自分たちの生活に政治が蛇のようにまとわりついていると述懐している。そこでの「非暴力科学」は、国民政治、外国の支配を受けない国家の実現、政治組織の案出と、闘争への戦略的、戦術的な方針などの問題への解答を与える「科学」であった。P・チャタジーは、ガンディー流の「科学」によって初めて、国家を形成する〈全人民〉を含む政治イデオロギーの基盤がインド政治にもたらされたと指摘する。それは内部的な対立や差別を超えた〈全体の〉統合を目指すものであった（Chatterjee, P. 1986: 110–11）。

トルストイ農場

ガンディーは、すでに一九〇六年から政治活動に専念するようになり、弁護士業は開店休業状態になった。それは収入の道が途絶えたことを意味していた。サティヤーグラハのグループは意図的に投獄を求めて激しい活動をつづけたが、経済的に支援するガンディーは資金難に陥った。『インド人の主張』紙の資金も不足するようになり、サティヤーグラハ・グループはトランスヴァール政府との消耗戦に耐えられなくなってきた。一九一〇年にタータ財閥から一時的に寄付金がよせられたが、十分とはいえなかった。そうした中で、この年五月三〇日に盟友カレンバッハの援助で二つめのアーシュラム、トルストイ農園を開くことができて、再び勇気をふるうのであった。その後ガンディーが南アフリカを去るまでの数年間は、植民地政府の一歳年下のスマッツ将軍との闘争が続いた。

トルストイ農場は、ヨハネスバーグ市の中心から三五キロほど南西に位置していた。カレンバッハは一九一〇年五月に一一〇〇エーカー（四・五平方キロ）の土地を買って農場に提供した。ガンディーはカレンバッハと協力して、アヒンサーを徹底して実践しようと、敷地にウヨウヨしていた蛇にまでその恩恵を与えた。また菜食を徹底させ、病いに対しては徹底した自然療法で臨んだ。住人には厳しい禁欲生活を求め、男女を別の棟に住まわせた。農場の子どもたちのために学校を設立し、知性の向上よりも心の啓発に重点をおき、手仕事を必修科目にした。そして、ここでの子どもたちとの交流は、ガンディーを新しい境地に導いた。「子供たちがわたしの教師となり、わたしはひたすら彼らのために、善良で、真直ぐであらねばならぬことを学んだのである」（ナンダ 2011: 146）。ガンディーが到達した境地は、まさに教育の本質を突いたものであった。ただ、アフリカ人の労働者は多くなく、また離れて生活していた。

一九一〇年五月六日に即位したジョージ五世の戴冠式が一一年六月二二日に行われた。このときアジア人登録法に対するサティヤーグラハ運動はすでに四年目にはいっていた。植民地政府はインドの世論を宥めるため、登録法の緩和を模索し、五月二七日には暫定協定が結ばれて、インド人と中国人がもとの職業に戻ることが認められた。六月一日には、サティャーグラハ運動で投獄されていた活動家も釈放された。そして、一二年初めには、アジア人の入国に対する制限がゆるめられた。スマッツとガンディーとの間に結ばれた暫定協定の効力は一九一二年末まで続き、ガンディーには再び大英帝国への忠誠心が戻ってきた。ガンディーはトルストイ農場では周囲から孤立して、やや不遇をかこっていたが、皮肉にも敵対するスマッツによって息を吹き返したのである。

一九一二年一〇月二二日に、国民会議派の穏健派の代表格だったG・K・ゴーカレがケープ・タウンに着き、三週間にわたって南アフリカ各地を回った。ガンディーはゴーカレを師と仰いでおり、終始そばにつきそった。ゴーカレの訪問は、南アフリカのインド人を非常に勇気づけたとともに、なかば隠遁していたガンディーの息を吹き返らせる効果もあった。そして、ゴーカレはガンディーに、「あなたは一年後にはインドに帰らなければなりません。万事片がつきましたよ。暗黒法は撤廃されるでしょうし、人種差別も移民法から取り除かれます。……」といって、帰還を促した。ただ、それまで大英帝国で何度も裏切られてきたガンディーには、ゴーカレの楽観論はにわかには信じられず、実際現実はそのように動いていった。

一九一三年八月一日に施行された入国法は、ガンディーらの期待を大きく裏切ったものであった。スマッツは、インド人とアフリカ人を分断するために、インド人はイギリス人と同様のアーリヤ系であるとむしろ持ち上げた。さらに、一三年三月には、キリスト教の儀式によって挙行されなかった結婚が法的に無効になるという最高裁での判決が出た。こうしてガンディーの闘争は女性までも巻き込むことになった。というよりも、ガンディーはその本性から、女性はむしろ非暴力には向いていると考えていたので、ある意味必然の展開であった。一九一三年九月に女性の一隊をナタールとトランスヴァールとの間を越境させるデモ行進を組織し、参加者は逮捕投獄された。妻のカストゥルバーイも行進に加わり投獄された。一一月六日、炭鉱労働者にも越境のデモ行進を促し、ガンディーはその先頭にたった。デモへの参加者の逮捕投獄に抗議するため、女性たちの一隊がストライキの呼びかけを行った。

政府は運動を沈静するためガンディーを逮捕したが、意に反して抗議の動きはさらに拡大した。ゴーカレを始めとするインド国内だけでなく、イギリス国内からもガンディーを支持する動きが見られた。そしてついにスマッツ将軍とガンディーとの話し合いが持たれ、翌一九一四年一月二一日の往復書簡によって、双方歩み寄った「スマッツ・ガンディー協定」が結ばれた。これにより、南アフリカにおけるガンディーの闘争は一応の成果を上げて区切りを迎えた。

ガンディーは一九一四年に入ると、インド帰還を真剣に考えるようになっていたが、体調が優れずなかなか実現しなかった。しかし当時ロンドンにいたゴーカレの勧めもあって、ロンドン経由で一緒にインドに戻ろうと、まずは七月一八日に南アフリカを出発し、八月六日にロンドンにたどり着いた。奇しくもイギリスが第一次世界大戦に参戦したのは二日前の八月四日のことである。フランスに行っていたゴーカレは、女流詩人のサロージニ・ナーユドゥにガンディーの身の回りの世話を頼んでいった。ここからサロージニとの交流はガンディーが亡くなるまで続いた。八月八日には会議派の歓送パーティーが行われたが、そこには当時会議派議長だったブペンドラナート・ボース、ラージパット・ラーイ、ジンナー、クーマラサーミなどの名があった。

ガンディーは戦時下のイギリス人が、たがいに自己犠牲的に振る舞っているのを、『バガヴァッド・ギーター』の犠牲（yajna）になぞらえて称賛していた。そして、病弱の体ながら、南アフリカでもやったように、インド人の救急看護志願兵を組織した。ゴーカレはすでに晩年を迎え、ロンドンでガンディーとともに過ごしたのはわずか二月ほどにすぎなかった。ガンディーも肋膜炎が悪化し、妻のカストゥルバーイも病いを得た。出発前日のインタビューに応えて、ガンディーはインドが世界に比類がなく、もっとも精神的財産があり、インドとイギリスが協調して全世界の精神的な安定と昂揚をもたらすのが夢だと語った。これがガンディーをインドに向かわせた理由だと考えてよい。さまざまな困難を抱えつつも、ついに一二月一九日、ガンディーは妻とともにロンドンを発った。スマッツ将軍はこのとき、「聖人（saint）が岸を離れた。いつまでもそうあってほしいと切に思う」と述懐したという。

ロンドン出発から年をまたいだ一九一五年一月にガンディーはボンベイに到着した。南アフリカ渡航から二一年余り、初めてインドを離れてから二七年余りのときが流れていた。

第三章　エリートと大衆

——ガンディーのインド（一九一五—四八）

ガンディーは、一九一五年一月九日にインドに帰国し、当初はアーシュラムでコミューン生活を送っていた。そのころ国民会議派のなかでベサントはティラクとともに自治運動を立ち上げ、一九一七年ついに会議派議長に就任した。ベサントはすでに一九〇七年に神智協会会長に就任しており、ここから協会を一気に政治化していた。この間ガンディーは、南アフリカで抱いた志を実現するため、インドで拠点をつくること、計画をたてること、サティヤーグラハをインドで実践すること、を目指して自己変革を図っていた。ガンディーが背負うべきインド人は南アフリカの三〇万人からインドの三億人に増え、言語も文化も格段に多様になっていた。第一次大戦終了後、ガンディーはベサントに代わって会議派の実質的指導者になり、本格的にインド独立運動に身を投じていった。

ベサントもタゴールもガンディーにマハートマという尊称を与えたが、エリート主義的な二人はともにガンディーの民衆動員戦略とは一線を画すようになった。さらにガンディーは不可触民問題ではアンベードカルと対立し、その徹底した民衆路線は、エリート・ナショナリストのボースやネルーなどとの溝も生み出していった。さらに、ジンナーとも見解を異にして印パ分離を余儀なくさせた。こうして、エリート指導者の間では孤立していたガンディーは、ヒンドゥー理念をかざして民衆からは圧倒的な支持を得ていた。しかしそれは、ヒンドゥー至上主義からは中途半端に見られ、ついには暗殺されることになる。

本章では、運動のなかで試行錯誤を繰り返し、ついに独立を果たしたものの程なく暗殺されたガンディーのインドでの軌跡を追う。とりわけ、エリート主義とは離れて、終始民衆の側に立脚しながら、ヒンドゥーの用語や語法で自らの普遍主義を語ったガンディーが、経験せざるを得なかった普遍主義の根本的な不可能性へと話は進んでいく。

1　本格的な帰還

超急進派

ガンディーは、ボンベイで新しい独立運動の指導者の到着との期待を受けて熱狂的に迎えられた。ガンディーはすでに四五歳になっていたが、一八歳での留学以来、外国での生活がほとんどを占めていたので、インドの実情には疎かった。南アフリカを出発する前の送別会の席では、「インドはわたしにとっては未知の国です」とさえ言っていたほどである。また、西欧化されたインド人からは、質素な生活を好み、性的にも食事にも禁欲的な変わり者とみられていた。帰国してからの一年ほどはインド各地を回り、ゴーカレのインド奉仕協会、タゴールのシャーンティニケータン、シュラッダーナンダ（アーリヤ・サマージ）のグルクラ・カーングリ学校などの組織を訪れたり、集会に参加したりと忙しい日々を送っていた。またこの年南アフリカでの活動に対して贈られたインド帝国女王メダル（Kaisar-i-Hind）を受賞した。

ゴーカレはガンディーに、自ら組織した「インド奉仕者会」に加わることを求めたが、むしろほかの会員から警戒され、一五年二月のゴーカレ没後にガンディー自身が加入を辞退する結果になった。周囲から受け入れられなかったガンディーは、南アフリカ時代からの仲間とともに、アフマダーバード郊外の村にバンガローを借り、一九一五年五月二五日に「サティヤーグラハ・アーシュラム」を開いて、公私ともに拠点とすることにした。アーシュラムには、タミル人一三人を中心にした二五人が入り、質素でかつ祈りに満ちた共同生活を送ることになった。ガンディー自身が取り決めた厳しい戒律に従い、真理、非暴力、純潔、粗食、無盗、無所有、スワデーシ（国産品愛用）、勇敢、不可触民制の拒絶、の九つの誓いを立て、祈りと手作業を軸とした規則正しい生活を始めた。

九月にアーシュラムに不可触民の家族が入るとの申し出があったとき、これを積極的に認めたガンディーと、妻、息子を含めた反対する周囲の人びとの間に大きな齟齬が生まれた。結局少数の脱落者はあったものの、周囲も許容して騒動は収まった。その後さらに居住者が増えて手狭になったため、一九一七年六月一七日にサーバルマティー河岸に新たな建物を作り、「サーバルマティー・アーシュラム」と称した。その後一九三〇年の塩の行進のときにはここが出発点になり、また違法な塩の取引も行っていたため、そのとがで政府に接収された。すでに活動が低下していたこともあって、一九三三年七月二二日には閉鎖された。

南アフリカを出発したときのガンディー夫妻（右）とインドに到着したときの夫妻（左）（写真提供：Getty Images）

　インドに帰還したガンディーは、周囲の期待を背負いながら、極端に急進的な方向性を示していた。ヒンドゥー教の絶対優位を信じ、また英語への反撥をあらわにして、同郷のムスリム指導者ジンナーの顔をつぶした。ガンディー自身のちにジンナーのこのときの反感が大きかったことを知って愕然とする（本章第四節参照）。さらに次節で触れるいわゆる「バナーラス事件」ではエリート批判がすぎてアニー・ベサントをひどく困惑させた。当時ベサントはかなりの急進派とみられていたが、ガンディーはそれをはるかに超えていた。図らずも、ガンディーは最も重要であるはずの会議派の同志を自らつぎつぎと遠ざけていったのである。

実は、ジンナーとの対立もベサントとの離反も、またのちのタゴールとの食い違いも、いずれも英語の使用に関わっている。ガンディーは同郷のジンナーに英語でではなく母語であるはずのグジャラート語でスピーチをするようにと非難し、ベサント主催の講演では大学の授業をヒンディー語で行わないことを批判し、タゴールとはヒンディー語と英語との併用についての意見を異にしていた（本章第二節参照）。ガンディー自身はロンドンでの生活でジェントルマンたることを目指して苦労して英語を学んだいきさつがあるが、とくに南アフリカ時代の後半からは、ヒンディー語至上主義に転じていたのである。

その後ガンディーはインド各地を回り、英語と機械の使用に敵意をあらわにしながら、インド文化、ヒンドゥー文化の再建をうたって民衆の支持を広げていった。国民会議派に代表される既存のエリート主義的組織から疎まれたガンディーは、貧者、労働者、農民の利害を優先し、大衆動員による新しいナショナリズムのかたちを作っていった。ガンディーのカリスマに熱狂した民衆の圧倒的な支持を背景に、エリート組織そのものであった国民会議派の中枢に入り、ついにはインド・ナショナリズムの中心的存在へとのし上がっていった。

インドに帰還したガンディーは、あくまでイギリスとインドとの協調を理想としながらも、ヒンドゥー教の伝統を持つインドに人類の希望を託そうとした。ガンディーは西欧化に見切りをつけ、ヒンドゥー思想を主体にしつつ西欧思想を取り込んだあらたな四海同胞理念をうちたてられると考えたのである。ヒンドゥー教という古き革袋に、神智主義や秘教的キリスト教という新しい酒を盛り、それを実践的に鍛え上げることで、ガンディーは独自の実践的思想（イデオロギー）をうちたてた。その意味で、ガンディーのもつ曖昧性、折衷性は、比類のない成果を生み出すための仕掛けであった。それは当人の意図せざる結果だったのかも知れないが、そうした帰結を生み出す「過程」こそが全てだというのが、ガンディーの真骨頂である。

非暴力とアヒンサー

インドへの帰還はガンディーの「ヒンドゥー化」の総仕上げであった。ガンディーは、南アフリカで「受動的抵抗」を「サティヤーグラハ」に置きかえて独自の積極的、能動的意味を与えた。それと同じように、インド帰還後すぐに「非暴力」を「アヒンサー」に置きかえて積極的な意味を与えている。もともとガンディーが非暴力を〈発見〉したのは、南アフリカで「真理（satya）＝神（God）」を探求する途上のことであった。最高の原理である「真理」には、観想的な「智慧の道」ではなく、実践的な「信愛の道」をたどることでのみ近づくことができる。そして、真理に近づくもっとも有効かつ不可欠の方法が非暴力である。

森本達雄によればガンディー思想の中心概念は次のように連関している。つまり、非暴力（non-violence）、アヒンサー（ahimsa）は愛（love）であり、真理の力を行動の核心にすえて積極的な非暴力、つまり愛を実践することが「サティヤーグラハ」である。真理と非暴力は「もつれを解きほぐしても区別できない」ほど「互いに密接に絡み合っている」（森本 1981: 11–13）。

それでいて、真理は目的であり、非暴力は手段である。そして、非暴力アヒンサーを通じてのみ人は真理に近づくことができる。それは物理的抵抗としては弱々しいが、思想的にはもっとも強力な方法である。ガンディーは、すでに死語となりつつあった受動的なアヒンサーを、能動的な非暴力概念と一貫するように意味の転換を図った。その非暴力は真理探求の礎にほかならない。このように、ガンディーにおいて〈真理‐愛‐非暴力‐神〉は、先にも述べたようにほとんど同義として連関しあっている。ただ、愛を語るのにはやや躊躇するところはあったようだ。その中で、非暴力の概念は宗教概念と政治思想を結びつけるガンディー思想の鍵であり核である。

サティヤーグラハとともにガンディーのもう一つの代名詞ともいえるアヒンサーは、もともと「ヒンサー」(殺生、傷害) に否定の接頭辞「ア」をつけたもので、通常「不殺生・無傷害」を意味する。アヒンサーは、それを前面に押し出している仏教やジャイナ教で使われているし、ヒンドゥー教でもおなじみの概念である。「アヒンサー」は実際ガンディーがロンドン時代に親しんだアーノルドの『アジアの光』では仏教的な不殺生の意味で使われており、ガンディー自身の『ヒンド・スワラージ』にも動物の不殺生としてあらわれている。ただ、当時アヒンサーはインドでも実際にはあまり使われておらず、どちらかといえば死語に近かった。ガンディーはそれを新たな意味で復活させようとしたのである。ガンディーはまず、ヒンサーを広く解釈した。つまり、怒りや憎悪、悪意や自尊心などをもって、直接・間接に人間と動物を苦しめることも「ヒンサー」であり、個人や集団が自己の欲望から、弱者を搾取し、屈辱を与え、飢餓に追い込むことも、「ヒンサー」である。アヒンサーはこれらの否定語で、人間や動物を殺さない、傷つけないにとどまらず、魂の力をもって悪に立ち向かい、不正に対するもっとも積極的で、実勢的な戦いを展開することでなければならない。

ガンディーにとって、非暴力は不殺生と同義ではないし、臆病な無抵抗でもない。非暴力は、愛、積極性、不公正への抵抗、暴力に立ち向かう勇気、無所有、真実、ブラフマーチャーリヤなどの意味があり、またラスキンやトルストイあるいは聖書から受けついだ、パンのための身体を動かしての労働、という意味も含んでいる。こうして、ガンディーは、もともとは、行為、言葉、思想などによって傷をおわせない、怪我をさけるという消極的な意味であったアヒンサーを、積極的な、苦悩をともなう「愛」を意味するようにして、世界を道徳的、宗教的に導くヒンドゥー教理念の核心として選び取った。そして、もともと供犠獣を屠ることを避ける古い儀礼的禁制（アヒンサー）であったものを、非‐暴力的政治行動の積極的な倫理へと変容させたのである。

ガンディーがこのように解釈するようになったのはインド帰還後のことであった。一九一六年二月一四日のマドラスでの宣教会議においてスワデーシ（国産品愛用）について講演し、みずからのヒンドゥー化は精神的な意味でのスワデーシであると述べている。そして、ヒンドゥー教はスワデーシ精神の支えがあるので保守的な宗教になり強い力を持ったという。ここで保守的というのは古い伝統をよく守っているという意味で、これはヒンドゥー教に限らず、ほかの宗教にも当てはまる。しかし当時その面ではヒンドゥー教が先行していた。一方のキリスト教は『ギーター』と同様の思想を持つ「山上の垂訓」の教えからかけ離れているので、それを取り戻すべきであるとする。さらに、宗教と分離（離婚）した政治は意味がなく、再び統合されるべきだともいう。そして、翌々日の二月一六日のYMCAでの講演で、真理への誓約のあとに「アヒンサー」の教えについて語っている。アヒンサーはもともと不殺生の意味であるが、より高い境地の非暴力として理解すべきだという。そこでは身体的暴力だけでなく、暴力を想起することまでもが暴力だということになる。さらに、アヒンサーは普遍的な愛であり、それを実践することは宗教生活の到達点だというのである。

一九二一年八月一四日、ガンディーはさらにアヒンサーは「精神的ブラフマーチャーリヤ（浄化）である」と宣言した。それは、暴力的な考えや行為を棄てることで「不可視のエネルギー」を生むからであり、強さやエネルギーと結びつけられて初めて真に非暴力だといえる。これは諸刃の剣で、のちにガンディーが繰り返した「アヒンサーの失敗」にもつながる。それはアヒンサーがつねに意図した効果が見られなければ成功とはいえないからである。さらに、身体への執着は暴力の温床であるから、断食により心を浄化して体を滅却することでそれを克服できると考えた。ガンディーの断食は、身体を危険にさらすことで政治的効果を狙ったものと解されるが、それは身体を浄化して暴力性を排除することも目的であった。

ガンディーは子どものころからジャイナ教の教義に親しんでおり、アヒンサーについては勉強してきたので西欧の思想などには負うていないと強調する。このアヒンサーには二つのかたちがあって、消極的にはいかなる生き物にも心であれ体であれ害を与えないこと、であるのに対して、積極的には、最大限の愛、慈悲心である。そして、アヒンサーに従うならば、自分の敵を愛すべきである。この前向きなアヒンサーは真理と勇敢さを含むはずである。それには戦士の徳である勇気が必要であって、それが証拠に、非暴力を唱えたマハーヴィーラも仏陀もトルストイも、いずれも戦士の出だったと言っている（CWMG 15: 251-54）。さらに、非暴力は弱者ではなく強者の武器であり、復讐ではなく赦しであり、赦しは強者の勲章である（CWMG 51: 385）。一方ドリエージュは、非暴力アヒンサーは、もともとのヒンドゥー的理念に、トルストイ思想を融合することで、どちらとも違う意味を持ったとする。とくに、ガンディーが、アヒンサーを「愛」と訳すことがあったところにトルストイの影響を見てとっている。ドリエージュは「愛のない人生は苦しみであるから、人間は一体であるという意識は隣人愛にあらわれる。……汝に害をなした者、汝をとがめる者を愛せよ、そうすれば神を隠していた帳が消え、汝の愛の神的意味を知るであろう」と言うトルストイに強く影響されたのだという（ドリエージュ 2002: 120）。

非暴力の思想は、洋の東西を問わず、現代に至るまでガンディーのもっとも影響力のある概念である。非暴力思想の使徒というのはガンディーへの讃辞であるが、ガンディー自身に揺らぎがあって、時に誤解されたり、批判されたりする原因にもなっている。とくに、当時からナチス・ドイツ下のユダヤ人に対して非暴力的抵抗を呼びかけ、逆にヒトラーが菜食で自己犠牲的な生活を送っているところに一縷の希望を見いだしたりしたところが、あまりに実情に疎いとの批判を浴びていた。問題は追いつめられたときに暴力に訴えることが許されるか否かで、たとえば、臆病な非暴力よりは勇気ある暴力での抵抗の方がまだましだとも考えていた。とくに、道徳的、倫理的な抵抗であるアヒンサーは、相手が同じような考え方を持っている場合には有効だが、そうでない場合には無力だとの批判はつきまとっていた。

農民運動

一九一六年一二月、ガンディーはラクナウの国民会議の席で、貧困州として悪名高いビハール州のチャンパーランの現状を視察するよう懇願され、運動の指導者であるラージクマール・シュクラとともに現地を訪れた。シュクラは『自伝』に描かれたような無知な農民ではなく、筋金入りの農民運動指導者で、一九一四年にはそのかどで投獄もされていた。ガンディーらが不安定な国際情勢のもとで、いわゆるティーンカティア(小作)制度に不当に縛られていたインディゴ(インド藍)生産者の窮状と、外国人所有者に対する闘争の実情を調査しようとすると、州政府から退去命令が出た。これに従わなかったガンディーは逮捕、自宅軟禁をへて、裁判所から出頭を求められた。ティーンカティア制度でイギリス人所有の土地で働く小作人は、土地の二〇分の三を藍の栽培にあて、収穫は地代とともにすべて取り上げられていたのである。

ガンディーが出廷すると、それまで圧政に屈していた農民たちが大挙して押しかけ、裁判所の周りを取り囲んだ。ガンディーは一切妥協せず、自分は退去命令に従わなかったのだから有罪であると自ら申し立てた。州政府は騒ぎが大きくなるのを恐れて訴訟を取り下げ、ガンディーをメンバーに加えた調査委員会を立ち上げた。結局ガンディーは決着までの一年間をこの地で過ごすことになった。一九一七年のチャンパーラン農地法により、農民を苦しめていたティーンカティア制度そのものを廃止せざるを得なくなった。こうしてチャンパーランの農民はガンディーの支援を受けて全面的に勝利したのである。

チャンパーランの農民運動には、ガンディー以前にもナショナリストが関わっていたが、成功には至らなかった。ガンディーは運動の前面に立ったわけではないし、逆にその意に反して焼き討ちや暴力沙汰なども起こっていた。しかし、歴史的に農民が初めて運動の主体となったことで、ガンディーの優れた大衆動員戦略が認められた。使用人を連れてやってきていたガンディー以前のナショナリストとの彼我の違いは明らかで、若きジャワハルラール・ネルーも、それまで全く知らなかったインドの田舎の実情を知ることになった。ネルーは自伝の中で、「新しいインド像が私の前に現れた。裸で、飢え、抑圧され、惨めなインドだ」とその心情を述べている（ドリエージュ 2002: 58-59）。

さらに一九一八年二月、ガンディーがまだチャンパーランにいたとき、西部のアフマダーバードの織物工場で給与と労働条件への不満からストライキが発生した。雇用側にはガンディーの支持者もいたが、ガンディーはストライキの決行を促した。しかし人々の熱は冷め、「ガンディーはわれわれに教訓を垂れるけど、空腹なのはわれわれだ」と不満を表した。ガンディーはこれを受けて、みずから合意が成立するまでハンガー・ストライキに入った。ガンディーは結局合意に導き、二年後には労働組合を発足させた。ガンディーはさらに、現グジャラートのケダー県での農民紛争にも巻き込まれた。ガンディーは農民たちに不当な地税の支払いを拒否するようサティヤーグラハ運動を仕掛けた。ただ、政府の圧力に疲弊した農民を見てガンディーは運動を終わらせた。結果は思うようにいかなかったが、これは、ガンディーがインドで組織した最初の「農民サティヤーグラハ運動」であった。

一方、第一次大戦は末期に入り、消耗したイギリスは五〇万人のインド兵を採用しようとした。ガンディーは大英帝国に忠誠を示し、求めに応じてみずから兵士の募集にあたった。ガンディーもティラクも、その見返りに責任ある自治政府の樹立を求めていた。「もしわたしたちがイギリス人の援助と協力によって、わたしたちの立場を改善したいと思うなら、イギリス人の危機の秋《とき》に彼らを援助し、彼らに味方するのがわたしたちの本分《つとめ》である」とした。ガンディーは、「臆病者と見なされたくなかったら武器をできるだけ上手に扱わなければならない」と説き、非難に対しては、「暴力を放棄するのには、まず暴力を経験してみなければならない」と珍妙な理屈をこねた。さらに募兵がうまくいかないと、ジンナーやベサントにも協力を呼びかけた（ドリエージュ 2002: 62-63）。

ガンディーは農民運動を指導したグジャラートで、今度は募兵活動を行った。このころ体調を崩していたガンディーは、心身ともに疲労の極に陥り、ついに赤痢に罹った。その上、「ばかばかしいまでの無知」によって医者の治療に応じなかったためにさらに悪化し、生命の危険にさらされることになった。ガンディーは死を覚悟したが、そこに現れた水療法医師によって生きる意欲を取り戻し、体調も徐々に回復した。そして、ガンディーにとってもインドにとっても重大な歴史的出来事がつぎつぎと起こった一九一九年を迎えることになる。

2　マハートマでむすばれる

インドに帰還したガンディーは、「偉大なる魂」を意味する「マハートマ」と呼ばれるようになった。ただ、誰が最初にガンディーをマハートマと呼んだのかについては論争があって、いまだに決着がついていない。一般には、ガンディーがタゴールをグルデーヴ（偉大な師）と呼んだお返しに、タゴールが一九一五年から使いはじめたとされている。ただ、これには異説もあり、どちらが正しいのか裁判沙汰にもなっている。さらに、アニー・ベサントが最初にそう呼んだという説や、それより遡るという説まで、混沌とした有様である。ただ、このマハートマには地域や時代などによる意味の微妙な違いもあり、それがどのように使われたのかも問題である。

偉大なる魂と大師

ガンディーを最初にマハートマと呼んだのはタゴールだというのが定説であるが、具体的にいつどこでどのような状況で呼んだのかは案外はっきりしない。一般にはガンディーが帰国した一九一五年のいずれかの時期だということになっているが、残っている手紙では、一九一八年まではミスター・ガンディーあてで、一九一九年四月一二日の手紙でマハートマ（ジー）あてになっている。明確な資料といえるのはこれが最初のものである。一方、ガンディーの秘書M・デサーイーの子息N・デサーイーは、タゴールより前の一五年一月に、無名のジャーナリストによってそう呼ばれたと主張した。この問題は裁判沙汰になってグジャラート高裁で審理され、結局二〇一六年二月にタゴール説が正しいという判断が下された。また、一九一五年一月二七日の、帰国したガンディー夫妻を迎えたゴンダル藩王国のアーユルヴェーダ薬メーカーの集会で、そのように呼ばれたという説もある（CWMG 14: 350-51）。ちなみにこの薬メーカーは南アフリカのトルストイ農場に薬を輸出していたという。

一方、神智協会などでは、タゴール以前にベサントが自尊運動の新聞『新しいインド』で最初に言い出したが、その後タゴールによって有名になり、そのまま定着したとする見方も根強い。「マハートマ」はもともとマダム・ブラヴァツキーの後ろ盾として、神智協会にとっては最も重要な存在であり、ベサントに大師（マハートマ）の手紙が届いたこともある。こうした見方をする研究者の中には有力な宗教学者M・エリアーデやM・ユルゲンスマイヤーなども含まれている。とくに、ユルゲンスマイヤーは、マハートマの称号がインドではなく、西欧から与えられたもので、それも神智協会が言い出したことだと主張している。

さらにいずれよりも早く、南アフリカ時代にすでにそう呼ばれていたという説もある。ひとつは一九一四年七月一二日のダーバンでのパーティーでそのように紹介されたという説である。さらに、ガンディーの「最も偉大な友人」プランジーヴァン・メーヘターだったという説も浮上している。一九〇九年一一月八日のゴーカレ宛ての手紙でメーヘターは、「年を追うごとにガンディーはますます私心がなくなっています。ガンディーは今やほとんど現世放棄者(ascetic)のような生活を送っており、それもわれわれがふつうに会える通常の現世放棄者ではなく、偉大なマハートマの生活であり、その心を魅了したのはその母国でした」と述べたという。これは、『インド国民会議史』の著者でもある歴史家メフロートラの説だけに信憑性は高い（Mehrotra 2014）。

このように初めてガンディーをマハートマと呼んだのが誰かの議論は錯綜しているが、いずれにしても、タゴールがそう呼んだことで世間に広まったというのは間違いないであろう。ただ、マハートマは、ベンガルでは比較的使われる称号だということであるが、グジャラートでは伝統的にジャイナ教の聖人に対して使われていて、メーヘターの手紙にもそのようなニュアンスが読み取れる。一方、ベサントによるマハートマはむしろ英語の"master"にあたり、古代の叡智を持つ大師という意味である。おそらくガンディーという一人の人物に対して、さまざまなニュアンスでそのように呼ばれたとはいえ、最終的にタゴールがその普及に力をかしたであろうとだけ言っておきたい。

タゴールの批判

一九一三年にノーベル文学賞を受けたラビンドラナート・タゴール（一八六一―一九四一）は、ガンディーとともにその存在の大きさと世代の近さからも、つねに対照的に比較されてきた。ロマン・ロランは「神から流れ出る二つの大いなる魂の河」とよび、ネルーは「今日世界の偉人のなかでも、ガンディーとタゴールを人間として至上のものと仰ぐのだ」と言っている。また、二人をよく知る国教会の聖職者C・F・アンドリュースは「タゴールは近代人で、ガンディーはわれわれの時代の聖フランチェスコ（アッシジ）」だと言った。さらに、哲学者カイザーリングは「タゴールは私が知る限り最も偉大な人物」であるとし、アインシュタインは、ガンディーについて、「何世代かの後には、このような人間が血肉をそなえて、この世を歩いていたとは信じられないであろう」と称賛した。そして、当人同士も、かたやタゴールをグルデーヴ（偉大な師）とよび、かたやガンディーをマハートマ（偉大な魂）と呼び合ったとされている。ただ、両者の関係は互いにつねに賛同しあっていたわけではない。ラビンドラナート・タゴールは、ガンディーより八歳年長で、ベンガルの破格に裕福なタゴール家に生まれた。タゴール家はラビンドラナートの祖父の代に財をなし、父デーベンドラナートはブラフモ・サマージのリーダーであった。ラビンドラナートは一八七八年一七歳でロンドンに留学、しかし学業を全うすることなく、一八八〇年にカルカッタに戻った。その後、一九〇一年にもともと父が修養場を開いていたシャーンティニケータンで理想主義的な学校をつくっている。一九〇五年のベンガル分割令にははげしく抗議したが、やがて政治からは退いた。そして一九一三年に『ギータンジャリ』でノーベル文学賞を受賞した。この詩集は、一九一〇年にベンガル語で発表され、一九一二年に自ら英訳した。これが神智協会員でもあったアイルランドのW・B・イェイツに絶賛されたことから、西欧で評判をとることにつながった。一九一四年ナイトに叙せられたが、一九一九年のイギリス軍によるアムリッツァル大虐殺に抗議してこれを返上している。

南アフリカでのガンディーの評判はタゴールの耳にも届いており、一九一三年にはみずからガンディーを称えている。ガンディーとタゴールは、一九一五年三月六日に初めて直接出会い、ガンディーは一〇日から一週間ほどシャーンティニケータンに滞在させてもらっている。二人の仲介の労をとったのはC・F・アンドリュースであった。二人はインドの独立という共通の目標を持っており、互いの人間性に最大級の敬意を払っていた。ただ、農民運動や非協力運動などに関わっていったガンディーと、思想家として振る舞っていたタゴールとのあいだには、超えられない深い亀裂も横たわっていた。

二人の関係にとって、一九一九年のアムリッツァル大虐殺と植民地政府によるローラット法(「無政府、革命分子取り締まり法」)そしてその後のガンディーによる非協力運動が大きな意味を持った。それ以前からすでに二人のあいだには意見の相違があった。ガンディーはヒンディー語、ウルドゥー語を国語とすべしと考えていたが、タゴールは他の言語を話す地域、とくに南インドから異論が出ることを恐れていた。また、英語での教育を排除しようとしたガンディーを、タゴールは利己主義に陥る危険があると批判した。ただ、ローラット法とアムリッツァル大虐殺に対しては、ともに厳重な抗議の意思を示し、タゴールがガンディーの後ろに隠れるかたちながら歩調を合わせていた。

その後、一九二〇年にガンディーが非協力運動を強行したあたりから二人の見解はさらにズレていった。このときタゴールは国外に出ていたが、非協力運動は「政治的禁欲主義」であるべきだとして、暴力を伴う恐れのある運動に反対する書簡を送った。翌二一年七月に帰国したときには、反対者への不寛容が渦巻いている風潮に危機感を覚えた。そして、二一年一〇月のカルカッタ大学での講演「真理の想起」で、西洋への非協力ではなく、精神性の東洋と科学性の西洋という、互いのよいところを合わせる「協力」をむしろ求めた。タゴールは、ガンディーの運動が暴動に発展することを恐れていたが、その憂慮は現実のものとなり、結局ガンディーは独立運動の一線を退かなければならなかった。

ガンディーもタゴールも基本的には国際派であったが、国家（ネーション）観においては大きな違いがあった。タゴールにとって国家は麻薬のようなもので、「道徳的倒錯」に至らしめる危険がある。民衆の運動は暴動に陥る危険をはらむものであり、真の国際主義に導くには心性の修練が必要だと考えていた。一方ガンディーは、現実主義的にネーションの問題に集中し、そこから外国布を焼き払う運動なども提唱した。その限りでは、タゴールは理想主義者であり、ガンディーは現実主義的な無類の政治家であった。ロマン・ロランは、一方で東洋と西洋の協力が唱えられ、同時に他方では非協力が説かれている、とその対照的な見方を評している。

タゴールは、ガンディーが、理性を無視し、民衆の伝統的な信仰を精神的なものと持ち上げ、非合理の力を利用しようとすることに対して批判的であった。ガンディーの代名詞ともいえる糸車（チャルカー）に関しても、手紡ぎの経済的効果には疑問を持っていた。ただ、ガンディーにとって糸車はインド人の自己実現の方法であるのに対して、タゴールはそれが経済的に意味がないだけでなく、人びとになにごとかを思考させる方法ではないことに批判的だった。A・センは、タゴールが「チャルカーはだれにも思考を要求しない。人はただひたすら、時代遅れの発明品を回すのみで、最小限の判断や忍耐力しか用いない」といい、さらに性的関係についても、「ガンディーが禁欲を勧めたのに対して、タゴールは避妊と家族計画を擁護した」と指摘する（セン 2008: 182-83, 186）。

一九三四年一月にインド東部で起こったビハール大地震をめぐる二人の論争は、科学をめぐる立場の違いを明瞭にあらわしている。この地震で数千人の命が奪われたが、ガンディーは、「この地震がわたしたちの罪」、とりわけ不可触民差別の罪に対して、「神がくだし賜うた神罰と信じざるを得ません」と述べて、当時もっとも関心のあった不可触民差別問題と大地震とを結びつけている。同じように、不可触民差別に反対していたタゴールは、このような倫理的原理を自然現象に結びつけるような非科学的な見解は耐えがたい驚きであると、はげしく異論を唱えた。それは、「わが国の多くの民衆によって、自然現象についてのこのような非科学的な見解が、いとも容易に受けいれられるがゆえに、それは何にもまして不幸なことである」（セン 2008: 187）。こうした神罰、天罰を持ち出すのは、日本でも大地震のときなどに繰り返されたが、ガンディーの場合には精神が物質を包み込む独特の科学観が根拠にあった（本章第三節参照）。

また、西洋文明への見方にも二人の違いがよく表れている。大英帝国による植民地支配に対するタゴールの批判は徹底しているが、だからといって西洋文明そのものを否定するわけではなかった。これに対してインド時代のガンディーは西洋文明そのものを激しく批判するようになった。ただ、タゴールの文明観は、少なくともイギリス時代から南アフリカ時代前半期のガンディーと共通していたことは指摘しておくべきである。ガンディーもネルーもインド独立国家の実現に果たしたタゴールの役割を高く評価している。タゴールの歌は、まことに異例なことに、インド国歌（ジャナ・ガナ・マナ・アディナーヤカ）とバングラデシュ国歌（わが黄金のベンガル）の二つの国歌に採用されている。

マハートマの交替

一九一五年にガンディーがインドに帰還したことによって、ただでさえ複雑だったアニー・ベサントとの関係はますますややこしいものになった。ガンディーがベサントに初めて出会ったのは、ロンドン時代のベサントの「改宗」講演（一八八九）のあと、マダムを交えた面会の時である。その後ガンディーはいったんインドに帰ったのち、一八九三年に南アフリカに渡り、ベサントは同年ロンドンからインドに渡っている。微妙にすれ違っていた二人の関係は、すでに国民会議派の指導的立場に立っていたベサントの地位を、ガンディーが急速に脅かすかたちで、複雑で密なものへと変わっていった。

ただ、先にも見たように、ガンディーは南アフリカ時代の一八九九年の段階ですでに、ベサントの神智主義がマダム・ブラヴァツキーのそれとは似ても似つかないものになっていることを見抜いていた。それも同じ協会のレッドビーターにだまされたからだというのである。皮肉なことに、ベサントを始めとする神智主義者は、「マハートマ」（大師）が世界を導くよう注視していたが、生身のマハートマ・ガンディーの登場によって、神智協会はインド政治の一線から消えゆく運命にあった。比喩的に言えば、ここで協会のマハートマからマハートマ・ガンディーへとインド独立運動の主体が交替したのである。

ベサントはインドに帰っていたガンディーに、そのころ進めていた自治連盟への支持を求めたが断られた。ベサントは、戦争の危険があるときこそがインドのチャンスだと説得したが、ガンディーは、「あなたはイギリス人を信用されていないようですが、わたしは違います。わたしは、戦争中はイギリス人に反対するどんな運動も支持しないでしょう」と言って賛同しなかったという（ナンダ 2011: 202）。たがいの出自が逆転したようなこの会話にこそ、ガンディーとベサントの拠って立つ基盤の違いがよく読み取れる。しかし、その後の展開はさらに立場が逆転するわけで、どちらにしてもインドでの二人は事ごとにすれ違うようになる。

ガンディーとベサントとの関係を決定的に悪くしたのは、一九一六年のいわゆる「バナーラス事件」である。ことは一九一六年二月六日ベサントの企画で開かれたバナーラス・ヒンドゥー大学におけるガンディーの講演で起こった。講演は学生に向けてのものであったが、会場にはベサントのほかにもダールバンガの藩王を始めとする有力者なども集っていた。それにもかかわらず、ガンディーの富裕層やエリートへの批判は激烈であり、アナーキズムを称賛し、よりによって藩王マハラジャ、イギリス総督、警察などのない世界を称えた。ベサントは怒りに震え、ガンディーを制止しようとしたがかえって若い聴衆は熱狂し、逆に有力者たちには会場を去る者が続いた。メンツをつぶされたベサントとの離反は深刻で、帰国後しばらく沈黙を守っていたガンディーが、孤立を深めながらもふたたび注目される皮肉な結果となった。

二人の関係がさらに悪化したのは、ガンディーの非協力運動をめぐる見解の相違であった。ベサントは当初からガンディーの運動に不信感を抱いていた。それは、民衆には理解が難しいが、教養層はイギリスとの関係を保つことで受けるべき恩恵を理解していると考えていたからである。また、ベサントは非協力運動、市民的不服従が、いずれは暴力的になっていくことを予見し、神智協会員にはこれに協力しないように訴えた。それは大英帝国との関係を根本的に損なうものであるとして、ガンディーを思いとどまらせようと、『新しいインド』紙で「政府の役割は暴力を止めることだ」とも訴えた。ベサント自身はその人生が真理と憐れみに導かれていたガンディーに深い敬意を抱いていたが、現実には政治改革を達するには合法的な手段が必要だと考えていた。暴力化する危険を怖れたベサントの憂慮は、タゴールのそれとともに結果的には現実のものとなった。ここには、エリート志向、イギリス志向のベサントあるいはタゴールと、民衆志向、インド志向のガンディーとの差が明瞭に表れている。

この二人を分けた要因として、ベサントがマハートマ・ガンディーではなく、神智協会のマハートマ（大師）への忠誠を捨てなかったことがあるともいわれる。神智協会のマハートマは、一八八〇年代以降マダムと交信していた大師クート・フーミとモリヤに集約される。マダムやヒューム、シネットらへのマハートマの手紙は一八八五年でいったん途切れたが、一五年後の一九〇〇年に突然、大師クート・フーミ（K・H）から「最後のマハートマの手紙」がベサントのもとに届いたとされる。この手紙が本物であるかどうかについては多くの疑問が呈されているが、ベサントがチベットの大師の権威を利用しようとしたことは確かである。

ガンディーとの関係でベサントは、「わたしはサティヤーグラヒー（サティヤーグラハの実践者）ではない」と明言している。一方、一九〇七年から一一年まで協会の副会長だったタミル・ブラーマンのS・スブラマニヤ・アイヤル（一八四二―一九二四）はガンディーの運動に積極的に関わっていた。ベサントは一九一一年に協会内部にあった秘教部門を組織がえし、メンバーにはベサント主導の神智協会への忠誠を何よりも優先するという堅い誓約を求めた。この誓約は、精神的領域と同様に政治的領域、つまり当時ベサントが推進していた自治連盟運動への忠誠も誓うものであった。ベサントはガンディーの登場によってその地位が揺らいでいることに大いなる危機感を抱いていたのである。

こうしたベサントの方針に対して、自治連盟運動をともに推進したティラクからも批判が向けられた。ティラクは、ベサントの弁舌、教養、活動力を高く評価するとしながら、政治活動はベサントの言うような神智協会のマハートマの意向を受けて行われるべきではないとした。独裁政治ではそれもかまわないであろうが、民主政治では多数派の意向に従うべきだとして、「国民会議は多数派のマハートマ以外にはいかなるマハートマの統治も受けない」と述べている。これはガンディーをも想定した批判と考えられるが、ベサントには、多数派のマハートマは絶対に受けいれられなかった。ベサントは民主的な政治を信用しておらず、エリート主義的ないわゆる「政治的ブラーマン主義」に陥っていたのであり、そこからカースト制も意味を持つものと考えていた。ベサントが「インド」というときには、アーリヤ人、ヒンドゥー教徒、ブラーマン、中間層、教養層のことであり、それがガンディーと根本的に相容れないところであった。ベサントに言わせれば、ガンディーの運動は「大衆動員」であり、インドの「無知な大衆」は運動に参加するにふさわしくなく力にもなれない、と考えていた。H・カワードは、「ガンディーは、抜け目のない政治家、見果てぬ理想主義者で、自分の運命を『大衆』とともにしようとしたのに対し、ベサントは、四海同胞理念の預言者で、それができずに部外者にとどまった」という（Coward 2003: 248)。結局ベサントは政治指導者としての人望を失ったが、その後もインドとの関わりは続けていった。

自治連盟運動はガンディーとの関係をめぐって分裂した。かわってガンディーとその周辺が運動を実質的に主導するようになり、組織の名称もヒンディー語の「自治協会」（スワラージ・サバー）へと衣替えされた。一方のベサントは新たに「国民自治連盟」を立ち上げた。新組織は大英帝国との関係を強化することを目的としており、インド農村社会に対しては、オリエンタリスト的な小共和国イメージを前提にした平等主義的な共同体イメージをその理想型とした。

ベサントは、インドとイギリスの連帯は、白人と非白人との闘争に対する卓抜した防衛手段だと主張した。そして、ベサントや神智協会がインドにやってきたのは、イギリスとインドが互いに学び合えるからで、宗教ではインドが、教育ではイギリスの方が教えることが多い。つまり、相互補完関係を強化するためだったというのである。当然ガンディーはこれを強く批判し、またベサントが唱える大英帝国とインドとの連邦制は、カナダや南アフリカのような英国人のいない英国支配、つまりヒンドゥスターンではなくイングリスターンを生み出すだけだと批判した。

ベサントの人種理論

ところで、文化人類学（社会人類学）の教科書にアニー・ベサントが登場するのをご存じだろうか。G・リーンハートの『社会人類学』（一九六四）冒頭の進化論人類学についての説明で、「猿からアニー・ベサントまで」とたとえられていて、人類の進化の最先端にある人物として紹介されている。みずから進化の極北に位置づけられたベサントは、神智主義的な選民思想に基づいた進化論を認めていた。そして、大英帝国は普遍主義的な「文明化の使命」をもっという、一見反植民地主義とは相矛盾する考えをもっていた。つまり、植民地支配は「四海同胞」（普遍的人類愛）の実現のために必要な段階だと考えていたのである。ベサントは、植民地支配による混血、混淆が普遍的人類愛を実現すると考えたが、こうした観念は一八世紀のディドロとヘルダーの論争にさかのぼる。ベサントの時代には、科学的装いの人種進化論が、これに新たな面を加えた。マダム・ブラヴァツキーは人種進化論を、根人種と亜人種の絡み合いと解釈したが、これがベサントの植民地主義の見直しに効果的であった。ベサントの「四海同胞」は、フランス革命のような平等が中心なのではなく、ヒエラルキーと進化主義を伴い、東と西の人種の帝国主義的な遭遇によって「超人種」が生み出される、という議論であった。

このような進化論に立って、ベサントは「あくまでも英連邦の中でのインドの解放、それがわたしのやるべき仕事だ」と言った（Viswanathan 1998: 204; *The Theosophist*, Jan 1929: 341）。また、マダムはすでに、一八八九年に二〇世紀はアジアとヨーロッパが新しい関係に入る時代だ、と予言していた。つまり、一方ではアジア固有の遺産の発見、復興のときだと言いながら、同時に反動的、エリート的、排他的でもあった。

序章でもふれたように、ベサントにはその前半生と後半生を通して、ヴィクトリア朝の信仰の危機に対抗すべき「真理」への希求があり、一貫して既存の神、教会を「根拠」にしない究極の道徳的秩序、つまり「真理」がどのようなものなのか、という疑問に答えようとしていた。これは、表面的には危機にあった宗教の再興のために、深層に隠された「真理」を見いだして、統一的な信仰を復興させようとする意味で、ガンディーとの共通点が多い。また、一八世紀後半から「ベンガル・アジア協会」などを中心に、文献至上主義的なインド思想の研究が進み、一九世紀後半のF・マックス・ミュラーなどによっていわゆる「インド学」が成立した。これは大英帝国の植民地支配を正当化する意味があったが、ベサントはこれを逆手にとって、支配への批判ととらえた。

帝国は「インド学」を福音主義的キリスト教の文脈に沿って読んだ。つまり、ヒンドゥー教には、現実に対する合理的な姿勢も、個人の人格にふさわしい敬意も持つことはできない。イギリスは神の摂理によって、結局インド人が自らを統治することが出来るように、キリスト教文化（個人主義と合理主義）をインドに持ち込んだのだという。これに対してベサントは、同じインド学を、福音主義的キリスト教への批判として読んだ。世俗主義者や心霊主義者が福音主義的キリスト教を非科学的だと非難するように、ベサントはヒンドゥー教が、聖書の権威を傷つけたさまざまな発見を組み入れた、表面だけでなく内面も含めた真の霊的な科学を取り込んだものだと論じた。つまり、インドの集団主義と運命論的多神教を逆手にとり、社会主義と同様にヴィクトリア社会を批判の対象にしたのである。社会主義者が福音主義的キリスト教を極端な個人主義と非難したように、ベサントは、ヒンドゥー教が四海同胞を促す社会道徳を取り入れた、と主張する。

いわば、ベサントはインド・ナショナリズムと帝国の支配的言説との弁証法的な関係を示したにひとしい。このようなベサントの考えは、たとえば、精神的、集団的インドと物質的、個人的西洋の対比といったように、ガンディーやネルーのようなナショナリスト的思想の中にも繰り返し現れる。ベサントはガンディーらの理念が、イギリスが支配を正当化しようとするキリスト教的言説の反転像を表していると考えた。ただそれが世界を十分に説明できているかどうかは、全く別問題だと考えていた。

3　両大戦間の試行錯誤

第一次大戦が終結した一九一八年以降、国民会議派はベサントを中心に動いていた。しかし、一九一九年のいわゆるローラット法への市民的不服従運動から、ガンディーは全インド的な指導者と見なされるようになった。それは、ガンディーにとっても大きな転機であり、南アフリカ以来つちかってきたスワデーシ（国産品愛用）、スワラージ（自治）、サティヤーグラハ（非暴力・不服従）などを、全インド的な実践に拡大すべき時機が到来したことを意味していた。その後一九二〇年から二二年までの非協力運動を組織する中で、ヒラーファト運動*で反英闘争を闘っていたムスリムとの連携を図った。しかし、非協力運動が暴力化したチョウリ・チョウラでの流血事件により、ガンディーは突然運動をストップした。そこで一気に信頼を失ったガンディーは、雌伏の期間を獄中での読書や、その後の農村歴訪で英気を養っていた。そして、思うように自治権が認められなかったのに抗議して、一九三〇年に再び市民的不服従の「塩の行進」に打って出た。この運動はガンディーの反英闘争の象徴となる重要な意味を持っていた。

＊　インドでトルコのカリフ制を擁護しようとしたムスリムの運動。

市民的不服従

第一次世界大戦が終了した翌年の一九一九年、インドには歴史上重大な転機が訪れ、ガンディーの運命も大きく変わっていった。戦争の余波がインドを襲って、物価は上がり、ストライキが頻発し、また大戦の敗北で実質的に崩壊したオスマン帝国を支持する急進的なムスリムも不穏な動きを見せていた。そのような状況の中でのいわゆるローラット法案の発表と、それに続く北西インド、アムリッツァルでの大虐殺事件によって状況はがらりと変わり、それまでの大英帝国への協力の動きに水を差された。その結果ガンディー自身、厳しい反英独立運動へと舵を切ることになる。

ローラット法は、正式には「無政府、革命分子取り締まり法」（一九一九年三月一八日施行）といい、S・ローラット判事を長とする委員会による政治的暴力を封じ込めるために強権的な対策をもとめる勧告に基づいていた。この法案は一九〇八年の刑法修正法、一九一〇年の出版法、一九一五年のインド防衛法という一連の弾圧法を受けた治安維持法である。それはガンディーを始め戦争協力への見返りを期待していたインド側にとってまったく意に反したものであった。これに対抗してインド側の指導者の態度はめずらしく一致し、ガンディーが市民的不服従を訴えて、V・パテールらと結成したサティヤーグラハ協会には、ジンナー、ラージャーゴーパーラーチャリー（ラージャージー）なども賛同の意を表明した。

ローラット法には、インド全土で猛烈な反対の声が上がり、ガンディーは、服喪と抗議の手段としての一斉休業（ハルタール）をよびかけて、その日を断食と祈りの日にすることを提案した。ここでガンディーは、労働運動としてのゼネストをハルタールとして位置づけて、人びとの動員を容易にしたのである。当初四月六日を予定していたが、手違いで三月三〇日に実施されてしまい、また暴力行為もいくらか伴っていた。ガンディーは暴力行為を戒めるとともに、発禁になっていた自分の著書『ヒンド・スワラージ』とラスキンの『この最後のものにも』（グジャラート語版）を意図的に発売して抵抗の意思を示した。緊張はパンジャーブで頂点に達し、ついに未曾有の悲劇が起こる。

一九一九年四月一〇日パンジャーブ地方のシク教の聖地アムリッツァルで、二人の地方政治指導者の逮捕に抗議する暴動があり、ダイヤー旅団長率いる軍隊が援軍として派遣された。そして、四月一三日のシク教の祭礼バイサーキーの日にジャリアーンワーラー・バーグ（公園）で開かれた集会を、ダイヤー率いるイギリス軍が襲い、多くの犠牲者をだした。群衆は壁をめぐらされた公園から逃げ出すことができずに狙い撃ちにあった。公式発表で死者は三七九名ないし四〇〇名、インド側資料では一二〇〇名とする見解もある。一九九七年一〇月にエリザベス女王がこの地を訪れて、犠牲者に黙禱を捧げ、二〇一三年二月二〇日はキャメロン首相（当時）がやはりこの地で、「英国の歴史において深く恥ずべき出来事だ。当時、ウィンストン・チャーチル（戦争相）が『醜悪な事件』と述べたのは正しい」と記帳した。ただ、いずれも正式な謝罪ではなく、その評価はわかれている。

この事件の影響は甚大で、ガンディーは暴力の拡大を恐れて抵抗運動の終結を宣言した。そして翌二〇年八月にイギリスから受けた勲章を返還し、タゴールは事件直後の五月四日、一九一三年にノーベル賞受賞を受けた栄誉で一五年に授けられた爵位を返上した。タゴールは、この事件について、「ジャリアーンワーラー・バーグで起こったことは、それ自体、醜悪な戦争の醜悪な落とし子であった」、「私としては、あらゆる特権を剝奪され、とるに足らぬとみなされるがゆえに、人間に相応しからぬ恥辱にさらされているわが同胞の傍らに立ちたいと望むものです」と述べている（セン 2008: 189-93）。帝国は、憲政改革という飴と治安維持法という鞭とで、インドの民族運動を抑えられると考えたようであるが、結果は全く裏目に出た。それでもジョージ五世は一九一九年一二月二四日ついにローラット法の裁可を宣言し、官民の協力を呼びかけた。

ガンディーは四月の段階で行動を制限されていたが、インド総督に請うてこれを解かれ、一〇月一五日にラーホール入りした。そこでは、モーティラール（M）・ネルーなどの国民会議の有力者をはじめ、現地の人びとからも熱狂的に迎えられた。ガンディーがジャワハルラールの父モーティラールと親しく会ったのはこの時が初めてである。国民会議は大英帝国がパンジャーブ問題の処理のために組織したいわゆるハンター委員会への参加をボイコットし、ガンディーを長とする非公式の委員会をつくって対抗した。一一月半ばにアムリッツァルを訪れたガンディーは、民衆からの圧倒的な歓迎と支持を受けた。ガンディーはここで、ムスリムとの協力関係を構築しようと、戦略的に動いた。

ガンディーと同様に、大英帝国への忠誠を表明していたムスリム連盟も、大戦後の混乱によって動揺していた。トルコがイギリスなどに敗北し、トルコのカリフ（イスラームの精神的指導者）の地位が脅かされていた。インドのムスリムのなかからは、カリフを擁護し、イギリスに抵抗しようとする「ヒラーファト運動」が起こった。このとき、ムスリム側からの信頼を受けていたガンディーは、ヒンドゥー・ムスリムの連帯による反英運動を構想する。一九一九年一一月に開かれたヒンドゥー・ムスリム合同のヒラーファト会議に招かれたガンディーはこの席で「非協力」（non-corporation）という言葉を思いつき、翌日さっそく「イギリスへの非協力」を提案した。それは結果として、インドの民族運動が西アジアと連帯する可能性を開いたのである。

一九一九年一二月のインド国民会議は因縁のアムリッツァルで開催された。インド側から一万五〇〇〇人の参加者があり、ガンディーはそこで会議の綱領を書き換える委員会を任された。それは、ガンディーの提言を受けて、穏健な組織から民衆革命をめざす国民政党への転換を意味していた。一方、一二月二三日にはモンタギューとチェムスファドの提言による一九一九年インド統治法（モン・ファド改革）が施行された。インド側に一定の自治権は認められたが、まったく不十分なものであった。ガンディーは当初、改革案を受け入れようと考えていたが、ほかの指導者らの猛反対にあってそれに従わざるを得なかった。その後も植民地政府との交渉を続けたが一九二〇年六月までに妥協点を見出せず、ガンディーもついに全面的な反英闘争へと舵を切った。こうして、一九一九年のアムリッツァル虐殺、トルコへの不実、ローラット法とインド統治法を三位一体として、ガンディーを前面に立てたインド独立運動が本格化することになった。

一九二〇年九月カルカッタでインド国民会議臨時大会が開かれた。大会ではガンディーによる非協力運動の綱領を賛成多数で採択した。ガンディーの綱領は、イギリス当局といっさいの接触を断ち、公式行事には出席せず、裁判所と役所との絆を断ち、外国製品をボイコットし各家庭で手紡車の使用を奨励する、というものである。とくに、「インドは自らのために生きることを得ずして、ランカシャー（イギリスの織物生産地）のために生きることはできない」と述べて、外国製布地の排除と、手紡ぎの糸、手織りの綿布（カーディー）が奨励された。これは、イギリス織維産業に打撃を与えるだけでなく、インド古来の家内工業の復権を強く求める手段でもあった。

ティラクはカルカッタ会議直前の八月に逝去しており、ほかの初期からの指導者たちもガンディーを押しとどめる力を持っていなかった。その後、ベサントもジンナーも、ガンディー路線から撤退していったが、ラージパット・ラーイらは運動の先頭に立つようになった。さらに同年一二月のナーグプル大会で、ガンディーみずから手を入れた改訂綱領が採択され、国民会議の信条を「合法的、平和的な手段によってスワラージの達成を目ざすもの」と定義した。大会議長は、「国民を引っぱってきた議長や指導者たちに代わって、国民が議長や指導者を引っぱった大会」と評した（ナンダ 2011: 291）。

ガンディーのヒンドゥー化はますます進行し、一九二〇年末には非協力運動と連関した雌牛保護運動を始めた。この運動はインドの人びとにイギリス人が牛肉好きであることを印象づけようとするものであった。ガンディーは「ムスリムはときどき雌牛をころすだけであるが、イギリス人はそれなしには一日もいられない」（CWMG 22: 70; *Young India*, 08-12-1920）とイギリス人を非難する一方、ムスリムに対しても、雌牛殺しをやめることがヒンドゥーの支持を得るために必要だとアピールしている。また、四月の不可触民の会合では、不可触民の解放と雌牛保護が二つのもっとも強い願望だともしている。一歩を間違えればムスリムの離反を招きかねない雌牛保護について、ガンディーはヒンドゥー教が世界に与える贈り物だと位置づけていた。

こうしてガンディーは名実共に「マハートマ」となり、神の化身（アワターラー）として人びとの信仰の対象となった。ガンディーを見ることが功徳を積むことになり、聖らかなすがたを拝むこと（ダルシャン）は聖地巡礼と同義となった。これは必ずしも当人の本意ではなかったが、そのカリスマは多くの人びとの琴線をかき鳴らした。ナンダは、「（ガンディーと）インド国民のあいだに大いなる心の絆が芽生え、育っていったのは、チャーチルの揶揄を用いるならば、ガンディーが『裸の行者ファキール』だったからであり、その生活が厳しい自己犠牲の上に成り立っていたからであろう」と述べている（ナンダ 2011: 292）。

ただし、ガンディーが会議派を掌握することで、去って行った人びともあった。ベサントは、法を犯す可能性のある非協力運動には反対で、合法的な権力委譲にこだわっていた。さらに、一九二〇年に自治連盟の主導権がガンディーの手にわたって国民会議に吸収されると、国民会議とは袂を分かち以後は神智協会の活動の方に主力を注ぐようになる。とはいえインドの独立を目指す志は生涯失わず、イギリスにおいてもその主張を繰り返していた。一方、ジンナーとの関係も深刻になり、路線問題で対立したジンナーを「民族運動にとって弁護士は信用できない」と言って、またまたひどい屈辱を与えた。ガンディーを支持する民衆は、ナーグプルの会議の場でジンナーの発言をさえぎり、ついにジンナーは会議派を離れ、他のムスリムも会議派から離脱するものが相次いだ。

一方で、非協力運動（サティヤーグラハ）も結局は頓挫する運命にあった。ガンディーは国民が綱領に正しく応ずれば、一年以内に自治（スワラージ）は実現すると意気軒昂であった。インド全土をくまなく回り、人びとを覚醒させたが、過熱する支持者の行動に立ち往生することもあった。その大衆動員路線は、同じ方向を向く共産主義者などからも警戒された。四月になるとついに非協力運動は暴力化した。一一月のイギリス皇太子の訪問に際してボンベイで暴動が起こり、各地の歓迎行事も妨害された。その報復として多くの活動家が投獄された。さらに二二年二月北部インドのチョウリ・チョウラという町で警官への襲撃事件が起こり、二二名の犠牲者を出した。この事件はガンディーにとって大きなショックで、その結果非協力運動の停止を宣言せざるを得なくなった。それは、当初からガンディーの運動に批判的であったタゴールらが恐れていたことであった。二二年三月一八日にはガンディー自身が投獄されて非協力運動は失敗に終わり、国民会議も支持を失った。

ただ、ガンディー自身には、獄中で『クルアーン』、『ラーマーヤナ』、『ギーター』をはじめとして一五〇冊もの書物に読みふける絶好の充電期間となった。この間、国民会議の上層部はそれまでの非協力路線を貫こうとしたラージャゴーパーラーチャーリ、ヴァッラブバーイ（V）・パテール（弟）らと、これを修正しようとしたV・J・パテール（兄）、ネルー親子らとの対立が深まった。一九二三年国民会議ガヤー大会の議長を務めたC・R・ダースは調整に失敗し、修正案を糾合して会議内部に政党スワラージ党を結成した。実のところ国民会議はまだ正式の政党ではなかった。

一九二四年に急性虫垂炎の治療を理由に釈放されたガンディーは、非協力路線に固執し、スワラージ党には加わらなかったが、国民会議内部の対立を調整しようと奔走した。そして、外国産綿布を例外として非協力の綱領を延期し、スワラージ派を認める内容の協定を、ダース、M・ネルーとのあいだに結んだ。ガンディーは分裂を避けるために妥協を続け、従来の支持者の信頼を失って政治的孤立を深めた。さらに、ヒンドゥー・ムスリムの対立も深まり、南インドで暴動が起こる。九月にヒンドゥー教徒一五五人が殺害されるコーハト暴動が起こり、ガンディーの失望は大きかった。このときガンディーは宗教間の和解を求めて断食に入ったが、いったん収まったかに見えた対立は再燃した。いまやガンディーの政治的敗北は明らかで、また息子の不祥事や、ムスリムとの結婚を阻止するなど、家庭問題も追い打ちをかけた。こうして、ガンディーは政治の表舞台から退くことになった。

ギーターの教え

ガンディーは、五月一一日に自分を支持してくれていた『ボンベイ・クロニクル』の編集者B・G・ホーニマンの国外退去処分に抗議するハルタールの実施と、その間に『ギーター』を読むよう呼びかけた。そして、一九一九年五月八日付のサティヤーグラハ・リーフレットに、『バガヴァッド・ギーター』の教えのまことの意味」を寄稿し、ギーターが歴史作品ではなく宗教書であり、愛の書でもあると説いている。ここからギーターについて集中的に研究を進め、一九二五年までに区切りを付けた。二六年には秘書のM・デサーイーが「『ギーター』講義」をまとめ（出版は一九五五年）、さらに二七年に書き始めた注釈書『アナーシャクティヨーガ』が一九三〇年に出版された（グジャラート語。英語版は三一年）。

ガンディーは、ロンドン時代に神智協会のキートリーらとの交流によってギーターの価値に目覚めた。ただ、その後ギーターそのものを深く学んだ形跡はなく、南アフリカ時代の一九〇三年から再び神智協会員とともに読み始め、そのさいサンスクリットの原典に目を通すようになった。それは南アフリカ時代に周囲にいた福音主義的な聖書至上主義への対抗論理にもなったという。たしかに、ガンディーがそれ以前に直接神智主義者とギーターについて深く議論を交わした痕跡はないようだ。じっさい『バガヴァッド・ギーター』が座右の書となったのはインドに戻ったあとの一九一九年からであり、その後は学んだ知識を実践的に活かす方向に向かった。

ガンディーは、ギーターの真の目的は、結果をおそれず酬いを求めぬ「無私の行為」こそが、自己実現としての解脱を達成する道であることを教えるものだと解釈した。そしてこの無私の行為は非暴力を貫かなければあり得ないことだと考えた。さらに、クリシュナ神がアルジュナに向かって、なぜ悪に対して戦士の本分を果たさないのかと諭すくだりは、歴史的にではなく寓意的に解釈された。「（ギーターは）歴史的作品ではなく、物理的な戦争の外貌をみせながら、人間の心の中で絶えず続く争いを描いていて、物理的な戦争は内面の葛藤を描写するための入口にすぎない」（Gandhi 1995: 140）。アルジュナにとっての戦場は人間の心のなかにあり、そこでは倫理、道徳にしたがって、悪を克服しなければならない。

ガンディーによれば、『バガヴァッド・ギーター』をふくむ『マハーバーラタ』は、歴史的な設定を借りて、それを善と悪、精神（霊）と物質、神と悪魔との対立に変換したのであり、壮大な結末は地上の権力の無為を示している。そこでカウラヴァ軍は人間の卑俗な衝動の、アルジュナ軍は人間の高貴な衝動の、そしてクリシュナは人間の内面にやどるもの（神性）の、それぞれ象徴である。さらに、ギーター二章末尾の二〇頌は、自己制御と無執着という宗教一般の本質を表現している。ガンディーにとって宗教は、個人の感覚、欲望、所有を制御する自己実現、つまり真理への道が目的だからである。そして、アルジュナの本分（ダルマ）をめぐる苦悩は、真理を求める苦闘だと読まれる。こうして、ギーターにおけるクリシュナとアルジュナとの対話は、真理の概念へと引き込まれていく。

ガンディーは、聖典を権威づけて字句通り解釈すべきものではなく、つねに発展途上で唯一の解釈など成り立たないと考えていた。そこで寓意的な解釈が可能だと考えたのだが、ブラーマンであるティラクは、クリシュナの教えを、よこしまな欲望にもとづかない限り、師や親族さえ殺すことも許されるととらえた。同じギーターから、ティラクは武闘派ナショナリストとして、暴力も辞さない行動指針をひきだしたが、ガンディーは道徳的な非暴力主義と普遍主義を読み取った。ただ、一般にこの件りは、クリシュナがクシャトリヤの本分としての戦いを正当化する教えだと理解されている。ガンディー流の解釈はそれを逆転させているのだが、当然その矛盾や恣意性を指摘されることも多かった。こうした解釈は独自のものとされるが、秘教的な意味を強調して、物語を寓意的にとらえた神智協会の解釈との共通性が指摘される。とくに、直接にはメイトランドの聖典全般を寓話ととらえる方法の影響がある。

ギーターで強調されているのは個人の魂の解放であり、そこでは本分（duty）をまもることと神への愛以外はすべて執着となって解放を阻害する。ここでの本分は神が与えたカースト成員としての本分である。本分に従うことは、結果を求める執着への危険を避けることになる。従って、アルジュナはクシャトリヤの本分を守るべきなのであるが、それは必ずしも「戦い」を意味してはいない。さらに、意識せずに神を信ずることはその行いをより価値あるものとする。ここでギーターの著者は個人の意識的な闘いには徹底して無関心である。そうだとすると、ギーターが説く無欲、無執着は、善業への欲望そのものも排除することになる。それは、「無私の心」と「悪を倒す善なる欲望」との矛盾となって現れる。

ティドリックは、ガンディーがこの点を見逃したのだと指摘する。それは、ガンディーの二つの根拠、つまりヒンドゥー的なギーターと、キリスト教的な『完全な道』との違いに由来するという。ガンディーは双方ともに「放棄」に関する書と解したが、それこそが混乱のもとだという。つまり、ギーターが説くのは欲望の放棄であり、『完全な道』は欲望の放棄と他者への奉仕としての自己の放棄との両方である。ガンディーの個人的心性は『完全な道』に近いのだが、それを普遍化された宗教思想に合うようギーターのまことの意味として引き出した。一九一九年の時点でガンディーは、先は読めないが当面帝国と闘わなければならないことから、インドの大衆に意味のある説明原理を求めていた。そして、神に与えられたサティヤーグラハの実践者は、善からの悪との闘いに臨んで、刀の刃の上を歩くような覚悟が必要だとしたのである（Tidrick 2006: 143-44）。

ガンディーの非暴力的なギーター解釈は、第一次大戦後の厭戦気分が横溢していた一九二〇年代の西欧世界で、永続的な平和への、現実的、抽象的、道徳的な根拠を見つけたいという人びとの心をとらえた。西欧世界には、一方に絶対的な平和主義者があり、その対極にいかなる犠牲を払ってでも権力を求める極端な人びとがあった。しかし、その間には暴力に幻滅し怖れる大多数の人びとがあって、破壊より建設を、対決より調停をもとめ、自分たちの利益のために平和が続くことを望んでいた。そこでこの「裸の行者」のギーター解釈に多くの人びとが飛びついたのである。新約聖書の神の王国では、正義、愛、公正、平和の支配、とりわけ平和がかつてなく長く続くとされる。ガンディーは、「この世を神の王国にすれば神の正義と万事があなたのうえにある」と言っている。ガンディーがギーターを神の王国論や山上の垂訓と結びつけたことで、神的な真理の概念はキリスト教世界でも納得ずくで受け入れられた。

ガンディーのギーター解釈は人生をかけた真理の構想、希求だったので、インドに限らず西欧でも、理解されないまでも無視できないものになった。そしてギーターは遠い昔の遺物ではなく、現代世界における信仰や行動の指針だと認められた。その根底には、ヴィクトリア期の英国文化を支配していた福音主義的な真理（truth）と義務（duty）の観念がある。そこでは犠牲的な真理への希求と、自己犠牲的な義務の遂行が人生の目的であり責務だとされる。ガンディーが、クリシュナの説くヒンドゥー的ダルマ（dharma）を duty と訳したことで、ヴィクトリア的義務（本分）とシンクロする結果になった。それによってさらに、西欧でのガンディー受容のハードルが低くなった。これ以後、ギーターだけでなくヒンドゥー教そのものも、非暴力を主張していると広く理解されるようになった。ガンディーはベサントと同様、まさにヴィクトリア時代の子であった。

ガンディーは、神性を持ちアルジュナに愛と信心を求めたクリシュナを、神が化身として地上に現れたのではなく、〈神に近づく〉という自己実現をはたした人間だと解した。だから、人はクリシュナを神の化身アワタールとして崇拝することができる。ティドリックは、このような解釈から、ガンディー自身いつの日か化身といわれるときが来るとみていたことが読みとれるという（Tidrick 2006）。つまり、自己浄化と自己実現により、人は（自分は）神にはなれないがクリシュナのような化身にはなれると考えていたというのである。

農村イメージ

ガンディーは、一九二五年から二八年にかけて政治の一線から離れたものの、決して手をこまねいていたわけではない。みずからの計画を実行に移すため、インド中をくまなく回り、とくに糸車（手紡車、チャルカ）による手織り木綿（カーディー）生産と不可触民問題を強く訴えていた。それは、人口の九割が生活する全国五〇万農村の再構築を目指す「建設的計画」と銘打たれた。この全国行脚はガンディーにとってのフィールドワークであった。だからできるだけ質素に、列車なら三等車で周ろうとした。しかしながら、ガンディーを迎える民衆の熱狂はすさまじく、本人の意に反して神の化身のように奉られることも多かった。

ガンディーにとってチャルカとカーディーはその後の活動の象徴となる重要な要素であった。それは民族運動の指導者たちには想像できないような貧困に対して、家内工業を復活させて収入の道を開こうとする戦略だった。ガンディーは、二五年九月に全インド紡績職協会をつくった。翌年までに、協会には四万人以上の紡ぎ手、三四〇〇人余りの織工が登録され、九〇万ルピーが分配された。このころの農村では一ヶ月平均三ルピー以下の収入しかない貧困層が全体の一割を占めていた。それを思えば、分配金のありがたみが分かろうというものである。

糸車は農村発展の核になっただけでなく、その周辺では、マラリア撲滅運動、衛生設備の改良、紛争の解決、牛の保護と飼育など農村の復興に求められるさまざまな活動が提案された。ここで糸車の経済学は、農村経済の「科学」になっていった。当然、そこには近代産業主義や物質主義への強い批判があったわけだが、ガンディーはさらに、糸車を教える努力の中で、それを理想化し信仰の域にまで高めていった。そして、糸車を、外国支配を否定する国民の結合と自由のシンボルにした。さらにワラナーシー（バナーラス）では紡績職がムスリム主体であることから、宗教間融和の象徴にもなりえた。村の産業振興では商人カースト、バニヤー出身のガンディーのビジネス・センスも称賛される。

ガンディーは、カーディー運動を通じて、まず「チャルカ科学」、のちには「カーディー科学」という言葉をつくりだした。こうした科学概念については、カーディー労働者に対する演説などで繰り返し言及している。ガンディーにとってカーディーやチャルカは、近代科学に対抗する民衆科学の象徴であった。そこでは、その道に精通した熟練者の智慧にあたるチャルカ科学があり、また、村の労働者も、綿繰り科学、牛飼育科学などの堂々たる科学者である。そして逆に、近代科学者もそのような智慧を繰り込むことが必要だという。こうした在野の科学は一九三〇年代には「カーディー科学」に集約されていった。あるいは、真理を追究する「サティヤーグラヒー科学」のような別の科学をむしろ構想し、それを近代科学と相補的な存在と位置づけた。ガンディーには村の科学者に、自律したサティヤーグラヒー科学者になってほしいという期待があった。サティヤーグラハ・アーシュラムはこうした科学者の拠点となった。その中には息子のマーガンラールがいて、ガンディーのよき右腕として存在感を示した。

糸をつむぐガンディー（出典：Emma Tarlo, 1996 *Clothing Matters*）

　旅行の間ガンディーは、労働者たちに糸巻きの技術を教えることもさることながら、好ましい風情をかもしだす社会関係を形成するプロセスを重視した。そして、この科学を学ぶ者は、技術の習得もさることながら、「チャルカの風情」を生み出すことが重要だと訴えた。ガンディーは、糸巻きが科学であり、それに興味を持つことが科学だという認識をひろげようと、自己犠牲的に辛抱強くゆっくりと活動をつづけた。糸巻きの科学におけるこの「ゆっくりと辛抱強く」というのは、機械に慣れた気の短い職人にはみられないところである。カーディー科学はその意味でも自己犠牲的な科学なのである。

また、機械嫌いとされるガンディーは、意外にも機械類や道具類の改良に力を入れていた。そして、アーシュラムを道具類の試験の場にして、糸巻きの改良に賞金を出すことにした。一九二一年に五〇〇〇ルピーで始まった賞金は、一九二九年には一〇万ルピーにはね上がり、世界中の発明家から注目された。またよい紡錘（スピンドル）をつくる機械の開発も奨励した。さらに、ガンディー自身が一九三四年に結成した「全インド村落産業協会」（AIVIA）での挨拶で、機械の改良はスピードと効果が規準になり、また村落が電化されればなおさらよいと言っている。こうしたカーディー科学は、一九三三年から三五年ごろまでの間に具体化された。

しかしながら、インド社会が抱える二つの問題、つまり怠惰さと村落住民と町の住民との分離とが、各地で村落経済の衰退を招いていた。AIVIAを設立したガンディーは、すぐれた科学者をふくめた二〇人から成る委員会を立ち上げた。ガンディーは、行政ではなく思想、理念、科学的知識の中央集権化が必要だと考えたのである。

一九三〇年代半ば以降ガンディーは「村の科学」にのめり込み、「農村好き」の精神を養うことが大事だといった。その試みとして一九二一年のアフマダーバードで博覧会が開かれたあと、一九三六年にはラクナウでカーディーと農村産業の博覧会が開かれたが、これが農村博覧会のコンセプトで本格的に開催されたはじめての例だという。そして村の科学はたんに農村だけの問題でなく、すぐれてインド社会論にもなっていた。

工場の文明では非暴力は生まれませんが、自給的な村落では生まれます。たとえヒトラーが望んでも、七〇万の非暴力村落は破壊できません。かれはその過程で非暴力になるでしょう。……農村経済は搾取を回避します。そして搾取は暴力です。ですから皆さんは非暴力の前に農村好きになってください。そして農村好きになるには糸巻きを信じなければなりません。（CWMG 77: 43）

こうして、チャルカはインド独立運動のシンボルとなり、有名なガンディーが糸をつむぐすがたも神聖視されるようになった。二〇一七年初頭、ときのモーディー首相がカーディー村落産業委員会（KVIC）のカレンダーにガンディーのポーズをまねた写真を採用したことから、会議派はじめガンディー支持者から猛反発を喰らったことでもそれがわかる。

ただし、ガンディーの生い立ちから見て、農村の生活にリアルなイメージを持っていたとは考えにくい。P・チャタジーは、ガンディーの資本主義以前のインド農村の美化は、農民のイデオロギーをそのまま代弁していたのではなく、あくまでもエリート・ナショナリストによって考え出されたイデオロギーだと指摘する（Chatterjee, P. 1986: 100）。ただ、ガンディーの特異さは、そのイデオロギーが時を追って変化していったことである。トルストイは、その意味では一貫して無政府主義であったが、ガンディーは国民主義的政治運動を推進するなかで、つねに変態をとげていたことで特筆される。

それでは、ガンディーの農村イメージはどこから来たのであろうか。それはヘンリー・メインの村落共同体論（『東と西の村落共同体』）だったと自ら語っている。「メインはインドが村落共和国の集合体であるといいました。町は村落に従属しています。それは村の剰余生産物と美しい製品の集散地です。これは独立インドの雛型として描いた絵の骨格にすぎません。古代村落には多くの欠点がありました」（CWMG 91: 372）。その欠点とはカースト制や古代国家の専制政治などであって、こうした制度は独立インドではありえないと言っている。つまり、ナンダがいうように、ガンディーの理想とする農村は自律的、平等的な「（小）共和国」であった。個人の自由にもとづく完全な民主主義というのは夢想であると非難されながらも、それは唯一非暴力社会がとりうるすがたであると信じていた（ナンダ 2011）。要するに、ガンディーの理想の古代、理想の村落社会はオリエンタリストが描いた古代インド像をなぞったもので、西欧からは後進性の証しであるとともに、理想化された原初性の源でもある。

ただ、ガンディーが理想の農村をイメージしてつくったアーシュラムは、ことごとく失敗に終わった。サーバルマティーは、とくに海外から注目され、イギリス提督の娘「ミーラベーン」（マドレーヌ・スレイド）のように長期に滞在する女性も現れたが、一九二五年頃から不調になり、資金の持ち逃げ騒ぎもあって一九三三年に閉鎖された。その終わり近い一九三一年にはアメリカ人のニッラ・クラム・クックという奔放な女性にかき回されたこともあった。ただ、クックは神智主義者で、アンナ・キングスフォードのように、マグダラのマリアにたとえられていた。ガンディーはその後、一九三四年に近くのセーガオン村にアーシュラムを開いた。ここにはおもに外国からの風変わりで奇妙な人たちが集まった。中には藤井日達などの日本の仏教関係者もあった。しかし、このアーシュラムもうまくいかず、一九四〇年に閉鎖されている。ティドリックは、ガンディーのアーシュラムは霊的には失敗だったが、平和部隊の徴兵には役に立ったと、皮肉なことを言っている（Tidrick 2006）。

塩の行進

一九二八年二月、「一九一九年インド統治法」（モン・ファド改革）の一〇年後の見直しの時期が近づき、イギリスは協議のためG・サイモンを委員長とする法定委員会（サイモン委員会）を任命し、インドに派遣した。しかしメンバー構成が白人のみでインド人を閉め出していたことから、マドラスで開かれた一九二七年インド国民会議は、この「七人の招かれざるイギリス紳士たち」の委員会をボイコットすることを決議し、さらに各地で抗議のデモも行われた。デモの騒乱の中、ラーホールで、パンジャーブの獅子とうたわれたラージパット・ラーイが英国人警官に殴られ、数日後に亡くなった。こうした出来事が、しばらく隠棲していたガンディーの復活を促すことになる。ガンディー自身は、一九二二年に六年の禁固刑を受けていたが、二四年に虫垂炎の治療のためいったん釈放されていた。ただ、本人は二八年三月までは道徳的に獄中にあるものと考えており、これでようやく刑期満ちて名実ともに解放されたことになる。

ガンディーは、請われてこの年の一二月にラーホールで開かれた国民会議に出席した。このころ会議派の内部では、帝国内の自治領の地位を目指すのか、完全独立を図るのかをめぐる路線対立が厳しかった。モーティラール・ネルーは、自治領の地位を勧告するいわゆるネルー報告書を提出した。ガンディーはこの報告書を支持したが、同時に、一年以内に植民地政府が報告書を承認しなければ完全独立を目ざして市民不服従運動を開始するという条件をつけた。こうして、植民地政府への「一年間の猶予期間と最後通牒」が会議で承認された。イギリスは善後策を講ずるためロンドンでの円卓会議を提案したが、会議派側は自治を即刻認めるよう求めてボイコットした。

一九二九年の会議で議長に選出されたジャワハルラール・ネルーは、ヨーロッパ、ロシアに滞在しているあいだに急進化し、完全独立を主張してガンディーと真っ向から対立した。会議ではネルーの強硬路線が支持され、スワラージ（自治）それも「完全独立」（プールナ・スワラージ）を目指すことが決議された。翌一九三〇年一月二六日を「独立の日」と定め、この日ガンディーの「独立の誓い」が読み上げられた。ただ、ガンディーはむしろ、より過激なスバス・チャンドラ・ボースを警戒し、J・ネルーには協調を求めた。そして、イギリス側の妥協を得られなかったために、ガンディーは完全独立を目ざす市民不服従運動を展開する時機がきたという「内なる声」をきいた。

ガンディーはいっそう急進化し、固定資産税と軍事費の削減を要求して、インド人に課せられた武器携帯禁止に反対した。周囲の指導者たちは一〇年前のローラット法をめぐる第一次不服従運動での失敗を繰り返すのではないかとおそれたが、ガンディーは一人で行動することを決意した。そして、『ヤング・インディア』（一月三〇日号）の紙上で、塩税廃止の要求を行い、「もしイギリス政府が『十一箇条』の要求を受け入れてくれるなら、わたしは市民的不服従運動を強行するつもりはありません」と訴えた。この十一箇条には、塩税の撤廃のほか、地税の減額、軍事費・行政費の削減、政治犯の釈放、外国布への課税などが含まれていた。

ガンディーの要求は植民地政府からはまともに相手にされなかった。こうして、一月二六日の独立の日には、国内の熱気が表面化し、ガンディーはついに時満ちて行動に移す段階に来たとの認識に至った。そして、塩専売に関する法律の廃止を求めて、みずから製塩法に違反するためのサティヤーグラハとしての行進、世に言う「塩の行進」を組織することを、三月二日付のアーウィン総督への書簡で宣言した。この一見些細な要求に見える税の廃止を求めた戦略は、会議派の他の指導者たちにも全く理解されなかったが、実際その効果は絶大であった。

「塩の行進」は、ガンディー自身がプロデュースし、細部まで練りに練られていた。行進は、一九三〇年三月一二日朝、七九人の弟子たちとともにアフマダーバードのサーバルマティー・アーシュラムを出発し、二四一マイル（約三八八キロ）離れたダンディー海岸を目ざした。その先頭にはガンディーと並んで、サロージニ・ナーユドゥのすがたがあった。行進は二四日間続いたが、沿道にはガンディーのすがたを一目見ようと多くの人びとが集まり、その数は日ごとに増えていった。四月五日のダンディー入りは、イエス・キリストのイェルサレム入りに譬えられ、自身イエス同様に命を落とすかもしれないと語った。この間、報道関係への声明が毎日出され、それが世界に発信された。しぶしぶガンディーにしたがって参加した指導者たちは、その民衆動員の力をまざまざと見せつけられ、行進の意味をようやく理解した。

ダンディーに着いたガンディーは翌四月六日早朝、海岸で祈りを捧げたのち、塩のかたまりを手にして塩法を犯し、ここから第二次非協力運動が始まった。ガンディーにしたがったサティヤグラヒーは、警官の制止を受けながら、暴力をふるうことなく塩を集める非合法活動を続けた。インドのいたるところで人びとが非合法に塩を製造し始めた。とくに、女性が積極的に運動に参加していたのが特徴であった。行進の先頭に立ったサロージニはもちろん、身分、階層を問わず、女性たちが驚くべき組織力をもって行動した。また男性の活動家が投獄されたあと会議派を背負って立ったのも覚醒した女性たちであった。

植民地政府は当初、ヤカンで沸騰させた海水（から煮出した塩）で、国王陛下を退位させようとするかのごとき行進を一笑に付していた。しかし、運動の広がりはその予想をはるかに超えており、もはやガンディーを野放しにしておくわけにいかなくなった。ついに一九三〇年五月四日の深夜、ガンディーは逮捕され、皮肉を込めてマンディール（寺院）とよんだ、プネー近郊のイェラワーダー中央刑務所に逮捕・投獄された。

ガンディーの逮捕劇は、インド全土に抗議の嵐を巻き起こし、その結果六万人が逮捕され、さらに人びとの怒りを買った。こうして「塩の行進」は、サティヤーグラハとしてのインド独立運動最大のハイライトとなった。いまも、各地のガンディー像に、杖をついた塩の行進のイメージが多く採用されている。ガンディーは、この闘争をインドの解放よりも重大な出来事だと評価した。それは「世界を巨大な物質欲の横暴さから解放するため」であり、また「金が神ではなく神だけがすべてなのであって、それ以外は現実ではない」ということを示したというのである（CWMG 49: 204）。

塩の行進の成功でインド独立運動の中心にあることが明確になったガンディーは、「インド独立の日」の前夜の一九三一年一月二五日にほかの会議派運営委員会のメンバーとともに解放され、ときの総督アーウィン卿との話し合いに臨んだ。このころインドは厳しい経済危機にあり、困窮した民衆の怒りは爆発寸前であった。アーウィンはガンディーを対話の相手とすることで、S・C・ボースのような急進派を遠ざける戦略をとった。会談は二月一七日に始まり、三月四日には不服従運動を中止するというデリー協定（ガンディー・アーウィン協定）が交わされた。これはイギリス、インド双方にとって危うい決定で、チャーチルは、アーウィン卿と

「半裸の行者ファキール」との対話そのものに不快感を示し、インドのナショナリストたちは、協定はガンディーによるひどい裏切りだと厳しく批判した。

4　インド独立

ガンディーは塩の行進の咎をうけて投獄されたが、一九三一年にガンディー・アーウィン協定を結んで出獄し、ロンドンでの円卓会議に臨んだ。会議は不調に終わったが、その間にヨーロッパを旅し、ロマン・ロランやムッソリーニなどと会談した。その後の独立に至る道筋は紆余曲折をへたが、とくに、同志のアンベードカル、S・C・ボース、J・ネルーや、ムスリム代表のジンナーなどとの調整がもっとも困難をきわめた。最終的にインドとパキスタンとの分離独立を避けられなかったことは、ガンディーにも会議派にも苦い結末であった。ガンディーは、政治的指導者としての活動を超えて、道徳的理念に基づいてインド社会を改革し、独立を盤石のものにしようとしたが、その夢は実現しなかった。そして、一九四八年一月三〇日、急進派ヒンドゥー・ナショナリストに暗殺された。享年七八。

アンベードカルと不可触民

ガンディーは、第二回円卓会議にのぞむため一九三一年八月二九日にボンベイから出航し、九月一二日唯一の国民会議代表としてロンドンに到着した。このとき「わたしは、あるいは手ぶらで帰ってくるかも知れません」といって、乳を愛飲していた山羊一頭と秘書、息子らをつれてロンドンに向かった。ちなみに二〇一五年に除幕されたガンディー像はそのときのすがたをかたどっており、チャーチルの怒りの言葉もこのときのものである。ただ、ここからガンディーは、独立インド構想よりもむしろ不可触民問題へと関心を集中させていった。

円卓会議のためロンドンに到着したガンディー　1931年
（出典：Kathryn Tidrick, 2006 *Gandhi*）

ガンディーは、一九二四年からの「建設的計画」のために、カーディー振興とともに、不可触民問題を最重要課題としていた。そして、不可触民問題に具体的に手を染めたのは一九二五年のことである。当時南インドのトラヴァンコール藩王国（現ケーララ州南部）で、村の寺院前の通りを通ることを禁じられていた不可触民の入路問題（ワイコム・サティヤーグラハ）や、下層カースト、イーラワーが寺院への立ち入りを求めた入山問題が起こっていた。ガンディーはこの運動を支持したが、このときはそれほど大きな影響を与えなかった。その後一九三六年になってようやく寺院入山法が施行され、法的には不可触民も寺院への立ち入りを認められるようになった。ただ、先にも触れたように、ガンディーは、個人的には寺院での礼拝を必要だとは考えておらず、そのため寺院への入山問題を重視したアンベードカルとは根本的に意見が異なっていた。

一九三〇年代に入ると、ガンディーは不可触民問題を最も重要な課題として積極的に取り組むようになった。そこでは、ヒンドゥー・ムスリムの融和のように、カースト・ヒンドゥーと不可触民との融和もうたわれた。しかし、ヒンドゥー伝統主義者からの理解は得られず、ガンディーがのぞむべき自発的な動きもなく、イライラは募っていった。ガンディーはカースト差別については徹底して反対であったが、カースト制度自体は、社会の多様性をもたらすものとして評価していた。こうした立場は時に誤解を受け、極端な場合にはガンディーは差別主義者だ、などと非難されることさえあった。

タミルナードゥ州南部に会議派の後援でつくられたグルクラム（青少年研修所）では、慣習的にブラーマンと非ブラーマンが別々に昼食を摂っていた。これに対して、タミルナードゥの非ブラーマン運動の指導者ペリヤール（E・V・ラーマサーミ・ナーヤッカル）は、一九二〇年代半ばに皆が一緒に食事するよう促した。一方のガンディーは、この地を訪れたときに、カースト制を容認する立場から共食を無理強いしないようにと介入した。これが一つのきっかけとなって、ペリヤールはガンディーと会議派から離れることになった。ペリヤールはその後のタミルナードゥの非ブラーマン運動を先導し、現在に至る地域政党の隆盛をもたらした。その意味もあってか、とくにタミルナードゥでのガンディーの評判はあまり芳しいものではない。ガンディーの立場は三〇年代から大きく変化したが、これには不可触民運動の指導者アンベードカルとの関係が微妙に働いている。

B・R・アンベードカル（一八九一―一九五六）は、現マッディヤ・プラデーシュ州の不可触民マハール・カーストに生まれた。マハールは村の警備や動物の死骸を扱うカーストで、伝統的に兵役に就く者もあり、英領時代にはかなりの数が軍隊で活躍した。アンベードカルは成績優秀で、不可触民で初めて名門カレッジからボンベイ大学へと進学した。その後バローダ藩王国の奨学金を得て、一九一三年アメリカのコロンビア大学に留学した。一五年に経済学の修士号を取り、翌一六年ロンドン大学大学院に移ったが、奨学金が切れたので一七年に一時帰国した。しかし、学業を継続するために再びロンドンに戻り、最終的に四つの博士号をとった。

この間一九一八年にはボンベイ大学で教職に就いたが、同僚からの差別を受けたという。一九年には不可触民問題を検討するサウスボロ委員会に呼ばれ、そこで不可触民への別個の選挙区、留保枠を設けるよう進言した。二〇年からコルハプールの藩王の後援で週刊紙『静かな指導者』を創刊し、二五年にはいわゆるサイモン委員会にも呼ばれた。そして、一九二七年からは本格的に不可触民運動を始めた。アンベードカルは、公共の飲料水道の整備や寺院への意図的な入山などを提唱し、ついに二七年暮れには有名な『マヌ法典』の焚書事件を起こした。『マヌ法典』は現在のカースト制度の理論的根拠とされる古典である。いまでも、毎年一二月二五日を、不可触民は「マヌ法典焚書記念日」として祝っている。さらに一九三〇年にはナーシクのカーララーム寺院への入山を求める大規模なデモを行い、門前まで至ったが、ブラーマンによって門を閉ざされ目的は果たせなかった。

一九三一年の第二回ロンドン円卓会議での主な議題は選挙制度であった。ガンディーはひそかにムスリムの代表団に対して分離選挙を認めることを提案したが、多宗教のパンジャーブでどのように代表を選ぶのかの調停がつかず、この案は反故になった。一方、アンベードカルも、不可触民に別個の選挙区を設ける分離選挙を主張しただけでなく、ムスリムなどとも連携して幅広い分離選挙を求めた。しかしガンディーは、不可触民の分離についてはヒンドゥーを分断することになるので、命を賭して反対すると述べた。会議にはイギリス、インド藩王国、英領インドの代表が集っていたが、たがいの駆け引きばかりが先に立って、目立った成果は上がらなかった。

ガンディーは会議が不毛に終わることを見越してロンドンを離れ、まずは九月二六日にランカシャーの縫製工場の女性労働者に会って熱烈な歓迎を受けた。そこではイギリスでの熱心なガンディー支持者であったクェーカー教徒とも交流したが、クェーカー側は、ガンディーの政治への傾斜を快くは思っていなかった。続いて、スイスでは念願のロマン・ロランに会い、東と西の代表的な賢人の対面が実現した。さらに、イタリアを訪れ、ムッソリーニに会って、その印象を手紙でロマン・ロランに送っている。ガンディーは、ムッソリーニが農民を優遇していることなどは評価していたが、ファシスト的体質には批判的であった。また、希望した教皇との面会は、政治との関わりがひびいたのか実現しなかった。しかし、ヴァティカン・ツアーではピエタ像の前で涙を流して感動したという。

ガンディーは、三一年一二月二八日にボンベイに戻り、すぐに非協力運動を再開した。しかし、三二年一月四日には、強硬策で臨んできた植民地政府によって会議派は非合法化され、ガンディーはネルーらとともに投獄された。八月一七日には円卓会議で決着がつかなかった選挙制度につき、イギリス首相マクドナルドの裁定が公表された。そこで示されたカースト・ヒンドゥーと不可触民とを分離する案に驚き、九月二〇日から抗議のためのいわゆる「死に至る断食」に入った。ガンディーの断食は、イギリスとの交渉を有利に運ぶことよりも、「ヒンドゥー社会の良心を正しい宗教的行動へと促す」ことを意図したものであった。ガンディーの孤立しながらも命をかけた抗議に、会議派の幹部は戸惑うだけで解決策を示せなかった。結局アンベードカルが折れたかたちで、折衷的ないわゆるプネー協定で合意が成立した。最終的にイギリス政府がこの協定を認めたことで、九月二六日に断食は解かれた。このときの聖人イメージを逆手にとったガンディーの振る舞いは、アンベードカルを悪役におとしめることになり、のちのちまでに禍根を残した。

ガンディーはいわゆる不可触民を「ハリジャン」(神の子)とよぶようになり、三二年に「ハリジャン奉仕協会」を創設、三三年二月には雑誌『ハリジャン』などを創刊して、不可触民への差別を徹底的に暴き糾弾した。しかしこの言葉は不可触民不在で採用され、むしろその尊厳を損なうものとして当事者から評判が悪く、インド政府も一九八二年公式文書で使用することを禁止した。現在は行政用語としての「指定カースト」(Scheduled Caste)や、「ダリト」(Dalit)などが採用されている。

ガンディーは不退転の決意を示すため、一九三三年五月八日から再び獄中で二一日間の長い無条件の断食に入った。これは不可触民の地位向上のための「偉大な犠牲」といわれるが、周囲からの孤立はますます深まった。ガンディーは断食の初日に出獄させられたが、その後も入獄、断食、出獄を繰り返した。そして一九三三年一一月七日から「ハリジャン」運動を促進するため、全国一周の旅に出た。それから九ヶ月の間に、カースト・ヒンドゥーに不可触民への偏見を洗い流すように促すとともに、不可触民にも麻薬や飲酒の習慣を断つよう促した。ガンディーは支援のための「ハリジャン基金」を設けて募金を行った。しかし、運動への反撥もあり、反対デモに襲われたこともあった。六月二五日にはプネーで爆弾を投げつけられる事件があり、ガンディーは間一髪難を逃れていた。一方で、不可触民の間には、ヒンドゥー社会に残っていては、差別から逃れられないとして、とくにプロテスタントに改宗する動きも加速する。

もともとインドでの改宗は集団単位で行われてきた。不可触民差別がヒンドゥー教からの改宗へと発展することにガンディーは耐えられなかった。結局、当事者の共感を得られないままに、むしろ国外で差別撤廃運動が高く評価されるという皮肉な結果に終わった。

一九三四年一月一五日にビハールをおそった大地震は、七〇〇〇人以上の命を奪った。このときガンディーは神罰が当たったといってタゴールの批判を浴びた（本章第二節参照）。ガンディーはちょうど不可触民問題ツアーの途次ビハールにいたのだが、四月にはスワラージ党から疎まれて、自分が孤立していることを悟り、三四年一〇月までに国民会議派を脱退する決意を固めた。塩の行進のあと非合法化されていた国民会議派は、三四年六月に合法化されたが、ガンディーはその後の活動方針には関与できなかった。そして会議派内部には社会主義者が擡頭し、市民的不服従には反対しないものの、ガンディーの運動の進め方に納得していなかった。ネルーもまた同じような想いを捨てられなかった。そして九月一七日にガンディーは声明を発表し、予告したとおり一〇月末に会議派を退いた。ガンディーはこのあと、前節で述べた「村」へと向かったのである。

カースト差別についてガンディーは、なによりもヒンドゥー教を奉じたことで、その根幹をなす社会制度としてのカースト制を否定し去ることはできず、『ヴァルナーシュラマ』に述べられているカースト制は人間の本性に根ざしており、ヒンドゥー教はそれを科学に還元しただけである」として、カースト制は不平等、差別を意味するものではないと考えた（Gandhi

1995: 9–10)。つまり人の差別には断固反対だが、区別するのは多様性の表現としてむしろ奨励したことになる。

ガンディーは、こうしたカースト礼讃の矛盾に気づき、一九二〇年代からは当時のカースト制が、古代のいわゆる「ヴァルナ」の構図(ブラーマン-クシャトリヤ-ヴァイシャ-スードラ)からの逸脱、堕落だとして、カーストのかわりにヴァルナを使うようになった。そして、ヴァルナとカーストは別物であることを強調した。ただ、ガンディーのいうカーストはむしろ社会学用語のジャーティにあたる英語である。一面で社会的分業のシステムの性格を持つとはいえ、ヴァルナこそは古代の征服-被征服の関係を根拠にした差別的制度であった。ガンディーは分業のシステムとしてこれをとらえてむしろ反転させたのだが、大方の理解を得るのは困難だった。

ガンディーは、不可触民制、差別の撤廃に関しては、終始一貫していた。ただし、不可触民の位置づけに関してはとくにアンベードカルとの間に根本的な違いがあった。アンベードカルは二〇年代にはカースト・ヒンドゥーの善意を信じてヒンドゥー寺院への入山運動を指揮した。しかし、カースト・ヒンドゥーは結局のところ不可触民には協力しないと見切って分離選挙を主張していたアンベードカルにとって、不可触民問題は政治問題にほかならなかった。一方ガンディーは、不可触民問題は社会問題であり、ヒンドゥー内部の汚点であって、取り除かなければならないものであった。そのため、ヒンドゥー国家の分断につながる分離選挙には強硬に反対したのである。皮肉なことに現在に至るまで、不可触民は国民会議派の大票田である。

ジンナーと印パ分離

インド独立に暗い影を落としているパキスタンとの分離独立は、ガンディーをはじめとする当事者にも大きな悔恨を残した。よく言われるように、直接分離にさらされたベンガルでもパンジャーブでも、独立前は宗教間の違いを相互に認め合って共存していた。ただ、インド国民会議の発足以降、イギリスをふくめた三者関係が複雑になり、とくにガンディー登場以後は、その表面的な「ヒンドゥー」化によって互いが離反する結果を招いた。ガンディー自身は、アイデンティティ政治つまりアイデンティティに基づく集団の利益をめぐる政治闘争には全く関心がなかった。だから宗教、カースト、階級などの違いを意識しなかったが、ヒンドゥー・ムスリムの対立にはそれが裏目に出た格好である。「インド独立の父」ガンディーと、これに対峙した「パキスタン独立の父」ジンナーは、互いに何度も交渉の席に着きながら、ついに分離を回避できなかった。インドのムスリムの間でも、ガンディーを高く評価したハーン・アブドゥル・ガッファル・ハーンのような指導者もあったが、むしろその対極にあったジンナーがムスリムの動向をリードしていた。印パ分離については、多くのことが語られてきたが、最近では二人の個人的な遺恨が働いたとする見方も行われるようになっている。中でも、有力政治家ジャスワント・シンの著書は、一部で発禁になるなど物議を醸した。

ムハンマド・アリ・ジンナー（一八七六―一九四八）は、現パキスタンのカラーチー生まれであるが、両親はガンディーと同じカーティャーワール半島を拠点にするグジャラート商人であった。ただ、その出自については謎の部分もあり、イランから移住してきたという説や、先祖はパンジャーブ地方のラージプート・ヒンドゥーであったとも噂される。一八九三年にロンドンに渡って法律の勉強を始め、九六年には弁護士資格を得た。国民会議派を立ち上げたナオロジーに心酔し、政治的な志を持った。九六年にボンベイに帰って弁護士業を続けるとともに、国民会議派に加入した。会議派ではナオロジー、ゴーカレ、ティラクなどから評価され、とくにヒンドゥーとムスリムの団結の橋渡しと期待された。

インドのムスリムは、一九〇六年にムスリム議員はムスリムのみの投票で決定すべしという分離選挙を求めた。アーガー・カーンを中心とした指導層は同じ年に「ムスリム連盟」を結成したが、ジンナーは会議派にとどまり、一九一三年までは加入しなかった。ムスリム連盟に加入後も急速にその評価をあげたが、ジンナー自身はむしろ連盟がヒンドゥー・ムスリム統一の鍵だと考えていた。一九一五年尊敬するゴーカレが没すると、その功績を称えるとともに、インド独立をめざして会議派と連盟との協議を呼びかけた。一九一六年ムスリム連盟ラクナウ大会議長に選出され、会議派とムスリム連盟との間で結ばれた「ラクナウ協定」の制定に主導的な役割を果たした。しかし、一九二〇年代に入りガンディーが独立運動の主導権を握るとともに会議派を離脱し、一九二〇年から三〇年までと、一九三七年から四七年のパキスタン独立までムスリム連盟の総裁を務めた。ジンナーはヒンドゥー・ムスリムの融和をめざす立場から出発したが、次第に、ムスリム・アイデンティティを強調する方向に変わっていった。これはちょうど逆の軌跡をたどって最終的にガンディー礼讃にまわったアヤドル・カラム・アザドと対照的である。

ジンナーとガンディーはともにカーティヤーワールにルーツを持ち、ロンドンで同じように法律の勉強をした。ガンディーがインドに帰還したとき、ジンナーはすでにヒンドゥーとの融和を図るムスリム側のリーダーであった。ガンディーの帰国後すぐの歓迎集会で、ジンナーがヒンドゥー・ムスリム協調のために働くことを期待する演説を行った。これに対してガンディーは、ジンナーがムスリムの代表でありながら、ヒンドゥーの集会に出席したことに感謝すると語って、ジンナーの顔をひどくつぶしたのである。また、帰国後すぐにグジャラートの商人がガンディーのために催したレセプションで、紹介にあたったジンナーがグジャラートの地で英語を使ったことをとがめだてされた。それ以後ジンナーはガンディーに敵意を持ち続け、両者の関係は険悪になったのである（ドリエージュ 2002: 52; Rothermund 1999: 27-28）。

もうひとつ二人の関係をややこしくさせているのは、女流詩人サロージニ・ナーユドゥの存在である。サロージニは南インド、ハイダラーバードのベンガル・ブラーマンの家庭に生まれた。一八九五年に藩王の援助でイギリス留学を果たした。一九〇五年のベンガル分割令を機に政治運動に加わり、女性問題にも関わった。一九一五年から自治運動に加わりそこでジンナーに会う。サロージニはジンナーをヒンドゥー・ムスリム統合の使者として評価し、一九一五年の国民会議ではジンナーのために詩をささげ、のちには評伝も書いている。その後ジンナーは一〇代半ばの女性との愛に走り、サロージニはガンディーの崇拝者になった。サロージニはガンディーとはすでに一九一四年に会っていて、ゴーカレから身の回りの世話を頼まれていた。一九二五年にはインド国民会議の議長を務め、三〇年の塩の行進のときにはガンディーとともにつねに先頭を歩くすがたが写真に残っている。

一九一九年にヒラーファト運動が起こったとき、ガンディーはヒンドゥー・ムスリム統一のための絶好の機会として運動を支持したが、ジンナーは宗教的熱狂を鼓舞することになるとして否定的であった。両者の離反が決定づけられたのは、ガンディー指導下の非協力運動からである。ジンナーは「ムスリム・ゴーカレ」などとも言われるように、穏健派のゴーカレに近く、ガンディーの強硬路線にはついて行けなかった。一九二〇年に開かれたナーグプルの会議派集会で、ガンディーを圧倒的に支持する民衆の力に押されて、ジンナーは発言の機会を奪われた。またガンディーに弁護士階級は頼りにできないとこき下ろされて、ついに会議派にとどまる理由を失ったのである。

このナーグプル会議の直前にジンナーはガンディーに次のように言ったという。「あなたのやり方は、これまであなたが接触したほとんどすべての組織に分裂と不和を巻き起こした。ヒンドゥーとムスリムだけでなく、ヒンドゥーとヒンドゥー、ムスリムとムスリム、ときには父と子の間にさえ」。「国中が絶望しており、あなたの極端な行動計画は、経験のない若者、無知、無筆な者、の創造力を掻き立てた。その結果は、組織の完全な崩壊であり、混沌である」（Wolpert 1984: 7）。ジンナーは、ガンディー主導の国民会議派が、国民政党ではなくヒンドゥー政党になりはてていることを強く批判したのである。

ガンディーが一九二四年に出獄したころには、両者の対立は決定的に悪くなっていた。ガンディーも政治の表面から退いていたので、調停は進まなかった。そうした中で、一九三三年にC・アフマド・アリがパキスターン国家構想を初めて提唱した。当初は実現性はうすいと見られていたし、ジンナーも否定的であった。一九三五年に制定された「インド統治法」では将来の独立を見すえた自治権の拡大が盛り込まれ、インド、イギリス双方不満もあったが、会議派は選挙に臨むことになった。三七年に行われた国会選挙では国民会議派が勝利し、ムスリム連盟は大敗した。ジンナーはボンベイ州政府に加わろうとしたが、ガンディーの反対で流れた。そして、ここからジンナーは、急速にムスリム・ナショナリズムに傾斜していった。ジンナーに率いられたムスリムは、一九四〇年統一を捨ててムスリム国家の樹立を目指す二国民論を承認した。ジンナーはここで、ヒンドゥー・ムスリム両者の統一は不可能となったと考えたのである。ガンディーを始めとする会議派はあくまでも統一国家を目指したが、両者の亀裂は修復できないほど大きく深くなっていた。

「パキスターン」国家構想は、もともと学生の「実現不可能な夢物語」から始まったとされている。その発端は一九三〇年ムスリム連盟大会の議長演説で、ムハンマド・イクバールが西北インドにムスリム・インドの建設を提案したことに端を発したとされる。これに触発されたイギリス留学中のムスリム学生が、円卓会議のため訪英していたムスリムの代表団に、Punjab, Afghan, Kashmir, Sindh の頭文字とバルチスターンの stan（くに）をあわせて、パキスターン（清浄の国）と呼ぶことを提案した。これは代表団からも詩人や学生の構想として一蹴されたという。その後一九三三年にアフマド・アリが、パキスターンで生きるか、さもなくば永遠の死か、と訴えて議論の俎上にあがるようになった。歴史にはこうした偶然はよく働くものである。というより、歴史は偶然や誤解の産物だといった方がいいだろう。それが結果的に多くの人びとを苦しめる結果を招くのである。

ボースとネルー

ガンディーは、一九三〇年代に入って不可触民問題と農村開発に精力を注ぎ、とくに国民会議派の権力闘争や主導権争いからは足を洗っていた。しかしその影響力は隠然として大きく、だれがその衣鉢を継ぐのかが大きな問題であった。そこで浮上したのが、スバス・チャンドラ（S・C・）・ボースとジャワハルラール・ネルーであった。S・C・ボースはその悲劇的で謎の多い最期の真相をめぐって、今も論争の的である。このボースのやや年上のネルーとの関係は微妙で、二〇一六年一月にも、ネルーが大英帝国のアトリー首相にあてた手紙なるものが有力紙の『タイムズ・オブ・インディア』紙上で公表された。そこでネルーがボースを戦争犯罪人であると指弾していたというニュースになり、大騒ぎとなった。この手紙自体は、サバルタン研究のラームチャンドラ・グハによって偽物と断定されたが、ネルーを擁護する会議派と批判的なインド人民党（BJP）との間の場外乱闘にも発展し、政争の具にも発展した。

スバス・チャンドラ・ボース（ネータジー、一八九七―一九四五）は、ベンガル地方のカタク（現オリッサ州）の生まれで、父は弁護士であった。カルカッタ大学から一九一九年ケンブリッジ大学大学院に留学した。二一年ガンディー指導下の非協力運動に参加したが、武力によらぬ運動には限界があると考えて、非暴力主義には反対であった。二四年には投獄されビルマに流された。二七年釈放後はジャワハルラール・ネルーとともに会議派の有力な若手指導者となった。三〇年にカルカッタ市長に選出されたが、大英帝国の反対で免職された。三〇年代のボースはヨーロッパを回り、インド人学生やヨーロッパの政治家などを訪ねた。

ボースは反英武力闘争を唱えて、ガンディーの非暴力主義とは対立した。一九三八年ハリプラーでの国民会議で、左派の青年の後押しで議長に就任した。しかし、路線の違うガンディーはこれに反対し、協力も拒んだ。翌三九年もガンディーが推す候補者を斥けて議長に選任されたものの、ガンディー、ネルーを筆頭に反対が強くて辞職せざるを得なかった。三九年六月、ボースは会議派内の党派として全インド前進同盟を結成した。ガンディーもネルーもボースの擡頭を警戒し、その力をそごうとした。

会議派の主流から外れたボースはその後迷走を続ける。一九四一年一月一九日、インドを脱出し、アフガニスタン、モスクワ、ローマを経て四月にドイツに落ち着いた。この間ヒトラーにも会っている。しかし、自らがプロパガンダに利用されているにすぎないことを悟り、四三年にはシンガポールを経て日本に移り住んだ。日本は四一年から太平洋戦争に突入していたが、四二年にはのちに日本に亡命したもう一人のボース、ラース・ビハーリー・ボース（中村屋のボース）がインド国民軍を設立した。その後インド側の路線問題やビハーリー自身の健康問題などから、四三年七月にスバス・チャンドラに指導権が移った。同年一〇月スバス・チャンドラは日本政府の後援のもと、シンガポールに自由インド仮政府を樹立した。インド国民軍は武力によるインド独立を勝ち取ろうと、ラングーンに本拠を移し、日本軍のインパール作戦にも参加した。

一九四五年八月一五日に日本は全面降伏したが、ボースはさらなる機会を求めてソ連の協力を要請しようとした。八月一八日に満洲でソ連と交渉しようと台北の空港で乗り込んだ飛行機が離陸できないまま土堤に衝突し、負傷したボースは同日夜に亡くなった。八月二〇日に台北で荼毘に付され、二三日にその死が公表された。その死には謎も多く、密かに生存しているという説も根強かった。インド政府は独立後一九五六年、七〇年、二〇〇六年に委員会を設けて事の真相を明らかにしようとしたが、今も一部の謎は残されたままである。また、ネルーがボースを忌避したせいか、独立後の評価は定まらなかった。一九七八年に国会議事堂にガンディー、ネルーと並んで顕彰されて、ようやく正当な評価がなされるようになった。

　ボースが会議派から離脱した後、ひとりガンディーの右腕となって独立を果たしたのはジャワハルラール・ネルー（一八八九―一九六四）である。弁護士でインド独立運動にも参加していた父モーティラール・ネルー（一八六一―一九三一）の子で、家はインドでももっとも厳格なカシミール・ブラーマンの系譜をひく名家であった。父はまた神智協会員であり、ジャワハルラールも家庭教師のF・ブルックスの影響もあって、一三歳の時に父の友人であったベサントのもとで協会員になった。しかし、素行に問題のあったブルックスがやめさせられるとすぐに協会から離れた。ただ、ネルーは神智協会を通じて仏教やヒンドゥー教などの、インド伝来の宗教への関心を持つようになったという。ネルーの娘インディラー・ガンディーは一九八三年に、アダヤールの神智協会本部で講演し、協会がインドの文化と政治の再生に力をつくしたことを称え、その真理へのあくなき追究の姿勢が父ジャワハルラールを引きつけたのだろうと述べている（Cranston 1993: 196）。

　ネルーは一九〇七年ケンブリッジに留学し、一〇年に自然科学の学位を取得した。さらに二年間ロンドンで法律を学び、一二年司法試験に合格した。その後インドに帰り、弁護士活動に入ったが、すでに政治の方に関心が向いていた。一二年のパトナー国民会議に参加し、ベサントらの自治連盟にも加わった。一九二〇年のガンディー率いる非協力運動でも活躍し、逮捕された。その後も一貫してガンディーに協力し、二〇年代には国際的な関係の構築に力を発揮した。そのため、二三年に父モーティラールがスワラージ党を結成したときも、それには加わらなかった。一九二六年から二七年にかけてヨーロッパとロシアを回ったが、このときマルクス主義や社会主義に関心を持った。とくにネルーは政治理論としてではなく、経済理論としてマルクス主義を評価していた。この旅行はネルーにとっての分水嶺であった。一九二九年ラーホール国民会議では父に代わって議長となり、ここで、完全独立（プールナー・スワラージ）を目指す決議がなされた。三一年に父が亡くなると、会議派の中枢に入り、直接ガンディーの薫陶を得るようになった。

ボースとともにガンディーを支えていたネルーは、三〇年代に入るとガンディーと次第に距離をおくようになり、その溝は深まっていった。また、一九三四年にガンディーが政治の表舞台から退くと、ネルーはガンディーから自立する意思を示し、その後はレーニンを師と仰ぐようになった。三五年になるとヨーロッパで療養していた妻のカマラーの病状が芳しくなく、獄中のネルーは特に許されて九月にドイツへ飛んだ。この旅はネルーにとってよい息抜きとなった。ネルーの関心はヨーロッパの発展にあり、独立インドについては、民主主義、政教分離を原則とした国民国家を目指す方向性を持っていた。一九三五年のインド統治法に対して、この年の国民会議ラクナウ大会の議長を務めたネルー個人は、奴隷憲章だと酷評したが、大勢はこれを受け入れて二年後の選挙に臨むことを決議した。このときガンディーもまた大勢についていた。

ネルーは三六年からたびたび投獄され、獄中生活は一〇年にのぼったが、この間に『父が子に語る世界歴史』(一九三四)、『自伝』(一九三六)、『インドの発見』(一九四六)などを執筆していた。

分離独立、そして暗殺

一九三九年九月三日に第二次世界大戦が始まると、総督リンリスゴー(一九三六―四三)は、インドも自動的に戦争状態に入ったと宣言した。会議派は九月一四日に「戦争に関する声明」を発表し、一方で、ナチスの侵略行為を批判しながら、インドを「自動的に」参戦させたことに抗議した。ガンディーは少し違っていて、戦争そのものは民主主義の全体主義との闘いであると理解したが、インドの支持は無条件で非暴力的なものでなければならないと主張した。両者の違いは、会議派が非暴力を大英帝国に対する独立運動に限定したのに対して、ガンディーはそれを全ての行動に適用すべき真理であるとして、みずからの宗教的信条を貫いたところにある。そして、ガンディーは一九四〇年一〇月一七日から、大衆運動でなく、選ばれた個人による「象徴的・道徳的抗議」による個人的サティヤーグラハを展開した。総督は全ての反戦宣伝活動を禁じて次々とサティヤーグラヒーを逮捕し、四一年五月までに二万五〇〇〇人余りが投獄された。

ただ、この間のガンディーのヒトラーとの関係については批判も多い。それは一九三九年から四〇年にかけて直接ヒトラーに手紙を送り、民族的ナショナリズムに共感しつつ、暴力を批判し、非暴力に転ずるよう諭したり、ユダヤ人に非暴力的抵抗を示唆するなど、ナチスの蛮行をよく知らないまま、ヒトラーの人間性への信頼を捨てなかったからである。その意味で、ガンディーのヒトラーやムッソリーニとの関係は、現実から目をそらして理想論のみを語る夢想家との批判を許している。

一九四一年一二月に日本の参戦気運が高まると、獄中のサティヤーグラヒーの多くは解放された。一二月八日に日本の真珠湾攻撃で太平洋戦争が始まると、イギリスはアジアで日本に負け続け、インドの参戦を求めてきた。ネルーはその条件に独立を認めることをあげた。しかし、チャーチルが派遣したS・クリップス使節団の提案に失望して、そもそも非暴力を唱えて参戦に反対していたガンディーとともに強硬に抵抗した。ガンディーは、インドからイギリスが立ち去れば、日本も攻撃の理由がなくなるだろうと考えて、「インドを立ち去れ」（クィット・インディア）運動を組織した。この運動は、イギリス支配の即時撤退をもとめ、四二年八月に開催されたボンベイ国民会議で「インドを立ち去れ決議案」が採択された。これは、微妙にずれていたガンディーとネルーの考え方のどちらともとれる玉虫色の決議案であった。このときガンディーは大演説を行い、人びとに「行動か死か」と訴えて闘争への参加を呼びかけた。政府の対応は早く、ガンディー、ネルーはじめ主要な指導者がことごとく投獄され、会議派は非合法化された。その後の独立運動は指導者なき大衆運動のかたちとなった。ガンディーはまた、獄中にあった四四年二月二二日に妻カストゥルバーイを喪った。

政府による大量検挙に反対して各地で自発的な抗議行動が起こったが、指導者を失ってときには暴力へとエスカレートしていった。このような混乱のなかで、一九四五年八月一五日、日本の降伏で、第二次世界大戦は終結した。四五年七月にすでに英国では、インドの「完全な自治の実現」を約束していた労働党のアトリー内閣が発足しており、独立の気運は大いに盛り上がった。一方、「インドを立ち去れ」運動が始まっても、ムスリム連盟は蚊帳の外だった。ガンディーは何度もジンナーに会いあくまでも統一を目指したが不調に終わった。会議派とムスリム連盟は多発する宗教間紛争につき、暗然と支持したり、黙認を続けたりしていた。両者の溝は深まる一方で、一九四六年の選挙でムスリム連盟がムスリム用議席の過半数を得ると、それまで荒唐無稽とも思われていたパキスタン国家構想が、いよいよ実現に向けて動き出したのである。一九四六年一〇月、東ベンガルのノアカーリー地方で、ムスリムによるヒンドゥー教徒への襲撃事件が起こり、ガンディーはこれを調整するために現地に向かった。四六年一一月六日ガンディーはノアカーリーに着き、翌四七年三月まで四九ヶ村を歩いて、融和を訴え続けた。

一九四七年八月一五日、インドはパキスタンとともに独立を果たしたが、それは二つの国への「分離独立」でもあった。ネルーのライバルのボースは飛行機事故で亡くなり、七七歳になっていたガンディーはこの歴史的瞬間には立ち会わず、カルカッタのスラムでヒンドゥー・ム

花で飾られたガンディーの遺体　1948年２月２日（写真提供：Getty Images）

スリムの融和を訴えていた。独立インドは名実ともに初代首相に就任したジャワハルラール・ネルーが率いることになった。ガンディーは独立インドに背を向けて、ベンガルの農村へと戻っていった。そして、国民会議派を国民奉仕協会に発展的に解消して、社会的、道徳的、経済的な独立を果たさなければならないと主張した。一九四八年一月三〇日、この提案を文章にしたあとガンディーは、日課の夕べの祈禱会に向かった。その途次でヒンドゥー至上主義者の青年ゴードセーに拳銃で暗殺された。

一方ジンナーは一九四七年八月一四日、独立したパキスタン（現在のバングラデシュを含む）の初代総督となったが、翌四八年九月一一日に生涯を閉じた。ガンディー暗殺から遅れること八ヶ月しかたっていなかった。インド、パキスタンは、同じ時間を日にちが違う一九四七年八月一五日午前〇時と一四日午後一二時にあてて、それぞれ独立を果たした。この時間の数え方の違いに両者の深い溝が象徴的に表現されている。

ガンディーの最期の言葉として伝えられているのは、「ヘイ・ラーム」(おお、神よ) である。これはヒンドゥー教のラーム神への祈りと考えられるのがふつうである。しかし、晩年のガンディーの心境からして、ラームが特定のヒンドゥー神を想定していないことは明らかである。暗殺される前年のことばに、「わたしはラームの国 (ラーム・ラージ) を理想としていますが、誤解していただきたくないのは、それはヒンドゥー教の支配する国ではない、ということです。ラームはクダー、神の意味で、わたしは神の国、つまり地上の神の王国を求めているのです」(CWMG 94: 46) と述べている。それは、カースト、階級、国家のない社会で、古代インドの理想郷ヴァルナシュラマの現代版である。もちろんこの神は、特定の宗教に属するのではなく、究極の普遍神であり、ガンディーの思想は目的のためには暴力も辞さないマルクス的革命論とも違っていて、個人は身体性から離れ物欲をなくすことで、個を至高の全体のなかに解放することができるとするものであった。

第四章　オリエンタリズムとナショナリズム

――東と西のすれ違い（一九四八―）

ガンディーは西欧キリスト教世界から多大な影響を受けながら、むしろその影響のもとにヒンドゥー世界を対置しつつ、みずからのスタンスを定位させていった。とくに、神智主義や秘教的キリスト教などの秘教思想とナショナリズムとの絡み合いは、西からのオリエンタリズムと、西の圧倒的な影響のもとで形成された東のオリエンタリズムとの不思議な交流でもある。ガンディーは、敵の論理に乗ってみずからのアイデンティティを構築する植民地エリートに共通する方法をとったが、さらにそれを逆手にとって大衆動員に成功し、エリート主義の限界を超えていった。

しかし、独立後のインドは、ネルーの指導の下、ガンディーが抱いた理想の国家像とは反対の方向に動いていった。そこでは、ガンディーの徹底した理想的な非エリート主義とネルーの現実的なエリート主義との対比が明確である。また、没後のガンディーは、当人の意思を超えて、西ではキリスト教聖人のごとく奉られ、農民からは生き神のごとく崇拝され、さらに、独立を導いた国家英雄としても尊崇された。その一方で、戦略家としての狡猾さや、奇妙な性癖が批判の的にもなった。そうした中で、現在では非暴力と清貧の思想が、抵抗運動や環境保護などに影響を残している。

この章では、多様なイメージを持たれていたガンディーが、とくに西欧で「非暴力の使徒」として神聖化されるプロセスと、最近の再評価の動きを紹介し、現在のわれわれにとっての意義を考えて全体をしめくくる。

1　イメージ戦略

ガンディーのイメージは国内外でさまざまにつくられてきた。一九一五年にタゴールが「マハートマ」と称して以後それが定着したが、一方親しい人びとの間では親しみをこめて「バープー」（おとうさん）とよばれた。一九二〇年代になると、ガンディーは全インド的な関心を集めたが、それまでの指導者が地域限定であったのに対して、歴史上初めての現象だといってよい。三〇年代の塩の行進以後はさらにインド・ナショナリズムのシンボルとなり、国家英雄として崇拝の対象になっていった。ただ、ガンディーはもともと毀誉褒貶の激しい人であった。その生存中には、過激派、狂信者、トラブルメーカー、偽善者、奇人、反動的、革命家、聖者、行者、救世主、神の化身などなど、良くも悪くもそのイメージは実に多岐にわたっていた。そして、レーニンや、ときにイエス・キリストにたとえられることさえあった。

四人のガンディー

ゴードセーによる暗殺後も、ガンディー・イメージはゆるやかに変化してきた。独立後の、非暴力による政治的闘争の方法を生み出して独立を果たした「国父」から、冷戦時代には資本主義でも共産主義でもない第三の道「ガンディー主義」の創始者として、さらに、冷戦が終結してグローバル化が進展すると、国内、国外を問わず、環境保護と代替社会運動の先駆者として評価されている。ただ、ガンディーのイメージは生きている間は多様であったのに対して、没後はしだいにしぼられてきた。

政治心理学者とも称されるインドのすぐれた思想家アシーシュ・ナンディは、「ガンディー以後のガンディー」というエッセイで、現代インドには「四人のガンディー」が生きている、とその多面的な評価について次のように整理している。

1　インド国家とインド・ナショナリズムのガンディー
インド国民国家の父として利用される。ガンディーが、アナキスト的で、公と私・政と教・過去と現在などの分離を拒否していたことが足かせになるが、それは無視する。そして、ゴードセーによるガンディー暗殺は、誕生した国を救済する「父殺し」だと位置づけられる。

2　ガンディー主義者のガンディー
徹底して政治色を脱色して「好々爺」（バープー）として人びとに愛される博物館的なガンディー。

3　襤褸をまとう気まぐれな奇人ガンディー
古典的な自主独立（スワラージ）論者として、反近代であるとともに伝統主義者で、伝統に則らない自前の近代まがいよりも輸入物の方がましだと考える。近代化や経済発展には異議を申し立て、現代の民衆活動家の心に生きている。

4　神話化されたガンディー

新しい伝説や叙事詩によって世界に流布したイメージ。これがガンディーの生涯の「真実」だと信じられるので、脱神話化は容易ではない。キング牧師、マンデラ、オバマなどを通して、世界の抑圧や不正のあるさまざまな場面で想起されるガンディー。

（Nandy 2000: 38-41）

とりわけ、没後のイメージはこれらのうちでもほぼ二つに集約される。つまり、インド国内での、国父（Father of the Nation）と称えられるイメージ（1）、そして主にインドの外での、非暴力の使徒として記憶に残るイメージ（4）である。こうしたイメージの幅の狭さは、人びとの集合的な記憶に基づく面もあるが、多くは意図的にガンディーを利用しようとした企てに帰せられる。こうして、一九四八年の暗殺以降、ガンディーは一斉に偉人、聖人化されていった。ネルーが言うように、ガンディーはインドそのものになっていったのである。インドの主要都市の中心には、ほぼ例外なくマハートマ・ガンディー通り（M・G・ロード）があり、また各地にガンディー記念館がつくられている。そして何よりも、独立記念日（八月一五日）、共和国記念日（一月二六日）とならんでガンディー生誕記念日（一〇月二日）は、地域、宗教など

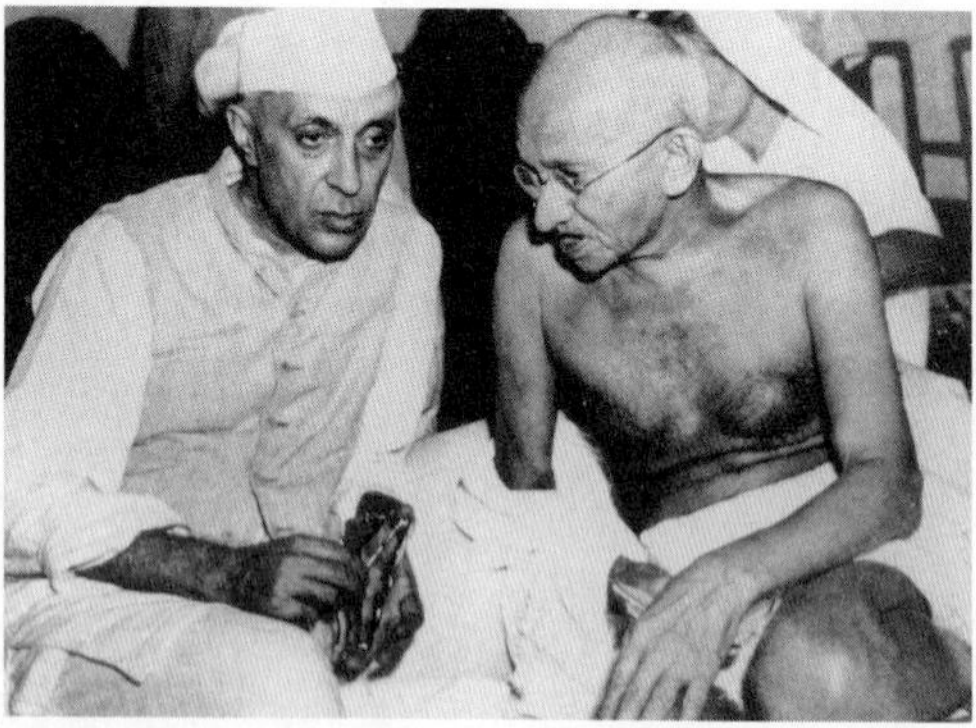
ガンディー（右）とネルー　1946年（写真提供：UPI＝共同）

に限定されないインド全体の祝日になっている。
　ガンディー本人は、自分のイメージについて、特に西欧からのキリスト教聖人（Saint）と見なそうとする傾向に、みずからを意図的におとしめるかたちで異議申し立てを行った。そして、キリスト教徒の友人からの影響を認めつつも、つねにヒンドゥー思想への献身を強調していた。ときには釈尊仏陀とイエス・キリストを比較し、仏陀の優位を唱えたりもした。こうしてガンディーは、西欧世界に広く行われていた、自身をキリスト教イメージで語ろうとする風潮からは離れようとしていた。そして、ヒンドゥー教に関しては、その核心から引き出された独自の解釈を対置していった。その一方で、インド人から神格化される傾向があるのに対しては、みずからの不完全さを対置したのである。
　ガンディーの正統的な後継者と目されたジャワハルラール・ネルーは、ガンディー・イメージを最大限に利用し、相手を封ずるときに武器として有効に活用した。ゴードセーの裁判が始まると、暗殺者はガンディーがムスリムに弱腰で、また分離独立に至ってしまった責任を厳しく問うた。これは高位カーストのヒンドゥーにも比較的通ずる危機感の現れであった。ネルーは、政教分離の世俗主義者と、RSS（国民義勇軍）に代表される反世俗主義者の間に線引きをし、ガンディー・イメージを利用しながら近代主義的な政教分離・世俗国家のほうへ導こうとした。ネルーはガンディーを、総論としてインド・ナショナリズムの模範的指導者として表象する一方、社会経済改革の各論では夢物語が多いと批判していた。

こうしたガンディー利用に対しては、当然反撥もみられた。その一つがガンディーに近かったV・バーヴェーらによる農民社会改革の推進であった。バーヴェーは一九五一年にブーダン運動を組織し、零細農民への大規模な土地の再配分を求めた。多くのガンディー主義者がこれを支持したが、マルクス主義的な陣営は、より直接的な反対闘争を実行した。また、一九五五年に社会党の議長になったR・ロヒアは、英語公用語撤廃のサティヤーグラハ運動を実施した。しかし、どちらもネルー路線を脅かすほどの影響力は持たなかった。

それでも、ガンディーの思想、とくにアヒンサーとサティヤーグラハ、サルヴォーダヤとスワデーシ、スワラージなどを合い言葉にした「ガンディー主義」（Gandhism）がゆるやかに認識されるようになっていった。その核心には非暴力があり、これが世界的な影響力を持つようになった。ガンディー自身は「主義」（-ism）を忌み嫌ったが、その意に反してガンディー主義は国際的な市民権を持つようになった。そして、七〇年代に入ると、その政治思想、経済思想が幅広く参照されるようになったのである。

身体イメージと服装戦略

ガンディーのイメージは、生前からその身体に負うところが大きかった。すでに存命中から写真が無数に撮られて数多く流布していた。ガンディーにとって身体は最終的に克服すべき対象であったが、それはまた魂の状態を映しだす鏡であり、力の源泉でもあった。そのため、衛生や食事には過剰なまでに気を使っていた。ガンディーの痩せて弱々しく見えるからだは一見して強い印象を与えなかったが、ひとたび語り出すとその印象が全く変わった。だから、菜食を含めて、飲み物、食べ物への意識は高かったし、身体を賭した断食という闘争スタイルは究極の力を発揮する方法であった。

ガンディーは生涯に南アフリカで二度、インドで一六度の計一八度断食を敢行した。断食という方法はヒンドゥーの信仰実践として普通に行われている方法である。ガンディー自身断食は便秘、不眠症、発熱、消化不良、リューマチ、痛風、情緒不安などに効果があるとして、健康上即効性があるものととらえていた。それだけでなく、断食は不浄を断ち、自己の欲望を抑制する実践の手段でもあった。南アフリカでの最初の断食はフェニックスで行われた。その後の断食は、ほかの非暴力的方法が出し尽くされたときの、身を賭した最後的手段であった。とくに一九三二年九月から三三年八月までの間には、都合四度の断食を行っている。繰り返される断食は至高の犠牲(ヤジニャー)であり自己浄化の方法である。まことの断食は、必要な強さと浄性があれば、世界の人類に浸透するような無言の見えない力を生み出すのだと言っている。とくに一九三二年の獄中での断食は、人びとに大きな衝撃を与えた。そしてなにより、自己抑制としての断食は「真理」に至る究極の方法であった。三尾稔は、ガンディーの断食を、断食や性的禁欲を実践する宗教的聖者に超自然的な力が宿るとするインド的伝統の中での聖者信仰の水脈に通じているものと解釈する（三尾 2010）。これまでみてきたように、ガンディーはインド的伝統を巧みに使いながら、インド民衆を動員する「方法」を編み出してきたが、身体を賭した「断食」にその最終的なすがたを見いだしたのである。

ガンディーのイメージ戦略は、その服装にも大いに発揮された。すでに留学中のロンドンでも、生活費を切り詰めるなかで、弁護士らしいダンディな洋服にかける出費だけは節約しなかった。ガンディーは言葉、弁舌より外見、イメージを重視していた。こんなガンディーが人びとの前にインド服で初めて現れたのは一九一三年ダーバン（南アフリカ）でのことであった。みずからが指導するサティヤーグラハ運動のなかで亡くなった炭鉱夫の葬送の時に、頭を剃り、ルンギー（腰巻）とクルター（シャツ）だけを身につけて参列した。一九一四年に南アフリカを発つときのガンディーはジェントルマン風の洋装であったが、ボンベイに着いたときには、故郷カーティヤーワールの農民のスタイルであった。これはインドのエリート・ナショナリストにはショックを与えたようである。

そして、ガンディー帽と言われるようになったカシミール風の白い帽子や、その代名詞となった手紡ぎ、手織りのカーディーを定着させた。ただ、E・タルロによれば、このカーディー戦略は必ずしも成功とはいえず、それにかわって一九二一年に上半身裸で腰布だけを巻くスタイルが採用された。ガンディーの腰布姿は貧困の象徴であり、カーディーを採用して、西欧の機械織りの衣装を拒否することによってのみ貧困を回避することができるという主張であった。タルロは、ガンディーの半裸姿は、自給自足とイギリス支配からの解放へのメッセージで、巷間言われるような貧困の賛美ではないというのである（Tarlo 1996）。この姿はあくまでも一時的なものではあったが、ガンディーはそれを継続し、一九三一年、ロンドンのダウニング街に現れたときも、腰布にショールを羽織っていただけであった。八四年後に、このときの姿が議会前広場の銅像としてよみがえったのである。

腰布、ショール、杖の三点セットは、「聖人」ガンディーのシンボルになったわけであるが、本人はこうした宗教性への読みは当たっていないと言っていた。とくに、質素さを聖人性と結びつけられることにはみずから賛同はしなかったし、インドでもそれほどアピールしなかった。むしろ、西欧側にとってはイエス・キリストやアッシジの聖フランシスコなどと結びつけて、容易に受け入れられる素地となった。じっさいここには、ガンディー自身が描いていたインド的聖人性とのズレがあった。

ガンディー自身がインド人にアピールしようとしていた聖人性には、ヒンドゥー教の伝統のなかにある現世放棄者（サンニャーシ）のイメージが強い。その象徴が、一九〇六年からのブラフマーチャーリヤの実践であった。これは、禁欲主義の実践であり、具体的には妻を初めとする女性との性交を断つこと、また家族生活も放棄してアーシュラムで生活することであった。これにより、ガンディーは他の政治的指導者より一段高い地平にあることをみずから実現したのである。これに比べれば、衣装戦略は二次的なもので、政治的計算にすぎなかった。また、西欧の伝統とは違って、インドの現世放棄者とはいうものの、彼岸にあって此岸に関わらないのではなく、社会的にも宗教的にも改革者として活動していた。これはガンディーの出身カースト、バニヤーの商人のモラル、つまり高い精神性と現実的なプラグマティズムとも合致していた。それはまた、大衆には強く支持されるものの、逆にエリート・ナショナリストと分岐する点でもあった。

農民のサンスクリット化

ガンディーが、ほかのエリート指導層と異なっていたのは、徹底して農民社会に足場を置いて、その利害を代表しながら、大衆動員に成功したところにある。そうした思想は、ラスキンの影響で、都市的な生活を捨ててアーシュラムでの禁欲的な生活を始めた一九〇四年ごろにさかのぼる。それはまた現世放棄のヒンドゥー聖者のイメージにもつながっている。ただ、ガンディー自身は農村生活の具体的なイメージは稀薄で、家族は生活になじめず、また自らが意図したような共同体も作れなかった。

一方農民からの反応が実際どのようなものであったかは、まさにサバルタンとして十分な記録を残す立場になかったので分かりにくいところがある。ただ、すでに一九一七年のチャンパーランでの活動に際して、農民たちがガンディーをすぐに問題を解決してくれる救世主のように噂していたことは分かっている。そこでのガンディー像は次のような特徴をもっていた。(1)ガンディーはほかの地方有力者より力がある。(2)ガンディーは、農民が逃れたいと思っている義務を廃止してくれる。(3)チャンパーランの行政はインド人、それもガンディー自身の手にもどされる。しかし、こうした神格化すらも、どうやら土地の指導的な人びとの情報操作があって、自発的な動きではなかったようである。

南アジア史研究のシャヒード・アミンは、エリート層の見解を除外してサバルタンからのガンディー認識を再構成しようとした。一九二一年にガンディーが訪れた北インド、ウッタル・プラデーシュのゴラクプール県の資料から、農民層に流布していたのは、ガンディーにしたがえば反対者が後悔するような希望を叶えてくれるというたぐいの、奇蹟を起こす超自然力を持っているという逸話であった。例えば、ガンディーの主張する禁欲や食事の制限などに反して健康を損なった人の話や、逆にそれを守って恩恵を受けた例などが紹介されている。そこで農民が受け取ったメッセージは、身を浄めることによる社会改革の奨励であった。これは一九世紀末からの社会改革者の重要課題で、また社会人類学者M・N・シュリニヴァースのいう、上位カーストの慣習を採用して地位上昇をはかる「サンスクリット化」の指標でもあった。それに対して、ガンディーの意図した非暴力の訴えはあまり理解されなかった。

こうして、ガンディーのイメージは、一方で「神格化」され、他方ではうまく利用されるという二つの方向に分かれた。つまり、農民にとってガンディーは、その清貧な生活ゆえの聖人(holy man)であり、ときには信奉者が敵や反対者を打ち負かすことができるような超自然力を持つ存在であった。さらにガンディーはヴィシュヌ神の化身とみられたり、その奇蹟譚はキリストやアッシジの聖フランシスコを想起させ、小麦をごまに変えられるというような噂もささやかれた。こうした神格化によって、とくに女性の間で信仰の対象とされ、中にはガンディーに供物を献げる者もあらわれた。これはガンディー自身もっとも警戒したことであるが、ときにはその名前で暴力が奨励されることさえもあった。農村でのガンディー・イメージは当人の意図を裏切って予測しない方に進んでいたのである。

インド国内でのガンディー評価はさまざまであったが、特徴としてムスリム社会ではほとんど共感を得られなかったことと、受け取り方に地域差が大きかったことがあげられる。ガンディー自身ヒンドゥー教徒の家庭に生まれたが、周囲にムスリムも多く、また母はヒンドゥーとイスラームとの折衷的な宗派にも信仰があった。ガンディーもつねにインドの統一は両者を含むものと強く主張していたが、いわば方便としてヒンドゥー的要素を強調したことが裏目に出ていた。さらに、ガンディーは歴史上初めて地域を超えて全インド的な指導者の地位を得たが、過去へのノスタルジーが強いマハーラーシュトラとベンガル、それにカースト制を容認することへの反撥があったタミルナードゥなどでの評価は高くない。さらに、ガンディーのブルジョワ志向、資本主義擁護などのレッテルにより、左翼からの批判も強かった。

2　キリスト教聖人化

殉教

ガンディー暗殺の報を聞いて、インドがどのような混乱に陥るのか非常に憂慮する人びとが多かったにもかかわらず、実際は大きな混乱を招くことはなかった。またその死は、ヒンドゥー・ムスリム関係について意見の相違が大きかったJ・ネルー首相とV・パテール副首相との関係を修復するきっかけにもなった。ガンディーは亡くなる直前にパテールに会い、その後ネルーにも会う予定であった。二人は、ガンディーの死によって状況が全く変わったので、その後の困難な状況に対処するためにも、論争はやめて協力し合うことに合意した。そしてラジオを通じて、国民に報復ではなくガンディーの愛と非暴力のメッセージを実行しようと訴えた。ガンディーは、それまでヒンドゥー・ムスリムの融和のためには死を賭してもかまわないと繰り返し表明していた。不幸にも分離独立は避けられなかったが、殉教者として一時的にではあるが、インド国民の団結を実現させたのであった。

ガンディーは、生存中はさまざまにとらえられていたが、没後はインド国内では独立の父、国外では非暴力の使徒と見なされるようになった。こうした聖人のイメージ作りに大きく寄与したのは、ガンディーをキリスト教的な聖人のイメージに近づけようとした、イギリスのJ・J・ドーク、アメリカのJ・H・ホームズ、フランスのロマン・ロランによる評伝や、一九八二年の映画『ガンディー』などであった。こうした生存中からのガンディーをキリスト教の側に取り込もうとする評価は、西欧世界におけるガンディー受容に大きな役割を果たしたと考えられる。そこで「聖人ガンディー」のイメージがキリスト教の聖人のイメージと重なり合うのは当然である。イギリス・バプティストのJ・J・ドーク師のもっとも初期の評伝（一九〇九）は、聖人化のもっとも早い例である。そこでガンディーはイエスやマリアと比べられ、「彼とともに歩むことが教養教育であり、彼を知ることが愛することであるような、傑出した人格を持っている」、と称賛された。

さらに決定的だったのが、アメリカのリベラルなプロテスタントでユニテリアン教会牧師のJ・H・ホームズの一九二一年の説教である。ホームズは最も偉大な人間は、レーニンでもロマン・ロランでもなく、モーハンダース・カラームチャンド・ガンディーという名のインドの活動家であるとした。そしてさらに、「わたしは、レーニンのことを考えるとナポレオンを想うが、ガンディーのことを考えると、イエス・キリストを想起する」と述べている。ホームズはさらに、ガンディーを聖人（Saint）以上の救世主（Saviour）だとまで言うのである。ホームズはその後の人生をガンディー思想の広宣のために捧げ、そのおかげでガンディーはアメリカで現代の聖人だと広く認められるようになった。

ロマン・ロラン

ガンディーの存命中に出版されたロマン・ロランのガンディー評伝（邦題『マハトマ・ガンジー』、一九二四）は、内容に多くの誤りや誤解があるとされるが、インド外におけるガンディー評価に決定的な役割を果たした。ロマン・ロランは、ホームズと同様に、ガンディーをキリスト教の聖人イメージにあてはめて称賛し、その知名度からもフランスだけでなく、インド外の世界にそのイメージを植え付けた。

静謐な黒い眼、弱そうで小柄な男。痩せた顔、外に突き出た大きな耳。白帽子をいただき、身には粗末な白衣をまとい、素足のままである。米と果物を主食とし、飲みものとて水ばかり、床の上に臥し、わずかに睡眠をとり、不断の活動をつづける。肉体のことなどは少しも考慮に入れられていないかのようである。人の目を最初に打つものは、その偉大な忍耐力と博い愛の表われ以外には何もない。一九一三年に南アフリカで彼に会ったピアソンにはアッシジの聖フランシスコが偲ばれた。彼は子供のように素直で、敵に向かってさえも温和で鄭重で、清浄無垢な至誠の人である。……自己の過誤を隠さず、妥協を許さず、一切の権謀術数を弁舌の力を斥ける。否、むしろそうしたことは考えもしないのである。彼は彼のために行なわれる民衆の示威運動さえ厭う。……彼は、彼を崇拝する大衆のことを文字どおりに思いわずらい、本来は、多数ということを警戒し、群盲政治と人民の君臨を嫌忌するがゆえに、少数者の間においてのみ心の安けさを感じ、孤独のうちに、静かな小さな声の命ずるのに耳を傾けるときにのみ幸福である。

これこそは三億の民を奮い立たせ、大英帝国を震撼させ、ほとんど二千年このかた人間の政治にもっとも力づよい運動を導き入れた人物である。（ロラン 1970: 7-8、一部改変）

ここでロランは、ガンディーに身体的脆弱さと道徳的強靭さ、大衆的賛美と孤独の陰を対比させて、保守的なオリエント・イメージと対照的な、キリストや聖フランシスコの質素さを体現した姿を描いた。こうした、他者でありながら同質でもあるという対照に、西欧におけるガンディー称賛の秘密があるとマルコヴィチは指摘する。そして、ガンディーがヒンドゥー教を信仰し、カースト制や雌牛保護を支持しながら、しかしその実態はとくにトルストイ的なキリスト教のインスピレーションに基づいているという（Markovits 2004）。こうして、みずから「現実的理想主義者」を名のったガンディーの言葉を引用して、ロマン・ロランは次のような印象的な言葉で全体を締めくくっている。

平和への道は弱さの道ではない。私たちは暴力の的であるよりもむしろ弱さの敵である。力なくしては何者も無価値である。悪にしても、善にしても。愚痴っぽい平和主義は平和にとっては致命的である。それは卑怯であり、信仰のないことである。信じない者または恐れる者は退却すべし！　平和への道は自己犠牲である。

これはガンディーの教訓である。彼に足りないのはただ十字架だけである。（ロラン1970: 83、傍点筆者）

ロマン・ロランの貢献は、西欧のインテリのもつ平和主義イメージとガンディーを結びつけたことにある。それも、ガンディーを聖人化するだけではなく、人類に道を示した現代的英雄であることも示そうとした。ガンディーは模範的人物としてとらえられるべきで、模範とはいえない聖人とはイメージがずれると考えたからだ。こうして、ロマン・ロランはガンディーをローカルで日常的な政治やジャーナリズムから解放し、世界的な意味を持つ普遍的な存在へと転換させ、ガンディー伝説の誕生に決定的な貢献をなした。本を執筆した時点で、ロラン自身はガンディーに会っていなかったが、手に入る限りの資料に基づき、ガンディー像の祖型を作り出したのである。

ガンディーのキリスト教的な意味での「聖人」化により、聖書に忠実な人びとにはその衣装の質素さが救世主イメージを呼び起こさせた。そこには、インド的伝統とは異なる、キリスト教世界からの誤解や思い込みがあった。こうしたキリスト教的な聖人イメージへの取り込みは、アングロ・サクソンの特にアメリカのプロテスタントに特徴的であり、非カトリックの聖人を原則認めないカトリックや、ルーテル派などではそれほど広まっているわけではなかった。イギリスでもガンディーと交流の深かったクェーカー教徒には好意的には受け入れられたが、それほど大きな支持を得ていたわけではない。それどころか、大衆メディアはどちらかといえば敵対的であった。

こうしたキリスト教化や聖列（canonization）はまた、西欧的文脈で、なんらかの不平不満のあるインテリのはけ口として利用された面もある。それも主にインテリの間に広まっただけで、一般の人びとにはその存在そのものも、さしたる関心の対象だったわけではない。ガンディー・イメージは当然多くの誤解に基づいたものではあるが、その一方で、インド国外だけでなく、エリートを通じてインド国内にも定着していった。存命中にはそれほど幅広い関心をもたれていたわけではなかったガンディーは、その没後ににわかに幅広い層の関心の的になったのである。

ガンディー映画

ロマン・ロランに代表されるインテリ受けのするガンディー・イメージに対して、その大衆化に大きく貢献したのは、R・アッテンボロー監督の『ガンディー』(一九八二)であろう。不思議なことにこの映画が現れるまで優れたガンディー映画はほとんどなかったし、最近までインド外でつくられた映画がもっともよく知られているというのも謎である。ただ、ガンディー映画とはいえないが、『ラームよ!』上映をめぐる騒動などを見ても(後述)、むしろ国内で評価の分かれるガンディーを映画化するのはためらわれたのではないかとおもわれる。それに、ガンディー自身が、近代文明の集積された映画そのものをひどく嫌っていた事情もあるだろう。

アッテンボロー監督は『ガンディー』製作にあたって、「私たちは、この並外れた人間の魂を、発見しドラマ化しようとしたのです」という。映画では、ガンディーの、限界を抱えた、風変わりな、反植民地支配的なコンテクストは切り詰められ、主に二〇世紀の聖人としてのエピソードが再現されていた。三時間の映画はガンディーのマハートマ性に集中していて、ガンディーの特異な人間的陰影は省かれていた。そしてなによりも、ガンディーの暗殺はまさに殉教として描かれている。

『ガンディー』は、冒頭に暗殺から葬送までが描かれ、次いで一八九三年南アフリカでの列車の一等席から追い出されるシーンが続く。主演のベン・キングズレーは、その解釈の秀逸さから、よく作品の意図を表現し尽くしていた。ただ、この作品で示されていたガンディーの聖人性は、むしろ近代的で個人的なものとして表現されていて、宗教性、集合性は二の次である。そこでは西欧の観客向けに、ガンディーの「脱ヒンドゥー化」が図られていた。この映画は国外では好評のうちに迎えられたが、インドでは毀誉褒貶があった。とくにガンディーの複雑な性格が単純化され、西欧好みに仕立てられていた点についての批判が多かった。

アッテンボローの映画については、ネルーが過度に聖化しないことを求めたエピソードが伝わっている。一九六二年に、アッテンボロー監督があいさつのためネルー首相を訪ね、帰ろうとしたとき、ネルーが後から追いかけてきて、「どうぞガンディージーを聖人（saint）にしないでください……ガンディージーは偉大な人ですが、弱さがあり、むら気で、失敗もあります。私たちヒンドゥーは偉大だと思った人を神のようにあがめるくせがありますが、ガンディージーは本当に人間的で複雑です。だから、ジーを人間のままにしておいてください」と言ったという（Anandan, *Hindustan Times*, 26-04-2014）。アッテンボローは、ガンディーを宗教聖人にはしなかったが、西欧好みに聖化したことは確かである。

インド側から、優れたガンディー映画が現れなかったなかで、直接ガンディーの生涯を扱っているわけではないが、ガンディーが重要な意味を持つ映画がようやく二一世紀になって現れた。"3 Idiots"（邦題「きっとうまくいく」）で大ヒットを飛ばしたヒラーニー監督の"Lage Raho Munna Bhai"（二〇〇六、邦題「あきらめるな、ムンナ・バーイ」）である。この映画は典型的なボリウッド娯楽映画で、ギャングのムンナ・バーイを主役にしたシリーズの二作目である。この映画では、ムンナ・バーイがラジオのディスクジョッキーの女性に好意を持ち、偽教授を名のってガンディーについてのクイズに優勝し、直接面会する機会を得る。そのときのためにガンディーについて学ぶ羽目に陥り、時に現れる本人の助言を得ながらしだいに改心し、ついには人びとの悩みにガンディーばりの答えを与えて人を感動させるようになっていくすがたを描いている。ストーリーが荒唐無稽である上に、私生活でもなにかと問題の多いサンジャイ・ダットが主役をつとめていて楽屋落ちに笑えるのだが、映画は大ヒットとなり、またいくつかの賞も受けた。この映画は、アッテンボロー版のガンディーに対するインドからの応答のようになり、「ガンディー主義」をもじった「ガンディーギリ」（ガンディー気取り、ガンディー稼業）という言葉も流行させた。また、国際的にも高く評価され、海外からの批評もよかった。ただ監督がひどくショックを受けたのは、逆に国内でガンディーがいかに知られていないか、であったという。それはある少年が映画を見て、「ムンナ・バーイは良いけれど、マハートマ・ガンディーって誰？」ときいたと言うエピソードである。

こうして、ガンディー映画のメッセージは、伝記的なアッテンボロー監督作品での「ガンディー主義」から転じて、現代的なヒラーニー監督の「ガンディーギリ」へと代わった。ガンディーギリは、ガンディーを神話化するのではなく、むしろ人間化し親しみやすくすることで、現代に生かす新たな方法だという。そのために、映画のなかでは、尊称である「マハートマ」ではなく、一貫して親しみのあるおとうさん（パパ）の意味の「バープー」が使われている。それは、ガンディーの非暴力と真理の力への努力が、誠意とユーモアを持って使われるならば、いまでも現代インドの状況を変える力があることを示している。

　ガンディー・イメージは、二〇一一年に汚職撲滅を訴えて一三日間のハンガー・ストライキを敢行したアンナー・ハザレー（一九三七―）によってさらに現代によみがえった。ハザレーは、社会活動家として一九九二年からマハーラーシュトラ州において汚職撲滅運動に取り組んでいた。二〇〇三年にはハンガー・ストライキを行い、またアルコール製造反対などの運動も実行していた。二〇一一年のハンガー・ストライキは、強力な汚職撲滅法の制定を求めて、ガンディーに倣ったサティヤーグラハ運動として展開された。ハザレーは一躍時の人となり、政府はより厳しい法律を制定せざるを得なくなった。ハザレーは服装などもガンディーを意識していたようであるが、自身は現代のガンディーではない、と謙遜している（*The Hindu*, 18-09-2011）。一方で、政治的には上層から中流の人びとをバックにしたヒンドゥー・ナショナリストに近く、その意味での批判も多い。

3　破られるタブー

尖鋭化する評価

　ガンディーへの評価は、時を経るに従って、またインドを離れるに従って、とみに神聖化される傾向が強くなる。たとえば、M・L・キング、N・マンデラ、そしてB・オバマなどからは人種差別反対の闘士として英雄視され、最大級の称賛が与えられている。ガンディーへの態度は、いまや尊敬というよりは崇敬、尊崇であり、一歩間違うと狂信的になることさえある。「聖人」ガンディーは不可侵の存在になるとともに、逆にその実像が見えにくくなってきている。ネルーは、ガンディーの過度の聖人化に強い警戒感を示していたが、事態は逆の方向に進んでいるようである。

最近のガンディーをめぐる論争は、支持する側も批判する側も、互いの反応がひどく先鋭化してきているのが特徴である。そうした風潮をよく映しているのが、南インドのタミル映画の大スター、カマラ・ハーサン（カマル）の映画『ラームよ！』（二〇〇二）をめぐる騒動である。「ラームよ」はタイトルからして、ガンディー最後のことばとして有名な「神よ（ヘイ、ラーム）」を十二分に意識しながら、実際は主役のサケット・ラームをよぶムスリムの盲目の少女の言葉として使い、また九〇年代にラーマ神の誕生地アヨーディヤに建つモスクをめぐりヒンドゥー・ムスリムに起こったアヨーディヤ問題で揺れていたラーマ神信仰も含意に入っている。だから、無理に日本語に訳すとすれば、「ラームよ！」、「ねえ！　ラーム」、に近いが、それでは言葉の多義性が犠牲になる。この映画は、妻をムスリムの襲撃で失ったサケットが、ガンディーをヒンドゥー・ムスリムの対立をもたらした張本人としてその暗殺を企てる集団に加わるが、暗殺そのものに失敗するとともに、ガンディーへの認識を根本的に変え、亡くなるまでガンディー主義者として過ごすというストーリーであった。

『ラームよ！』は、カマルらしい非常に錯綜したパロディに満ちた映画であったが、不幸なことに、またそれも不思議なことに、上映前に一部の人びとから反ガンディー映画の烙印を押され、ガンディーを辱めているという理由で猛反発を浴びた。とくに国民会議派からの反撥は強く、西ベンガル州などで上映妨害の動きが起こり、一部では実際に上映が見合わされた館もあった。しかし、実際この作品はガンディー礼賛であることをカマル自身明言しているし、それだけにこの反対運動に大きなショックを受けたことを吐露したインタビュー記事もある。こうした組織的な反対運動の結果、興行的には成功しなかったが、国外での評価は高く、インド映画を代表してオスカーにもノミネートされた。

神聖化が進むガンディーについて、近年それに抗してその虚像の皮をめくって、できるだけ実像に近づこうとする試みも進んでいる。あるいは、カリフォルニア大学の歴史学者ヴィナイ・ラルは、「誰もが好んで憎みたがるガンディー」という論文で、むしろ嫌悪の対象とされてきたガンディーについて言及している。ラルの論文にはデリーの中流家庭に生まれた本人自身のガンディー経験が長大な註釈として述べられていて非常に興味深い。そこでは、建国の父ガンディーに対して、分離独立の責めを問うて非常に懐疑的であること、さらに一九八〇年代のアメリカでは、ポスト・コロニアル研究が大流行する中で、インドの研究者を除いてほとんどガンディーに無関心であったことが述べられている。そして、信じがたいことだが、アメリカの学界が「神の恵みを受けた」アメリカにしか興味がないことも指摘している。

知識人がおおむね左翼であった日本でも、また左翼でありつづけるインドでも、ガンディーのブルジョワ的性格はしばしば批判されてきた。ある意味農民や貧者を人質にとった貧乏ごっこで、財閥一族のターターに代表される産業界との深いつながりがあり、レーニンや毛沢東のような抵抗、革命を実行しなかったことが言いつのられる。また、盟友のサロージニ・ナーユドゥもターターも、ガンディーを貧者のレベルに保つために莫大なコストがかかることを嘆いていた。そして、ガンディーはインドの公的領域に悪影響を及ぼし、宗教やカーストによる対立要因をあおり、人びとを分断したと批判される。それはある意味レトリックであったヒンドゥー主義が、文字通りに受け取られたことに由来する。ジンナーはヒンドゥー主義を皮肉をこめて批判し、不可触民出身ながら州首相の座についたマーヤーワティはカーストによる分断を厳しくそしるのである。

こうした傾向はアカデミズムにも及び、たとえばC・マルコヴィチの著書や（Markovits 2004［2000］）、邦訳されているタミル社会研究の人類学者ドリエージュの著書（ドリエージュ 2002［1999］）などが転機をもたらした。さらに、二〇一〇年代に入ってからのガンディー批判は、これまでとは少しトーンが違ってきた。それは、公私ともにガンディーへのよき協力者であったカレンバッハとのスキャンダラスな関係が疑われ、さらにその遺族が保有していた手紙類、いわゆる「カレンバッハ文書」が公の場に出たことで、南アフリカ時代のガンディーへの評価が大きく変わったからである。文書の一部はガンディー史家のR・グハが手に入れたが、インド政府もこの文書をサザビーズのオークションで、約七〇万ポンド（約一億二〇〇〇万円）で落札し、二〇一三年から公開し始めた。そうした流れをつくったのはアメリカのジャーナリスト、レーリーフェルトの著書である。

レーリーフェルト・ショック

ナンディのいう四人のガンディーのうちの三番目の奇人イメージは、生存中からつきまとった批判の代表的なものである。とくに性的スキャンダルについては、若いころから性欲が強く、そのせいで父親の死に目に会えなかったエピソードや、妻を遠ざけるいわゆる「ブラフマーチャーリヤ」を実践していたこと、晩年になって姪たちと裸で同衾していたことなどが興味本位で語られてきた。こうしたいささか品性を欠いた批判に加えて、インドでの政治活動も、最終的には成功したが、その過程ではむしろ失敗続きだったとの批判も根強い。内外を問わず、ガンディー思想をブルジョワ・イデオロギーととらえ、そのエリート主義的なスタンスへの左翼的な批判もまた存命中から繰り返されてきた。

その中で、J・レーリーフェルトの『偉大な魂』（二〇一一）では、ガンディーについての神話的イメージが一つ一つ再検討されたが、とくにその性的嗜好に踏み込んだ部分が大いに物議を醸した。著者は『ニューヨーク・タイムズ』の編集長をつとめ、ピューリッツァー賞も得ている高名なジャーナリストである。この書は、副題がインド「のための」(for) ではなくインド「との」(with) 闘争となっていて、ガンディー自身の献身的な努力に対して強固に抗いつづけるインドという大地との微妙なすれ違いが暗示されている。それはベサントやT・S・エリオットなどが、インドを聖なる地と位置づけていたこととズレがあったことを示唆している。著者はとくに南アフリカ時代のガンディーが、こうしたインドの現実と闘っていたことを強く意識している。

この書では、ガンディーの比較的知られた晩年の性的スキャンダルに加えて、ヨハネスバーグの富裕なユダヤ系ドイツ人カレンバッハとの親密な関係について述べた部分がことさらセンセーショナルに取り上げられた。とくに『テレグラフ』をはじめとする英米の新聞雑誌のいくつかの書評で「ガンディーはゲイだったのか」というような面白おかしい見出しで紹介され、「ゲイ・ガンディー」などということばが世界をめぐる結果となった。ただ、その根拠はあいまいで、レーリーフェルト自身もゲイだと言っているのではなく、同性愛 (homosexual) というよりはせいぜい同性趣味 (homoerotic) にとどまっているなどと述べて火消しに走った。

それでも西インド、グジャラート州は、二〇一一年三月にこの本を発禁処分にした。そのときの州首相は、現インド首相のナレーンドラ・モーディーで、レーリーフェルトに対して多くの人びとの感情を害したことに公式な謝罪をするよう要求した。また国民会議派のスポークスマンも、偉大な指導者をおとしめることがある種のファッションになっているとして規制の強化を求めていた。インドではとくにホモ疑惑が大問題となったのであるが、その背景には二〇〇九年まで同性愛が非合法化されており、その後も感情的には受け入れられていない事情もあった。しかしこれには当然表現の自由を認めるべきだという反論も起こり、インド国内でも大きな論争となったのである。

一方、二〇一二年にインド・ユダヤ関係の研究者シモン・レーヴがイスラエルで公表した新資料では、カレンバッハはいわばガンディーの「嘆きの壁」となって、とくにガンディーが苦境にあったときに物心両面で支えになっていたことが示されている。レーヴはさらに、一九〇六年から〇九年までのガンディーの変節のさいに、カレンバッハが重要な役割を果たしたことも指摘する（*Economic Times*, 30-09-2015）。ただ、ユダヤ人レーヴは、ガンディーをしてもナチスの蛮行を止められなかったのではないか、と非常に厳しい問いかけも行っている。その後二〇一五年一〇月二日、ガンディーの誕生日にリトアニアの故地でリトアニア首相やレーヴなどの立ち会いのもと、二人の友情を称える銅像の除幕式が行われている。

レーリーフェルトは、インド系イギリス人の高名な作家V・S・ナイポールをしばしば引用している。ナイポールは、ガンディーに対してはことさら厳しい評価をしていることで知られるが、ガンディーが南アフリカでインド人以上に抑圧にあえいでいたアフリカ系の人びとに対して、全く関心を示していなかったことを強く批判している。つまり、南アフリカ時代のガンディーが、たんに同郷のインド人への弾圧に対する闘争を組織化しようとしただけではなく、その先に強いナショナリスト的な意図ももっていたと見ている。そして、ガンディーの『自伝』の中で南アフリカに触れているのは英文にして二五〇ページ分にものぼるが、この国の黒人については一言も触れられていないと指摘する。ガンディーを駆り立てていたのは社会正義ではなく、あくまでも同郷インド人の権利を護る闘争であったというのである（ドリエージュ 2002: 25-26）。

最初にのべたアフリカでのガンディーへの逆風は、レーリーフェルトに始まる最近の南アフリカ時代のガンディーの見直しがきっかけとなっている。その後のグハ（二〇一三）、デサーイー&ワヘード（二〇一五）などもふくめて、「差別主義者」ガンディーについて批判的な見方が示された。とくにデサーイーとワヘードの著書が「ガンディーは差別主義者か」というショッキングなタイトルでBBCニュースのHPなどで取り上げられて話題となった。こうして、文字通りガンディーの「聖人神話の中枢にあるブラックホール」が再検討されるべきだという論調になっているのである。

カフィルへの差別意識

ガンディーは、南アフリカのインド人が「クーリー」という差別的な言葉で呼ばれることには非常な不快感を示していたが、その一方で、アフリカ系の人びとを、やはり差別的なニュアンスを持つ「カフィル」と呼ぶことには躊躇がなかった。それはすでに全集に収められている書簡の中でも繰り返されている。それだけでなく、とくにインド人がカフィルと同じ扱いを受けていることに非常に敏感であった。両者を区別する要因として、インド人がヨーロッパ系白人と同じ「アーリヤ」人種であることを再三主張している。

私はイギリス人とインド人はともに、インド・アーリヤンという同じ人種から発していることをあえて指摘します。……こうした信念は、たとえ誤解でも事実でも、二つの人種の心を統合しようとする活動の基盤となるものです。それは法的にも外見上も同じ旗のもとに両者を結びつけるのです。……インド人はアフリカの野蛮人や土人よりほんの少し勝っているだけだという信念は植民地で広く行き渡っています。子どももそのように教えられていて、結局インド人は無垢のカフィルと同じ位置におとしめられているのです。……インド人は、あえていえば産業面でも知的にも政治的にも、いかなる意味でもアングロ・サクソンの同胞に劣るということはなかったですし、今でもそうではありません。（「ナタール議会への公開書簡」19-12-1893; CWMG 1: 192-93）

議会はカフィルを（インド人）用地から立ち退かせるべきです。このカフィルとインド人との混住について、強く感ずるところがあることを告白します。これはインド人にとってまことに不公平であり、また私の同胞の評判に違わぬ我慢強さをしても不当な負担なので

す。(「ヨハネスバーグ保健所プロター医師への手紙」CWMG 3: 492)

レーリーフェルトは、ヨハネスバーグでガンディーの近隣に住んでいたジョン・ドゥベー(一八七一―一九四六)との関係に注目している。アフリカ系ズールーであるドゥベーは一八八九年にニューヨークの会衆派教会で叙任された牧師である。一九〇〇年にはナタール先住民会議を立ち上げ、一九〇三年には初めてのズールー語新聞『イランガ』(Ilanga Lase Natal)を創刊した。それは奇しくもガンディーの『インド人の主張』創刊の二ヶ月前のことであった。一九一二年には上記の会議を南アフリカ先住民国民会議(SANNC)に発展させて一七年まで議長を務めた。ドゥベーは『イランガ』紙で、インド人がやって来たことで、子どもたちのパンや、イギリス人から稼ぐ乏しい報酬などをかすめとられていること、そしてこれまで育んできた遺産をインド人に食いつぶされていると非難している。植民地支配下で、アフリカ系とインド系の人びとはたがいに競争状態におかれていた。ガンディーとドゥベーはその意味で利害が一致する部分もあったが、協力してイギリスに立ち向かおうとはしなかった。

レーリーフェルトによると、ガンディーは、南アフリカについて数千ページにのぼる文章を残しながら、三人のアフリカ人に言及しているだけで、それもこのドゥベー一人に二回会ったにとどまるという。そのうち、一九〇五年に面会した報告を『インド人の主張』に掲載したが、その時の見出しが「ナタールのカフィル」で、ドゥベーを教養あるカフィルと称していた。ガンディーは、一九〇六年のズールーの叛乱のさいには、植民地政府によるズールーへの弾圧に反撥もおぼえていたが、しかしその後もアフリカ人に対しては差別的なカフィルとよぶのをやめていない。一九一二年にゴーカレが南アフリカにやって来て、ドゥベーの学校にも立ち寄ったが、ガンディーはなにも報告しておらず、『イランガ』紙の記事で、ガンディーが同行していたことを知るだけである。

これに対して、伝記作家で孫のラージモーハン・ガンディーは、南アフリカに着いたときのガンディーはまだ二四歳で、ヴィクトリア期の南アフリカの黒人に対する一般的な無知と偏見に縛られていたのであり、現在の規準で過去を断罪するのはフェアではないと反論する。しかし、デサーイーらはさらに、ガンディーが強いアーリヤ同胞意識をもっていて、白人とインド人は文明度においてアフリカ人より上に位置する、と考え、あくまでも大英帝国に忠誠を誓う立場にあったことに批判的である。このアーリヤ意識については自らも明確に述べているし、ガンディーと対峙していたスマッツ将軍が同じ認識を逆手にとって、むしろインド人とアフリカ人を分断しようとしたこともあった（第二章第四節参照）。

デサーイーらは、一九〇九年のガンディーの命を受けたポーラクがインドを訪問した時も、ガンディーと同様に南アフリカ、トランスヴァールにおけるインド人問題についてはアピールしたものの、アフリカ人については全く眼中になかったと指摘している。ポーラクは自身の著書『南アフリカのインド人』（一九〇九）でも、法律で牢獄の中でインド人がアフリカ人と同じ房に入れられていることを嘆いていた。そして、トランスヴァール監獄法により、ヨーロッパ人以外は未開や野蛮から抜け出せず、動物的な情欲や残忍な感情に満ちた人間として最低級の存在としてひとくくりにされてしまっているところや、インド人がトランスヴァールでは財産を持てないことも問題だとしている。ここではアフリカ人への抑圧や人権問題はほとんど意識されず、むしろインド人がアフリカ人と同じ扱いを受けているのが問題とされていた。ポーラクはさらに教養あるインド人と無教養のインド人をも区別したうえで、教養あるインド人は白人と同様に扱われるべきだといっている（Desai & Vahed 2015: 82, 146）。ただ、これらの批判の根拠は、すでに全集などで参照可能だった資料も多く、なぜ今掘り返されるのかは謎である。

4　非暴力と日本――東と東のすれ違い

非暴力のみが原爆に勝利する

一九四五年八月六日、九日の広島、長崎への原爆投下は、ガンディーにたいへんなショックを与えた。あまりのショックで、周囲の期待をよそにむしろ一年ほどは論評を控えたほどである。周りからは、当然強い反応があるものと思われたにもかかわらず、ガンディーが原爆投下を公然と非難し始めるのは、一年ほどあとのインド独立が揺るがぬものとなったころである。ガンディーはその後も何回か原爆に触れているが、ではなぜ、最初の一年は沈黙を続けたのであろうか。ローテルムントによれば、それは公然とアメリカを非難することが、インドの独立を遅らせる危険があると考えたからだという。ガンディーは、インド独立運動に好意的であったローズヴェルト大統領を信頼していたが、四五年四月にトルーマンがそのあとを襲ったことで危機感をつのらせ、またチャーチルの後継者のアトリーにも警戒心を抱いていた。ガンディーは、イギリスがアメリカに対して、インドにも原爆を落とすように依頼することを強く危惧したというのである（Rothermund 1999: 107-17）。

一九四六年九月二四日、ガンディーはイギリスのジャーナリストの問いに答えて、「わたしは原爆の使用は、男女子どもへの無差別の破壊行為であり、もっとも残忍な科学の利用であると考えています」と、非常に強い調子で非難しはじめた。そして、原爆は非暴力の無力の証しではないかと問われて、「いいえ、非暴力は原爆が破壊できない唯一のものです。……いま世界が非暴力を採用しなければ、人類の自殺をもたらします」と応えている（CWMG 92: 234）。とくに当時の三大大国、イギリス、アメリカ、ソ連、が原爆を使用する危険を大いに憂慮し、英国だけでなくビッグ・スリーへの抵抗を訴えた。暗殺される二日前には、アメリカの作家V・シーアンに対して、「ひとつの原爆が戦争の進路を変え、戦争の終結を早めました。しかしそれだけです。原爆は日本の魂を制圧しましたか。そうではなかったし、それはあり得ません。

……そうすることはヒトラーの方法に訴えることではないですか。結局ヒトラー主義が勝利するのです」と応えている（CWMG 98: 319）。

ガンディーは、非暴力との対比の上で、日本への原爆投下に激しい反対の意を示し、またその後の冷戦構造を見透かしたかのように、大国の横暴にも反対していた。それはまた、原爆こそガンディーが徹底して嫌悪した近代科学主義の悪しき末路だという意味もあったに違いない。そして、日本への原爆投下が戦争の終結を早めて多くの犠牲者を救ったのだ、という見解に対しては、たとえその目的が正しくとも暴力的な手段をとることには徹底して反対するガンディー流の非暴力主義が貫徹されていた。

日露戦争

ガンディーがまだ南アフリカで活動を行っていた時代に、日露戦争（一九〇四―〇五）で日本がロシアに勝利した。アジアに半ば足をかけているとはいえ、ヨーロッパ世界に属するロシアにアジアの日本が勝利したという事実は世界を震撼させ、逆に植民地のナショナリストを大いに刺激した。当然南アジアのナショナリストもこれを称賛し、タゴールやアナガーリカ・ダルマパーラ（セイロン）をはじめ、日本からの招きに応じた人びとは少なくない。ただ、日本はアジア世界にありながら、植民地化されていたわけではなく、むしろ朝鮮、中国への進出を目論んでいた。そのため、一九三〇年代になって日本の帝国主義的アジア侵略が本格化すると、激しい批判の対象になった。

ガンディーもまた、日本のアジア進出については批判的であった。『ヒンド・スワラージ』(一九〇九)の中で、インドも日本のように欧化して強力な戦力を持つことで、世界に名を轟かすことができる、という若者の主張に対して、「われわれはイギリス人ぬきのイギリス統治を欲しているということになり、虎はいらないが虎の性質を持ちたいということになる。それはインドをイギリスにすること、ヒンドゥスターンがイングリスターンとよばれることを意味していて、それは私が望むスワラージではない」、と一蹴している。さらに一九四二年には、日本がインドを解放すると言って攻め込んできても、「インドから快く歓迎を受けるものと信じているなら、幻滅の悲哀を感じるでしょう」、「日本軍が上陸を果たした瞬間に、非暴力の抵抗者は彼らにどんな援助をも、水さえも与えることを拒否するでしょう。なぜなら、他人が自分の国を盗むのを手伝う義理はいっさいないのですから。けれども、もし一人の日本人が道に迷い、渇きのために死にそうになって、一人の人間として助けを求めるならば、いかなる者をも敵とみなすことのない(非暴力の)抵抗者は、渇ける者に水を与えるでしょう」、としている(森本 1995: 64-65, 199; *Harijan*, 12-04-1942)。

ガンディー自身は直接日本を訪れてはいないが、一九三四年に開いたセーガオンのアーシュラムには日本の仏教僧などが訪れており、そこで交わされた議論で、両者の立場の違いが明らかになっていた。こうしたズレは、何度かの訪日の経験があるタゴールの場合にもさらに深刻であった。それは日本によるアジアへの裏切りであり、それだけ失望も大きかったようである。日露戦争における日本の勝利を契機に、タゴールもまた日本に深い関心を寄せ、一九一六年には日本を訪れている。タゴールは、大阪、東京帝国大学、慶應義塾大学で計三回の講演を行っている。そこでまずは日本を称賛して、「その国では、古い世界が完成の理想をともなって姿を見せ……しかもそれと並んで、同じ地盤に近代世界が立っており、それには親愛感はないが、驚くほど大きくて力強い」(タゴール 1981) と持ちあげた。その一方で過度の西欧化を諫め、また萌芽が見えつつあった軍国主義、帝国主義などを畏れ、痛烈な批判も浴びせていた。

ちなみに、タゴールの訪日の世話を焼いたのは、神智主義に共感していた野口米次郎(一八七五―一九四七)であった。野口は彫刻家イサム・ノグチの父であるが、その活動は日本よりもむしろ外国で高く評価されていた。タゴールの第一回訪日のときも歓迎の代表団の一員であったが、両者の関係については一九三八年の満州事変後のさいの往復書簡が有名である。野口はここで、日本の立場を擁護して説得しようとしたが、タゴールはこれを痛烈に批判し、ついに両者が袂を分かつ結果となった。タゴールは中国を侵略する日本は、西欧の悪しき影響を受けて自らアジアのリーダーたる資格を失ったとみていた。西洋の影響で東洋の美徳を失った日本に失望を禁じ得なかったのである。

ヒンドゥー教と仏教

野口米次郎は、一九一九年に神智協会のJ・カズンズを教師として慶應に招聘するなど、神智主義に深い共感を持っていた。一九二四年には、『聖雄ガンジー』を著して当人にも送ったが、このころから日本人とガンディーとの付き合いが本格的に始まった。その後一九三五年にインドで本人に会っている。ガンディーと同じように神智主義に共感を示した野口は、アダヤールの協会本部も訪れているが、正式に協会員にはならなかったようである。野口はガンディーに一度だけ会ったに過ぎないが、この二人のあいだでも日本帝国主義に対する立場は対立していた。野口は戦中の国粋主義化が著しく、ガンディーの日本批判には耳を貸さず、逆にガンディーの運動がイギリスを利していると否定的な見解も述べている（内藤 2017）。

ガンディーと日本山妙法寺の藤井日達との関係でも、日本のアジア進出をめぐって立場の相違が明らかになっていた。藤井日達は一九三三年にワルダーのアーシュラムでガンディーに会い、その後二ヶ月ほど彼の地に滞在して大きな影響を受けた。日本山妙法寺はその三年ほど前からインド、スリランカで活動を続けており、二人の会見のお膳立てをしたのはプネーに滞在していた興津忠男師であった。日達とガンディーは日本の海外侵略をめぐって意見を異にしていたが、ガンディーは自分の元を訪れる僧侶たちは受け入れていた。そのため、ガンディーのもとには法華の太鼓を叩く日本人僧侶が多く訪れ、それがインドでの日本仏教のイメージにもなったのである。

ガンディーは土産に煎餅を持参した藤井に対して、「日本はこれで、インドを征服するつもりなのかい」と問うたが、その背景には、インドの綿布市場を席巻する日本製品に対する厳しいまなざしがあったという。ガンディーは日本製品がみな美しくて安いのだが、それがインドの製品を駆逐してしまう危険に警鐘を鳴らしていた。このころのガンディーの日本への関心の的は、主にインドの繊維市場を脅かす安価な日本製品の流入によって生じていた貿易摩擦であった。しかし、緊迫する日印関係にもかかわらず、藤井とガンディーとの、日常的なアーシュラムでの宗教実践を通した信頼関係はつづいた。そこには、日印の政治的・経済的関係とは異なる次元で、宗教者としての藤井へのガンディーの共感が跡付けられるという（外川 2012）。

ただ、日達自身はその非暴力を仏教思想から出たもので、ガンディーの影響ではないことをむしろ強調していた。また、日本の中国侵略についても日達上人は、仏教教理を持ち出して、「悪世において悪人に対しては不殺生戒を用いずして殺生戒を用いる」、として正法、国家、君、親を護るためには剣をとると主張した。日達上人はこうした立場を繰り返し説いたが、ガンディーは説得されなかった。それほどガンディーの非暴力主義は徹底していた。この正法を護るためには剣もとるというのは、アショーカ王以来スリランカ上座仏教の中でもつねに説かれてきた思想である。それは、一九八〇年代なかば以降のスリランカでの民族間対立の中でも、仏教側の主張として繰り返されていた。

日本におけるガンディー評価は、根本的なところですれ違う部分を残しながら、おおむね非暴力と清貧をとなえた聖人としてのイメージが定着している。ただ、それほど多くはないが、すでに存命中から批判的な評価も行われていた。昭和初期から、「ガンヂー」(ガンジー)は「聖雄」という称号で語られており、米次郎の著書にも採用されている。ただそのタイトルに比して野口自身はガンディーの運動が失敗に終わっていると批判している。同様に、やはり存命中からそのブルジョワ的特質への批判や、狡猾な政治的戦略家だという評価も根強かった。とくにガンディー伝を四度上梓した坂本徳松は、年を経るごとに批判の度が強くなっていた。とはいえ、日本ではヴィナイ・ラルが言うような憎悪の対象にはならなかった。

さらにガンディー没後の一九六〇年代末から、独自のガンディー論を展開していた山折哲雄は、ユングの理論を応用し、早くからガンディーの「母性」に注目していたが、その立場は最近の著書でさらに明確に述べている(山折 2013)。山折はまた、一九七二年に藤井日達の自伝を編纂しているが、そこでは、日達上人にとってガンディーとの出会いが独自の平和運動の原点になったという。日達上人はガンディーの非暴力と日蓮信仰とを融合させて日達流の非暴力思想を生み出したことがうかがわれる。このように、仏教者を通じて、ガンディーの非暴力思想を仏教思想の側に近づけようとする傾向はとくに日本で強いが、ガンディー自身はダルマパーラのセイロン(スリランカ)仏教にも、日本の仏教にもほとんど関心を示すことはなかった。セイロンを訪れて仏教界と交流したときにも、むしろ仏教とヒンドゥー教との共通性を強調していた。

一九九〇年代以降、優れたガンディー論を著した長崎暢子は、欲望を制御するための「反近代の実験」を中心テーマにすえ、中島岳志もまた、ガンディーが突きつけた問い、とりわけ欲望を捨てられるか、をめぐってその現代的意義を強調している。いずれも、人びとの欲望を限りなく刺激してきた西欧近代システムへの対抗軸としてガンディー思想が取り上げられている。二〇一五年のガンディーのインド帰還一〇〇年を記念した『南アジア研究』誌上の対談でも、井上貴子を初め気鋭の研究者が、ガンディーの現代的意義について論じているが、そこでも、やはり非暴力と清貧が主題として取り上げられている。それは日本だけでなく、世界的に評価されているガンディーの現代的意義に他ならない。

残念ながら、ガンディーの非暴力の理念は、いまもさまざまなところで裏切られている。ヴィナイ・ラルが二〇一七年一〇月二日、ガンディーの生誕にあわせて定められた「国際非暴力の日」に起きたラスベガスでの銃撃事件によせて、暴力に塗り込められてきたアメリカの特異な歴史を想起しながら、これがアメリカ流のこの日の祝いかたなのだと皮肉っている。そして、これに対抗すべく厳しい銃規制を求めるだけでなく、全米ライフル協会（NRA）を犯罪組織として廃止に持ち込むべきだとまで提言している。ガンディーの言葉はいまや、Tシャツ、コーヒーカップ、車のスティッカーなどにまでなって大量消費されているが、いまこそその意味をリアルに問い直すべきだと主張するのである。グローバル化が進行して、暴力と拝金主義が横行する今、ガンディーを想起して、非暴力と清貧を対置する意義は確かに大きい。

環流するガンディー像

世界の偉人、聖人と崇められるガンディーは、インド植民地解放闘争という枠を大きく跳びこえて、高潔な道徳性を背景にした非暴力思想の使徒として世界の人びとを魅了してきた。しかしここまで見てきたように、ガンディー思想は、そのような単純化された理解を裏切って、まことに複雑な系譜を引いていることがわかる。とりわけ、東西のさまざまな思想のエッセンスを総合し、それにヒンドゥー的な外貌を持たせることでインドで大衆動員に成功した手法は、目を見張るものがある。さらに、本書では一貫して、既成のガンディー像にむしろ揺らぎや曖昧さを取り戻そうとしてきた。そのため、差別主義者ガンディー、カースト制容認のガンディーなど、一見意外の感を持たれるような面も積極的に取りあげてきた。

ガンディーが、東西を問わずさまざまな思想の影響を受けたというのは、ナショナリスト的心情を持つ人びとに受け入れがたいことは重々理解できる。しかし、それだけにガンディー思想は、聖人化される過程で西欧流に再解釈され、その上で大きな影響力を持ち、さらに今もってその聖化が続いている。それは、もともとのヒンドゥー思想やガンディーの思惑から離れた部分もあるが、そこで結実した括弧付きのガンディー思想は、それとして現実的に大きな力を持った。それがさらにインドやときには存命中のガンディー自身にも戻り、新たな装いでさらにまた現実世界に働きかける。このようにパッケージ化を繰り返して往還する文化的メカニズムを「環流」と称するが、まさにガンディー思想は環流を繰り返して今日まで影響力を保ってきた。もちろんその環の中に日本も含まれている。

ガンディーの近代システム批判は、表面的な唯物主義やテクノロジーだけにとどまらす、むしろその一元化、統合化のメカニズムに対する根本的な批判である。それは、曖昧さを排除し、さまざまなカテゴリーの明晰さを求めてきた近代システムそのものに対抗しようとするものであり、その意味でトルストイの近代的な体系化と分類に抗う思想の「越境性」と深いところで共鳴している。望月哲男の言葉を借りれば、それは「単に文化や制度の差異を越えて普遍的な生き方の原理を構築しようとする志向だけでなく、社会通念上区別されて併存している複数の価値のカテゴリー系列を横断的に関係づけ、一本化してしまう志向をも意味する。『ヒンド・スワラージ』他に展開されるガンディー自身の思想も、同様に自在な越境性を特徴としている」のである（望月 2014: 235）。

この近代システムは初め国家単位のナショナリズム、さらには地球単位のグローバリズムによって、いずれも幅広い範囲の人びとのリアルな〈生〉を均質化、単純化しただけでなく、その一元性を担保するために、外部性、異質性を排除する暴力をつねにともなっていた。差別を徹底的に批判しながらも、社会の多様性、多元性を温存するカースト制を評価していたガンディーが目指したのは、多様性を温存した普遍主義という、それ自体実現不可能な理想であった。それは、人びとの生を切り刻む近代国民国家に対する根本的な批判になっていた。この意味において、ガンディーの現代的な意義は、あいかわらず近代システム批判にある。

しかしながら、超越的な普遍主義はあくまでも見果てぬ夢に過ぎず、現実世界に関わろうとすればかえって外部からのローカリズムやナショナリズムに裏切られる。さらに、超越的普遍主義は「いまここ」に生きる人間の、身体性、歴史性の限界を超越できず、排除の対象とすべき外部をも必要とする。普遍主義は必ずあらたな敵を生みだし、「神々の闘争」としての互いの対立を余儀なくさせる。アフリカ系の人びとをめぐるナイポールのガンディー批判も、また生涯の最後まで書簡を交換していたトルストイがその限界を見抜いて「彼のヒンドゥー教的民族主義は何もかも台無しにしてしまう」と述懐していたことも、その先見性がうかがわれる。

ガンディーは、分断される世界を克服しようとして徹底的に普遍主義の立場を貫くために、宗教的にならざるを得なかった。その普遍思想を根本的に支えたのが、神智主義と秘教的キリスト教をふくむ秘教思想であった。ガンディー自身、教団をつくることも、イエス・キリストになることとも否定はしている。そうはいっても、秘教思想を「生きた」ガンディーは、それだけ強い意識があったわけで、少なくとも紙一重のところにいたことは確かであろう。高潔な道徳心を背景にして、既成の世界観、宇宙観とは異なったシステムを構築しようとしたガンディーのサティヤーグラハとアヒンサーは、秘教的な〈ガンディー教〉の根本原理といえるのではないのか、と秘かに考えている。

ヴィナイ・ラルは、ガンディー思想の強靭さは、その体系性、明晰性よりもむしろ曖昧性、折衷性にあるが、さらにそれを実践のなかで何度も実験を繰り返しながら、既存の境界を超えて、互いに相容れない主張を架橋しようとしたことでは一貫していたという。つまり、ブラーマンとスードラ（下層カースト）、ヒンドゥー至上主義者とダリト（不可触民）、インド人とイギリス人、ヒンドゥーとムスリム、宗教主義者と世俗主義者、自由主義者とマルクス主義者、フェミニストと男性上位論者、近代主義者と伝統主義者、開発論者とエコロジスト、軍国主義者と平和主義者など、従来交わることのなかった人びとを仲介するという難しい課題にあえて立ち向かった。それは、しばしば思想として体系性を欠くと言われるガンディー思想が、むしろすぐれて体系的であったことを意味している。そうすると、「はじめに」で引用したゴーパルの論評は、逆転してむしろ褒め言葉になるのかも知れない。つまり、「ガンディーが与えたなによりも重要な贈り物は、曖昧さを生きることができるという贈り物である。この感性こそ、ガンディーが神話に満ちた叙事詩とプラーナの（宗教）世界からうけついだものに他ならない」（Lal 2008）。

ガンディー自身、公と私の区別を行わず、批判には甘んじていたが、逆に、ムスリムに対して『クルアーン』すら常に正しいとは限らないと言っていた。それは自分自身に向けられた批判をむしろ奨励するほどに徹底したものであった。つまり、ガンディーの生涯の重要性は、個別の歴史的出来事を超えて、多くの可能性に対して開かれていたことにある。ヴィナイ・ラルは、ガンディーが生涯失わなかった「異議申し立て」（dissent）の精神をこそ、現代に受けつぐ必要があると強調する。奇しくも、ノーベル文学賞作家のS・アレクシェーヴィチが二〇一六年一一月末に福島を訪れた後の講演で、「日本には抵抗の文化がない」と看破し批判したことを考え合わせると、とくにわれわれ日本人には大いに学ぶべき点があるように思われる。さらに、ガンディーを聖化し、無謬主義に陥ったガンディー主義者が、一点の批判も許さないような風潮がいかに非・ガンディー的であるかもよく分かるであろう。折しも、世界の政治情勢は「分断」、「独裁」、「内向き」などが支配的になって恐ろしくきな臭さを帯びてきている。

あとがき

ガンディーは、日本では「ガンジー」として広く知られ、新聞社などの表記基準でもそのように定められている。いまでもその規準に従って、頑として「ガンジー」は守り抜かれている。しかし、旧仮名遣いでは「ガンヂー」が標準だったようで、ガンジーはもとのヂを機械的に新仮名遣いのジに置きかえただけにみえる。

多くの研究者などは早くから「ガンディー」と表記してきたし、最近ではいささか文献原理主義的な「ガーンディー」も採用されるようになっている。この本では森本達雄にしたがって「ガンディー」と表記してきたが、マハトマ、マハトマー、マハートマの違いも含めて、表記の問題はつねに曖昧さをはらんでいる。やっかいなことに、インドでは表記が一定しなかったり、地域によって発音が違ったり、極端な場合には当人自身が揺らいでいる場合も珍しくない。ヴィナイ・ラル流に言えば、ガンディーについて語るとき、われわれはすでにガンディーのように曖昧さを生きるよう強いられているわけだ。

二〇一八年はガンディー没後七〇年にあたる。これまでも世界的にガンディーに関する文献は数え切れないほどあるが、いまだに新しい資料が見つかって議論が再燃しているありさまである。まさに屋上屋を架すに等しい本書をあえて世に送る理由は、この新書という限られた紙幅の中に、ガンディーの思想の複雑な系譜を複雑なままに示し、そしてなによりも、そこに流れ込んでいる秘教思想について再考したいと考えたからである。秘教思想の影響については、本文でも紹介したピャレーラール、M・チャタジー、K・ティドリック、M・ベルグンデルなどが強調しているが、とくに日本の読者にこの点が紹介されることはなかった。確かに、ガンディーと秘教思想という一見非常に離れた二つの要素を結びつけて論ずるのは簡単な仕事ではない。

勤務先の国立民族学博物館の定年を間近にして、平凡社から幸運にも本新書での執筆の機会を与えられた。それを潮にあえてこの難しいテーマに取り組もうとしたのには、二〇一〇年に『季刊民族学』でのガンディー特集の編集のお手伝いをしたときに、日本では批判的にガンディーを扱うことがあまり多くないと認識した経験がある。その上、恥ずかしながら自分自身ガンディーと秘教思想との関係を過小評価していたこともあり、神智主義に関心を持つインド研究者として、避けて通れないテーマであると考えたからである。本書によって、とかく画一的に語られるガンディーについて、あまり見慣れない風景が現れたとするならば、著者の本懐とするところである。

このような破格の内容について、あえて担当の水野良美さんにご相談したところ、幸い賛同をいただいて本書が実現した。まだ粗い草稿をお見せしたときに、著者の意図をよく理解され、督励されたことが大きな力になった。またそのときから、細かい点までチェックしていただいた。ぶっきらぼうな草稿からいくらかでも読みやすくなっているとしたら、ひとえに担当者の功績である。あらためて深甚の感謝を申し上げる。また文献の渉猟において中村沙絵氏（京都大学）、竹村義晃氏（シンガポール大学）の手を大いに煩わせた。記して感謝申し上げる。そして最後に、いつも理解を示してくれる杉本星子に感謝する。

ただ、長い研究人生を送りながら、相変わらず思い込みからくるミスの多い人間で、本書でも大きな間違いを犯していることを恐れている。ご叱正いただければ幸いである。

杉本良男

二〇一八年一一月

Their Historical Settings. University Park: The Pennsylvania State University Press.

Hessellink, Katinka, 2008 TS Membership statistics analysed, [http://www.moderntheosophy.com/2008/ts-membership-statistics-analysed/]

Lal, Vinay, 2008 The Gandhi Everyone Loves to Hate. *Economic & Political Weekly*, October 4: 55–64.

Lelyveld, Joseph 2011 *Great Soul: Mahatma Gandhi and His Struggle with India*. New York: Alfred A. Knopf. (KINDLE)

Mehrotra, S.R., 2014 *The Mahatma & the Doctor: The Untold Story of Dr Pranjivan Mehta, Gandhi's Greatest Friend and Benefactor (1864–1932)*. Mumbai: Vakils, Feffer and Simons. (KINDLE)

Nandy, Ashish, 2000 Gandhi after Gandhi, *Little Magazine* 1-1: 38–41.

Orwell, George, 1949 Reflections on Gandhi. *Partisan Review*, January 1949. [http://www.orwell.ru/library/reviews/gandhi/english/e_gandhi]

Parekh, Bhikhu, 1989 *Gandhi's Political Philosophy: A Critical Examination*. London: Palgrave Macmillan.

Pyarelal, 1965 *Mahatma Gandhi* Volume 1: The Early Phase. Ahmedabad: Navjivan.

Rothermund, Dietmar 1999 *Mahatma Gandhi: An Essay in Political Biography*. New Delhi: Manohar.

Tarlo, Emma, 1996 *Clothing Matters: Dress and Identity in India*. Chicago: The University of Chicago Press.

Viswanathan, Gauri, 1998 *Outside the Fold: Conversion, Modernity and Belief*. Princeton: Princeton University Press.

Wolpert, Stanley, 1984 *Jinnah of Pakistan*. Oxford: Oxford University Press.

Wolpert, Stanley, 2001 *Gandhi's Passion: The Life and Legacy of Mahatma Gandhi*. New York: Oxford University Press.

森本達雄 1972『インド独立史』東京：中央公論社（中公新書)。
森本達雄 1981『人類の知的遺産64 ガンディー』東京：講談社。
森本達雄 1995『ガンディーとタゴール』東京：第三文明社（レグルス文庫)。
山折哲雄 2013『母なるガンディー』東京：潮出版社。
ロマン・ロラン（宮本正清訳）1970『マハトマ・ガンジー』東京：みすず書房。
Alter, Joseph S., 2000 *Gandhi's Body: Sex, Diet, and the Politics of Nationalism*. Philadelphia: University of Pennsylvania Press.
Anandan, Sujata 2014 *How Nehru Influenced the Making of Gandhi*, Hindustan Times 26-04-2014. (Web)
Bergunder, Michael, 2014 Experiment with Theosophical Truth: Gandhi, Esotericism, and Global Religious History, *Journal of American Academy of Religion*, 82-2, pp. 398-426.
Besant, Annie, 1921 Britain's Place in the Great Plan. [http://www.anandgholap.net/Britain%27s_Place_In_Great_Plan-AB.htm]
Bevir, Mark, 1999 Annie Besant's Quest for Truth: Christianity, Secularism, and New Age Thought, *Journal of Ecclesiastical History*, 50. [http://escholarship.org/uc/item/305255k0]
Bevir, Mark, 2003 Theosophy and the Origins of the Indian National Congress, *International Journal of Hindu Studies* 7' 99-115.
Bevir, Mark, 2011 Theosophy, Cultural Nationalism, and Home Rule. *APSA 2011 Annual Meeting Paper*. [SSRN: http://ssrn.com/abstract=1899655]
Campbell, Bruce F., 1980 *Ancient Wisdom Revived: A History of the Theosophical Movement*. Los Angeles: University of California Press.
Chatterjee, Partha 1986 *Nationalist Thought and the Colonial World*. London: Zed Books.
Coward, Harold, 2003 *Indian Critiques of Gandhi*. NY: SUNY.
Cranston, Sylvia, 1993 *H.P.B.: The Extraordinary Life & Influence of Helena Blavatsky, Founder of the Modern Theosophical Movement*. New York: G.P. Putnam.
Doke, Joseph, 1909 *M. K. Gandhi: An Indian Patriot in South Africa*. Delhi: Govt of India.
Fischer, Louis, 1997 (1951) *The Life of Mahatma Gandhi*. London: HarperCollins. (paperback ed.)
Gandhi, Mahatma, 1995 *Hindu Dharma*. Delhi: Orient Paperbacks.
Green, Martin, 1986 *The Origins of Nonviolence: Tolstoy and Gandhi in*

告』36-2: 181-226。

◆神智協会との関係、宗教思想については、

Chatterjee, Margaret, 1983 *Gandhi's Religious Thought*. London: Macmillan.

Chatterjee, Margaret, 1992 *Gandhi and His Jewish Friends*. London: Macmillan.

Chatterjee, Margaret, 2005 *Gandhi and the Challenge of Religious Diversity*. New Delhi: Promilla.

◆ガンディー自身の著作については、

2000『ガンディー自叙伝――真理へと近づくさまざまな実験』1、2（田中敏雄訳注）東京：平凡社（東洋文庫671、672）。

2005『南アフリカでのサッティヤーグラハの歴史』1、2（田中敏雄訳注）東京：平凡社（東洋文庫736、737）。

◆ガンディー全集は、諸版あって混乱するが、本書では以下の100巻本のウェブ版を使用した。

CWMG: Collected Works of Mahatma Gandhi Online, GandhiServe Foundation: Mahatma Gandhi Research and Media Service. [http://www.gandhiserve.org/e/cwmg/cwmg.htm]

◆その他の引用文献

オッペンハイム、ジャネット（和田芳久訳）1992『英国心霊主義の抬頭――ヴィクトリア・エドワード朝時代の社会精神史』東京：工作舎。

ガンディー、M. K.（田中敏雄訳）2001『真の独立への道――ヒンド・スワラージ』東京：岩波書店（岩波文庫）。

セン、アマルティア（佐藤宏・粟屋利江訳）2008『議論好きなインド人』東京：明石書店。

タゴール 1981「東洋と西洋」『タゴール著作集』8、東京：第三文明社。

内藤雅雄 2017『ガンディー 現代インド社会との対話――同時代人に見るその思想・運動の衝撃』東京：明石書店（世界歴史叢書）。

ブラヴァツキー、H. P.（田中恵美子訳）1994『神智学の鍵』神智学協会ニッポンロッジ。

三尾稔 2010「ガンディーと断食」『季刊民族学』131。

望月哲男 2014「帝国の暴力と身体――トルストイとガンディーのアジア」望月哲男編『シリーズ・ユーラシア地域大国論六近代文化におけるユーラシアとアジア』京都：ミネルヴァ書房、224-49頁。

文献

◆全体の記述のために大きく依存したのは、以下の文献である。

長崎暢子 1996『ガンディー――反近代の実験』東京：岩波書店。

ナンダ、B. R.（森本達雄訳）2011『ガンディー――インド独立への道』東京：第三文明社。

森本達雄編 1988『世界の名著　ガンディー』東京：中央公論社。

Tidrick, Kathryn, 2006 *Gandhi: A Political and Spiritual Life*. NY: Verso.

Brown, Judith M. & Anthony Parel (eds.), 2011 *The Cambridge Companion to Gandhi*. Cambridge: Cambridge University Press.

◆ガンディーへの全般的な批判的研究として、

ドリエージュ、ロベール（今枝由郎訳）2002『ガンジーの実像』東京：白水社（文庫クセジュ858）。

Markovits, Claude, 2004 *The UnGandhian Gandhi: The Life and Afterlife of the Mahatma*. London: Anthem.

◆ロンドン時代については、

Hunt, James, 1986 *Gandhi, and the Nonconformists: Encounters in South Africa*. New Delhi: Promilla.

Hunt, James, 2012 (1993) *Gandhi in London*. New Delhi and Chicago: Promilla. (revised ed.)

◆南アフリカ時代については、

Desai, Ashwin & Goolam Vahed, 2015 *The South African Gandhi: Stretcher-Bearer of Empire*. Stanford: Stanford University Press.

Brown, Judith M., 1989 *Gandhi: Prisoner of Hope*. New Haven and London: Yale University Press.

Brown, Judith M. & Martin Prozesky (eds.), 1996 *Gandhi and South Africa: Principles and Politics*. Pietermaritzburg: University of Natal Press.

Guha, Ramchandra, 2013 *Gandhi Before India*. London: Penguin.

Swan, Maureen 1985 *Gandhi: The South African Experience*. Johannesburg: Ravan.

外川昌彦 2012「想起されるガンディー――パルタ・チャタジーの市民社会批判とガンディー非暴力思想の形成」『国立民族学博物館研究報

【著者】
杉本良男（すぎもと よしお）
1950年北海道生まれ。東京都立大学大学院社会科学研究科社会人類学専攻博士課程単位取得満期退学。博士（社会人類学）。専攻は社会人類学、南アジア研究。国立民族学博物館名誉教授、総合研究大学院大学名誉教授。主な著書に『スリランカで運命論者になる――仏教とカーストが生きる島』（フィールドワーク選書14、臨川書店）、『インド映画への招待状』（青弓社）、編著に『キリスト教文明とナショナリズム――人類学的比較研究』（国立民族学博物館論集2、風響社）などがある。

平凡社新書899

ガンディー
秘教思想が生んだ聖人

発行日――2018年12月14日　初版第1刷

著者――杉本良男
発行者――下中美都
発行所――株式会社平凡社
東京都千代田区神田神保町3-29　〒101-0051
電話　東京（03）3230-6580［編集］
　　　東京（03）3230-6573［営業］
振替　00180-0-29639
印刷・製本―株式会社東京印書館
装幀――菊地信義

ISBN978-4-582-85899-0
NDC 分類番号126.9　新書判（17.2cm）　総ページ336
平凡社ホームページ　http://www.heibonsha.co.jp/